成长也是一种美好

营销 5.0
后互联网时代的企业战略营销

杨芳莉——著

人民邮电出版社
北京

图书在版编目（CIP）数据

营销5.0：后互联网时代的企业战略营销 / 杨芳莉
著. -- 北京：人民邮电出版社，2021.5
ISBN 978-7-115-56419-1

Ⅰ. ①营… Ⅱ. ①杨… Ⅲ. ①企业管理－市场营销学 Ⅳ. ①F274

中国版本图书馆CIP数据核字（2021）第068554号

◆ 著　　杨芳莉
　　责任编辑　王振杰
　　责任印制　周昇亮

◆ 人民邮电出版社出版发行　　北京市丰台区成寿寺路11号
邮编 100164　电子邮件 315@ptpress.com.cn
网址 https://www.ptpress.com.cn
大厂回族自治县聚鑫印刷有限责任公司印刷

◆ 开本：720×960　1/16
印张：19.25　　　　　　　2021年5月第1版
字数：350千字　　　　　　2021年5月河北第1次印刷

定　价：89.00元

读者服务热线：（010）81055522　印装质量热线：（010）81055316
反盗版热线：（010）81055315
广告经营许可证：京东市监广登字 20170147 号

推荐序一

与其他学科相比，营销既强调理论层面的深度凝练，也极其重视市场实践的广度应用，是一门非常综合且动态的学科。在现实生活中，我们总会发现，营销理论的总结时常跟不上营销实战中瞬息万变的步伐。这对于我这种在商学院从事营销教学工作的学者来说，是非常巨大的挑战。我们致力于将成熟的营销理论框架传授给企业家学员们，以指导他们的实践，但是在和他们互动的过程中，我发现企业一线的营销实践往往与理论不同。这让我们无从准备，慌于应对，在近些年给中欧商学院学员授课的过程中，我的这种感受尤为强烈。难道我们一直奉为经典的营销理论失效了吗？今天，《营销5.0》着实让我感到惊喜，它给出了这一问题的答案。

本书非常好地继承和发扬了经典营销理论，想做到这一点，不仅需要非常深厚的学术功底，还需要非常扎实的营销实战经验。书中内容是胡兴民博士及其团队多年来对"理论—实践—再理论—再实践"这一框架进行充分的锤炼、打磨后形成的成果。本书也为那些身处营销丛林不知所措的企业提供了切实可行的指导原则。

胡博士在企业家课堂上对营销场景的描述生动且深刻。在营销丛林中，企业既有机会成为百发百中的冠军猎手，也有可能因盲目出击而一无所获甚至掉队。企业必须具备营销的"火眼金睛"。今天何其有幸，其团队能将胡博士在EMBA课堂中的精华内容整理成册，编著出这本后互联网时代的营销战略。本

营销5.0
　　后互联网时代的企业战略营销

　　书告诫营销人员要掌握营销变与不变的本质并迅速做出反应。同时，本书对于如何发展会员的论述兼具知识性和实操性，饱受客户流失困扰的企业在学习这些内容后，可以立刻将其应用于企业自身。凡此种种，书中呈现的将商业实战与营销理论高度结合的精彩内容，着实让人耳目一新。

　　难得之处在于，本书不仅知识点丰富、指导性强，而且着力对中国企业的营销实践加以归纳和总结并将之提升到理论的高度，这一定会让渴望快速成长的营销人员和企业家获益。此外，本书也是胡兴民博士及其团队为整个营销学术界做出的非常突出的贡献。

蒋炯文

中欧国际工商学院教授

推荐序二

认识胡兴民先生是几年前的事，彼时他任职于顶新集团。作为资深的电商专家，胡先生当时正在帮助传统餐饮企业德克士和传统连锁零售企业全家便利店实现新零售的转型。他的努力使这两家企业非常快速、非常务实地实现了"四个在线"：员工在线（员工端App）、客户在线（全家便利店/德克士电子会员）、产品在线（甄会选商城）、管理在线。同时，他也让整个集团的经营策略逐步从"垒砖头"转变为以用户为中心的"数人头"。

在短短几年时间内，营销迭代悄然发生。传统4P、4C的营销逻辑早已不能满足实际商业环境的要求。如何在当今的"营销丛林"里生存，相信正是诸多企业正面临的难题。在这样的背景下，结合胡先生三十多年的实践经验及悉心指导，其团队成员杨芳莉女士为大家带来的新作《营销5.0》，正是为时代发展和企业营销量身定制的，本书及时为迷茫中的企业指明了方向。

胡先生是典型的实战派与学院派专家，《营销5.0》这本书是对他多年实战经验的深刻总结。书中既有丰富全面的理论阐述，又有实践战术的全面总结，这些内容对企业开展营销工作有非常重要的指导作用，值得企业高管、营销工作者深入学习。

卫 哲

嘉御基金创始人

推荐序三

认识胡老师是易贝网（eBay）早年在中国发展得如火如荼的时期，胡老师是最早一批的互联网商业领袖。在后期的商业发展中，我和胡老师也有过深入合作。今天非常有幸阅读胡老师及其团队成员共同创作的后互联网时代的营销模式——《营销5.0》，我非常欣赏本书对目标用户全生命周期运营的战略部署。《营销5.0》非常详细地讲述了一个企业如何在新时代营销中突破局限，从营销战略中胜出，以客户为中心，从内外部收集数据、完成建模，到进、活、粘、值、荐的用户交互运营，再到后期的交易及供应交付。书中分享的许多实战经验都对当下企业的战略发展有很强的指导作用和借鉴意义。

互联网的发展和科技的进步给当下的媒体环境带来了巨大变革。各类新媒体、新技术层出不穷，这使传统媒体受到了冲击。而互联网媒体具有的多样化、碎片化、入口过多等特点，导致受众易分流。更全面地覆盖消费者，则会导致成本倍数增长，这也使当下的营销变得更加困难、复杂。近几年来，各种品牌营销策略都在逐渐转型，营销数字化是各企业主的需求，传统媒体的预算逐渐转向互联网化媒体。2016年是增长最明显的一年，但从2017年起，互联网媒体增幅逐渐减小，线上流量基本挖掘完毕。品牌广告主们也在媒介组合上犹豫不决，开始寻求品牌营销的新突破。这种现象使企业主及各级管理者在新的时代陷入迷茫，本书把这一切称为营销丛林，真是非常恰当的比喻。

分众传媒经营的电梯媒体曾经是典型的生活空间媒体，其通过电梯内平面

营销5.0
后互联网时代的企业战略营销

海报、电梯等候厅的电视屏幕播放电视广告片（Television Commercial，TVC），把企业的品牌信息或促销信息传递给消费者。分众电梯媒体独有的特征，是把广告融入消费者的生活轨迹。人们在上下班途中总要乘坐电梯，电梯这个场景是消费者每天的必经之路，因此在营销传播方面受到众多企业的青睐。有些人说，没有人愿意看广告，只有把广告融入消费者的日常生活，才有可能被看到。比如上班时的商务楼的电梯媒体，下班时的社区的电梯媒体，以及休闲娱乐时的电影院媒体，这些都是非常具体的场景，而且家、公司都是消费者非常熟悉的场景，这也更能给人安全感，在无形之中增强人们对广告品牌的信任。下班时、到家时，人们都处于放松状态，此时人们对广告的关注度也更高。只有在正确的时间、正确的位置出现，广告才能被消费者接受。这与书中谈到的场景触发、位置触发、时间触发等概念不谋而合。

同时，作者在书中提到，传统媒体应该更加精准化、互动化，让广告不再是广告，这与分众传媒希望向企业客户提供的价值一致。

本书谈到的目前比较前沿的移动技术，也是分众传媒近年来重要的努力方向，分众传媒在电梯电视媒体领域也进行了创新和突破。分众传媒是第一个在媒体机器屏幕上安装Wi-Fi和低功耗蓝牙技术Beacon的公司，这种做法让分众电梯屏幕与用户手机屏产生互动。比如，在天猫双十一购物节期间，消费者可以在电梯电视屏幕前摇一摇手机，抢双十一红包，参与活动。同时，我们还进行了数据收集，利用大数据将分众的楼盘资源标签化。其中除了物业标签，还有需求标签、兴趣标签。这些标签不仅能细分受众，而且能使投放更加精准。分众传媒通过储备数字银行资产，进一步推动数字化精准营销发展，同时为和阿里巴巴合作的大数据全链营销做准备。打通线上线下的闭环，就可以解决传统媒体无法跟踪数据的最大痛点。目前分众传媒正在成为全球最领先的数字化线下媒体公司，其利用物联网技术升级电梯媒体屏幕，实现数字化；再运用互联网、大数据赋能，实现在线可分发，数据可回流，效果可评估，投放可精准。

分众传媒借用大数据精准化运营媒体资源，实现千楼千面的灵活投放。当下，只有满足不同客户的需求，企业才能稳健发展。企业还需要精细化运营用户，从存量中找增量，让老用户的持续开发和新用户的拓展同步进行，以更低的成本获取忠诚用户，这才是品牌成功的关键。

阅读了《营销 5.0》这部新作，结合分众传媒近年来在战略、技术以及客户价值创新之路上的努力，我感慨万分。书中讨论的大数据、移动技术以及与社交媒体的搭配与全流程的整合，正是诸多企业在后互联网时代的努力方向，值得每位企业主管以及市场营销的负责人深入研究。相信这本书一定会为读者提供很多商业上的指引。

江南春

分众传媒创始人

营销 5.0

推荐序四

从传统营销到互联网广告再到今天的自媒体、社交营销、短视频等，营销的策略和方法在不断地发生巨变。在企业发展的路上我们也在不断地创新和学习。正如《营销5.0》中提到的当今营销丛林的状况，这本书从企业发展战略的高度出发，结合创新式思维以及前沿性技术应用和实证案例，为企业的前行和营销的发展打开了新的方向，是一部同时具备理论高度和实践深度的佳作。

在拜读这本书的同时，我也一直在思考其中有哪些理论、策略、方案是来伊份已经在做或不断探索和实践的。2009年，来伊份在休闲食品行业率先上线了企业管理解决方案SAP系统（Systems Applications and Products in Data Processing），并通过后续的多次迭代升级，将人、货、场全部集成在数字化中台，同时以消费者需求为驱动，让前台、中台、后台协同运作，为企业的经营、管理奠定了坚实的基础。回顾来伊份20年的发展历程，正如书中所说，我们经历了从营销1.0到营销5.0的不同阶段。从4P、4C、4R理论发展到整合营销，再到目前以来伊份App商城为核心载体打造的私域流量，来伊份有幸见证并参与了品牌商业企业的营销战略升级，并从过去以产品为导向的模式，过渡到了以客户经营为导向的模式。在3年前，我们根据市场环境的变化，洞察消费者需求的升级，开启了"客户全生命周期的深度整合营销（2B & 2C）"，而这恰恰是本书中营销5.0的核心。所以回顾自身发展历程，我们与作者的指引不谋而合、不约而同。这本书又为来伊份未来五年乃至更长时间内的企业营

营销5.0
后互联网时代的企业战略营销

销战略，带来了更清晰的路径、方案和系统思维。

众所周知，新冠肺炎疫情给整个商业社会带来了不小的冲击，但也孕育了创变的机遇。《营销5.0》这本书的出现正当其时，为后疫情时代以及后互联网时代的企业，在战略管理、商业模式、营销管理、数字战略、数字营销等方面，提出了明确的建议。相信很多企业都像我们一样，感受了互联网、大数据、新技术、新基建给原有市场环境带来的巨大冲击，而且这种冲击带来的变革之势越来越迅猛。面对这样磅礴的势头，企业唯一应该做的就是顺势而为、因势而变、乘势而上。商业在本质上是经营人心的事业，我们需要更好地读懂、响应和引领客户的需求，更好地读懂大势，这样才能始终与这个伟大时代共同成长。

作为中国休闲食品行业连锁经营模式的开创者，来伊份在全渠道已累计积累了3000多万会员，这是来伊份开展客户运营与精准营销的基础。但关于如何真正发挥大数据的巨大潜力，洞察和激发每一位会员背后表层和深层的需求，本书给出了行之有效的答案：整合大数据，充分发挥社交媒体效能，多渠道营销、裂变、交易，对会员进行全生命周期管理。将每个课题都串联在一起，就构成了后互联网时代企业营销战略与实施的闭环思路。企业营销战略，本就是一个系统工程，是一个需要持之以恒地规划、践行、总结、优化的质量管理PDCA循环。

特别感谢作者能在当下变革之际，把自己多年的理论积累和实践心得，以系统化的思维、浅显易懂的文笔并结合丰富的实证案例呈现给大家。相信这是一本值得企业家、首席营销官（CMO）及战略团队、营销团队收藏的工具书、枕边书，更是一本值得在MBA或EMBA课程体系中推而广之的著作。作序为贺！

郁瑞芬

来伊份联合创始人

推荐序五

车享家起步于 2015 年，使命是为广大车主创造安心、舒心的汽车生活享受。中国汽车的后市场是个过度竞争的市场，竞争激烈而残酷，而真正有效的供给却不足。车主在进行养车、用车方面的选择时是无助的，体验以痛苦居多。怎么推动这样的行业产生变革，是过去 5 年我带领团队在不断思考和摸索的难题。

这也极大地激发了我的求知欲，我因此变得特别爱学习，特别愿意接触和接受各种新的理念和技术，并在实战中不知不觉地成了传统行业在数字化、全渠道方面转型探索的先行者。但困惑也随之而来，我固然知道了传统行业转型发展的 Why（为什么）和 What（做什么），但对 How（怎么干）还是充满着未知。这也印证了那句"知易行难"。

一年半前，我认识了胡兴民博士，他正是我在企业转型发展中需要的指路人。我认真学习了胡老师的课程，参加了他在竞象商学院开设的专业大课学习。经过一年的时间，车享家会员运营体系的建设蓝图、实施路径都得到了迭代和优化，也越来越沿着正确的轨道运行。

现在得知胡老师的团队根据原来的 EMBA 课程精华编著的新作《营销 5.0》面世，我又迫不及待地先睹为快。读完不禁赞不绝口。营销 5.0 要解决的问题，正是现有营销理论无法解决的企业销售发展停滞的问题。胡老师敢于亮出观点，挑战营销理论界教父级人物菲利普·科特勒，这份自信和底气可敬可佩；

本书更是直击企业家的根本痛点。全书深入浅出，丝丝入扣，易读易懂，确实是一本"兼具理论和实践价值的教战守则"。

读过本书后，有几点特别让我感同身受。

变与不变。不变的是如何为客户创造价值；变的是与客户往来交互和服务的做法、渠道。在业绩增长的现实压力和竞争对手的各种挑战下，你能不能把持住自己，为"不变"而"变"？我们很容易在实战中犯错，迷失"变"的目的和方向，被对手的打法误导。比如，用低价洗车吸引客流是竞争对手的惯常做法。我们对此进行了简单复制，结果导致大量的新客来店，挤占了有限的服务资源，这反而使存量客户因服务需求和体验得不到保障而受到伤害。因此，我们要时时刻刻警示自己，一切都要随着为客户创造价值而变。

客户是谁？我们很容易视客户为一个抽象的概念，这也是一个巨大的认知误区。客户的概念越抽象，也就越意味着企业提供的产品或服务缺乏针对性、吸引力。一提到客户，我们脑海里涌现的应该是有血有肉的具象化个体，而且他们会基于不同的生活场景产生不同的需求。正如颠覆性创新理论之父克莱顿·克里斯坦森在《创新者的任务》一书中提出的用户目标达成理论，"我们要深入了解用户在寻求进步的过程中遭遇到的困扰，然后制定适当的方案及配套的体验，让用户每次都能完成任务"。而本书提出的会员分级分群以及场景、位置、时间、天气、轨迹、社会等六大需求触发因素，就针对用户目标达成的问题给出了完整的解决方案，并且具有较强的实操性。

企业商业思维模式从"垒砖头"向"数人头"转变的最大瓶颈和难点，就是要从关注商品销量、结构转变为关注客户的数量和结构，即按照客户人数以及客户消费频次来思考企业的业绩增长路径。能清空自身原有的存量思维、路径依赖，实现思维、认知模式的转变已经难能可贵，而更难的是把自身固有的思维模式转变成企业的商业思维模式，并落实到企业的日常客户服务中，让团队成员的目标和步调一致。像车享家这样的商业模式，想要做到这一点实则难上加难。客户交互和服务交付涉及的环节多、员工的主观因素影响大，因此上到决策层，下到门店一线员工，员工们的认知差异很大。比如，在分析门店业绩差距时，员工还是习惯说"少做了几个保养，少卖了几条轮胎"，而不是关注基盘客户"该来的来了吗，该做的做了吗"，供需之间无法实现精准匹配。所以，想确保模式落地，就必须要以一套完整的方法、要求和配套的技术工具作为支撑和保障。车享家在这些方面的工作只是刚起步，幸而得到了胡博士的指点和帮助。

企业要想实现可持续的业绩增长，就一定要转变自身的商业思维模式，灵活运用移动互联网、大数据、社交媒体等技术和手段，构建服务会员全生命周期的整体运营体系。而相关的理论、方法、实践，你在《营销5.0》里都能找到。

夏 军

车享集团前任副总裁

营销 5.0 推荐序六

认识胡老师是在交大连锁总裁班上，胡老师在多家知名企业的工作管理经历以及在 EMBA 课堂上的教学经验都值得年轻创业者们学习。今天有幸得知胡老师的团队将其课程精华整理为《营销 5.0》这部新作，我迫不及待地细细拜读，并写下了一点分享，希望和大家共同成长！

在创立 1855 品牌之前，我是一个负责营销的高管，对于营销的理解的确经历了书中所描述的几个阶段。今天作为一个创业者，我们更加需要长期思维。我本人非常认可胡老师关于企业增长的本质问题的探讨，如果客户关系没有形成，经营者没有认识到企业与顾客是一个共同体，没有想方设法提升客户价值并从中实现裂变，只是一味地拉新，持续地促销，就没有办法实现企业的业绩增加。

1855 作为上海高端连锁 SPA 品牌，在经营上一直都非常重视会员管理。我们企业最大的优势就是有很多忠实会员，所以每年的营业额都非常稳定。近两年，我们也开始根据胡老师的管理理念进行改变，从"垒砖头"的商业范式有效地转换成"数人头"的商业范式。每年年初，我们会根据客户人数以及客户消费频次规划当年的业绩增长路径。我们首先对客户进行有效分类，客户金字塔结构中每一层业绩的增加都是企业整体业绩的增加。而企业的首要任务就是稳住金字塔顶端的客户（大客户），如果客户经理因为管理不善导致大客户流失，就会受到企业的严厉处罚，因为这些大客户的流失是业绩减少的主因。其次我们会设法筛选出那些目前虽然在第二梯队，但是有机会被发展至第一梯

营销5.0
后互联网时代的企业战略营销

队的客户，逐级向下发掘新的潜力客户，并且设法让他们升级为VIP客户，使重要客户的数量逐步稳定增长。当企业的某月业绩突然下滑时，运用书中的逻辑，我们就可以很精确地掌握原因，比如业绩下滑是哪些客户出了问题，应该如何尽快"止血"。当我们希望业绩进一步增长时，客户经理也必须知道，让哪些客户增长是最有效的，哪些顾客的关系更好了、信任感增强了、需求增加了，我们的业绩也会显著提升。

如今，很多行业特别流行低价拓客。但读完《营销5.0》，就会深刻地意识到，很多行业之所以关注寻找新客户，是因为他们相信只有不断开发新客户，才能使企业的业绩不断增长，但是数据证明，其实业绩不好的核心原因不是新客户不够，而是客户流失率太高！以至于企业要不断地找新客户填补因客户流失产生的业绩窟窿，而这种不断拉新、不断搞价格促销的做法，其实就是企业客户流失的真正原因。企业没有把心思花在已经有过交易关系的客户身上，所以客户也就不会对企业有任何忠诚度。

书中提到，会员是企业与客户双方的意思表示，即企业提出会员方案，告诉"一部分"的客户，他们将受到更多的关注，并且在更长的期间内，获得更好的价值与服务，我（客户）认可你（企业）的价值提议，我（客户）愿意给出更高的忠诚换取这些价值！这个认知有效地帮助我们健全了大客户管理制度并且重新增加了大客户权益。我们提供的更多权益促使大客户业绩递增15%，年度业绩递增30%，这就是二八定律带来的价值！

作为一个客户价值等同于企业价值的服务型企业创始人，我特别想把这本书推荐给采用相同模式的实体店经营者，也希望你们可以通过本书迭代自己的经营认知，调整管理工具，帮助企业更上一层楼！

叶莉萍

高端连锁SPA会所1855创始人

推荐序七

2020年，突如其来的新冠疫情不仅在经营上考验着餐饮行业，更是对餐饮业进行了一次前所未有的改变和颠覆。

通过多年的发展，我们开设了中心商场店、社区店、度假区购物村店等多种模式的餐厅。而在这次疫情中，所有餐厅的流量都戛然而止。这也让我们有机会跳出餐饮看餐厅，试图从流量和深度长期客户价值的角度重新思考未来。我们在不同的场景流量和不同的顾客需求上找到了很多的交叉点，例如中心商场店在企业餐方面有更多的露出，社区店在外卖、服务周边社区的食材半成品零售上异军突起，外卖小店在单品爆品的打造上有很大空间。在这么多的交叉点中，哪一个是我们要战略聚焦的？如何通过组织运营快速实现突破？如何利用每个核心点建设深度黏性顾客关系？如何打通不同的私域流量，形成会员大数据，深度挖掘数据，建立社交媒体营销和社群运营的内容，最后实现从营销到交易的整合？这些都是我们在当下面对的挑战。

正在这时，胡兴民博士及其团队带来了新书《营销5.0》。这本书结合了胡兴民博士多年的商业实战经验和数字营销理论，提出了新商业模式下客户全生命周期的深度整合营销，并巧妙地结合了会员制度理念与现代营销方法。书中的内容给迷茫中的我们指明了方向，感谢胡兴民博士及其团队为此做出的所有努力。

朱 强

连锁餐饮品牌耶里夏丽总经理

推荐序八

各位读者大家好,我非常建议大家选择《营销5.0》这本书。本书是针对企业管理层人员设计的,也非常适合作为MBA或EMBA的同学们在数字营销课程方面的参考性图书。这本书基于我在复旦大学、上海交通大学、南京大学、浙江大学等国内几所知名学府的课堂开设的营销5.0课程的内容,由我的团队成员杨芳莉整理编写而成。书中不仅包含了理论研究知识,也包含了我和团队数十年来作为国内外大型企业高层管理者的实践经验,更包含了我在EMBA和MBA课堂中与一大群优秀的企业家以及年轻白领精英深度交流的心得。

首先,来看看什么是营销5.0,这也是很多EMBA或MBA同学提出的问题。其实在学术界或实践领域,目前还没有人提出营销5.0这个概念,这个名词是由我创新提出的,目的是为本书及其理论进行划时代的定位。这是一个新的名词、新的概念,那么这个新概念源于哪里?这得从30年前说起了!那时我还在念研究生,我在MBA课堂中选了一位非常有名的教授的课,他是美国大学商学院中营销领域执牛耳的美国西北大学的营销学博士,刚从美国学成归来,而他的老师正是被称为近代营销学之父的菲利普·科特勒。相信了解营销相关知识的人对科特勒教授一定非常熟悉。科特勒教授的营销学著作是学习营销的人必读的"营销学圣经",几十年来多次再版、历久弥新。当时,我的老师曾邀请科特勒教授到学校进行研究访问,并为同学们授课。因此,我认识了这位

营销5.0
后互联网时代的企业战略营销

营销学的"祖师爷",有机会领略国际顶级大师的风范,并且学习他的思维方法,这让我终身受益。

科特勒教授也不负近代营销学之父的盛名,在后续的30年中,他的营销思想一直引领着学术界以及实践领域的发展。科特勒教授分别在20世纪90年代、21世纪00年代对理论进行了迭代创新,并提出了营销2.0以及营销3.0的概念,这些与时俱进的概念也都被营销人员奉为圭臬、努力实践。

最近,我看到科特勒教授又出版了一本新书《营销革命4.0——从传统到数字》。作为他曾经的学生,我当然必须尽快拜读一番。这次教授提出的营销4.0主要是讲互联网时代的营销做法,并强调整合营销的重要性。但是关于具体怎么做,他并没有做进一步的指引,而这对于大部分的实践工作者来说是不够的。我认为需要有一个良好的框架(Framework),将这些分散的知识与方法统合在一起,这样企业才能让这些想法落地!更重要的是,基于过去30年的管理和咨询经验,我知道许多企业业绩很难再提升的核心原因其实不在于营销,而在于商业范式。这个问题就如同一个学武之人只学了拳脚功夫,而没学习内功心法,一旦碰上真正的高手(艰难的环境),立马就屈居下风了!所以我提出一个商业范式的基本概念——"数人头",并将它作为整套商业逻辑的基础。数人头的商业概念,其实就是现在很多人在谈论的"私域流量"背后的哲学,我将这个概念融入营销工作、贯穿整个营销逻辑,这是本书最大的创新之处。

目前EMBA和MBA的营销教学大概有两类,一类以讲述教科书上的营销知识为主,我认为这个教学方法更适合本科阶段的基础教育,因为学生从掌握了知识到真正应用知识,需要好几年时间,所以不需要考虑如何将理论落地的问题。另一类教学方法是案例研究,这类方法常常只看到别人成功的结果,并不一定能让学生掌握成功真正的内在原因。本书提出"商业范式"与"基本框架",就是要解决这些问题,这也是本书的创新之处,更是企业管理人员以及EMBA和MBA同学在学习数字营销时需要"内外兼修"的重点。我和我的团队想做的是,给读者一本兼具理论与实践价值的新时代营销"教战守则"。为了与科特勒教授的营销4.0进行区分,我们把这本书称为营销5.0,我把它定位成"数字时代如何经营私域流量的教战守则"。

这本书的内容大概有三种主要来源,第一种是承袭大师们的营销哲学史观,说明他们怎么看待整个营销概念的迭代发展以及新时代的营销使命。第二种是我在近几年攻读博士学位期间所做的关于营销课题学术研究论文的学习以及汇整,其中有许多论文都曾发表于某些国际顶级学术资源①。这些学术论文对绝大多数读者来说可能很难理解,而我在了解这些研究结果后,用比较直白的方法说明了这些理论及其在实践上的应用价值。如果这些理论的研究结果能被读者活学活用,对实践绝对具有重大价值。第三种来源则是我自己30年来在多家知名大型企业,例如宝洁(P&G)、英特尔(Intel)、易贝网以及海尔集团、顶新集团(康师傅、全家)等企业担任营销主管与CEO时的实践体验与领悟。

营销的目的是协助企业为客户创造价值,因此在基于市场变革与发展动态并站在企业战略层级重新对问题进行思考后,我提出了"数人头"的新商业范式,并结合数字化营销的CIDR模型,在市场发展的营销丛林中为企业的营销战略进行重塑升级,帮助企业梳理可持续增长的正确思维。当然,这也是本书相关内容在各大名校EMBA和MBA课程上备受推崇的主要原因。

在此,我也特别感谢团队能将这门课程的内容精心的整编成书,以帮助更

---

① 这些资源包含但不限于《市场营销期刊》(*Journal of Marketing*)、《市场营销研究期刊》(*Journal of Marketing Research*)、社会科学研究网(Social Science Research Network)、《市场营销科学》(*Marketing Science*)、《心理学综述》(*Psychological Review*)、《消费者研究期刊》(*Journal of Consumer Research*)、《美国社会学期刊》(*American Journal of Sociology*)。

多人。更要感谢在复旦大学、上海交通大学、南京大学、浙江大学等知名高校学习进修 MBA 和 EMBA 的企业家同学们，古语说"教学相长"，你们对本书的内容，特别是案例部分的贡献是巨大的。

此外，在研习本书的过程中，我想给各位读者一个建议。我们在实践工作中，如果想要"系统化"地管理一个企业，就必须寻求一个完整的系统化框架。而这个系统化框架必然是许多个相关零部件的组合，而相关零件也根据结构设计被整合在一起。所以，相比对个别知识点的学习，我认为更重要的是掌握古代圣贤教给我们的"提纲挈领"的学习方法，"纲"就是知识框架。学习者应该先从思考框架着手，在对知识的框架形成清晰的全貌后，再钻研个别的零部件（知识点）。对知识的追求，不应该只局限于一些片段的知识点，更重要的是学习思维与逻辑推理的方法，只有这样，这些知识才有可能解决当前企业面临的复杂且多变的问题，这也是本书在结构安排上的特点。读者在研读本书时还可以在微信中关注"竟象商学院"公众号，其中有竟象商学院陆续推出的视频与线下课程以及竟象商学院的论坛。我们将在竟象商学院论坛内不断推出企业经营相关的前沿议题并和各位企业家同学们交流、分享，我们也欢迎企业家同学们在论坛当中提出贵企业所面临的挑战与问题，让论坛当中数万的企业家同学以及老师们一起帮您出谋划策。

胡兴民

竟象商学院院长

营销 5.0
自序

在市场竞争及互联网发展的浪潮中，企业的营销之路似乎越来越艰辛。近年来，胡兴民教授的数字化营销课程在各大名校的 EMBA 和 MBA 课堂上广受欢迎，同时受到众多企业家的一致好评和推荐。作为胡教授团队的成员及一名资深的营销人，我备感欣慰，也曾多次走进 EMBA 课堂学习胡老师课程中动态化的营销战略结构及创新性的观点和内容。这是一本实用价值极高且具备系统统筹性的书，用胡教授的话说，这是"数字时代如何经营私域流量的教战守则"。

我曾与胡兴民教授一起在复旦大学、南京大学、樊登一书一课等平台多次开设数字营销的课程。胡教授本人具有长达三十年的实践经验，其中有十余年在担任国内外大型企业的高层决策主管，同时又兼具知名大学工商管理博士学位。他将理论和实践进行了完美结合，在课堂上深受企业家学生们的好评。每次课程结束时，学生们都会问："下一次将在什么地方听到胡老师的课？"基于 EMBA 同学们的这一要求，我和胡教授商量，将课程内容进行汇总，重新编排，并增加与 EMBA 同学课堂讨论的案例以及我亲身经历的成功案例，最后形成本书。本书分为五大主要部分。

第 1 部分介绍全书框架总纲，首先说明营销 5.0 的缘起，总结了营销 1.0、营销 2.0、营销 3.0 的概念，以此为营销学历史的出发点，一直介绍到营销 4.0。对这些营销理论进行总结的目的主要是给缺乏传统营销学知识的读者补一补

营销5.0
后互联网时代的企业战略营销

课,同时也让读者了解,传统商学院教授的许多营销方法在新时代有哪些不足。为了解决企业面对的困境,我们提出了本书核心的概念——后互联网时代。此时企业应当放弃传统的"垒砖头"的商业范式,采用"数人头"的商业范式。这是一个企业战略层级的重大思维改变。第1部分的最后一章提出了营销5.0的CIDR框架,这个框架的主要目的就是告诉读者,如何实现这一转变。CIDR是一个可操作的运营流程框架,通过这一框架可以推导出后互联网时代实施战略营销的四个核心能力——会员大数据营销、移动营销、社交媒体营销、交易平台整合。这四个核心能力也构成了本书后续的四个部分。

第2部分探讨会员大数据营销,将承接第1部分中"数人头"的商业范式,从企业战略思维的视角,定义什么是"数人头"的企业战略思维,推演出为什么会员制度是企业实施"数人头"战略的重要基础。我们将与读者分享一些知名企业经营好其最重要的资产——"会员"的经验,然后深入说明如何使会员的大数据成为企业管理客户与精准营销的基础。

第3部分探讨移动互联网时代有哪些新的营销方法,以及移动技术如何与数据结合,并在营销上发挥更强大的功能。其中,我们特别从数十篇研究论文中总结出如何利用六种移动触发场景因素提高营销的有效性。

第4部分我们将探索另外一个新领域——社交媒体营销。我们将以社群概念为起点,向读者介绍如何创造高效的内容,以及如何有效运营社群。这部分内容还包含了在营销上扮演重要角色的短视频、线上直播的案例。

第5部分将介绍整合营销到销售的过程,比如企业如何选择新一代的线上交易平台——微商、微店、微商城,以及如何设计支持这些平台的分销分润体系。最后,我们再回头看看如何从实际工作流程上,整合大数据、多渠道营销、裂变、交易,最终为企业创造具有可持续性的高效运营模式。

这本书虽然是对商学院课程的汇编整理,但是并不属于生硬的营销理论图书。它不仅从商业发展的角度重新定义了市场洪流下的营销战略，还结合了后互联网时代的营销困境，梳理出了大数据、AI 等新技术的应用及移动营销、社群营销的策略等全方位的新营销框架[①]。不管你在什么行业，我相信只要你是企业经理人或营销领域的从业者，只要你愿意花些时间学习这些内容，你就一定能在工作方面取得较大的进展。

杨芳莉

---

① 特别说明：本书提及的数据获取及使用等行为，都必须是在法律允许及客户知情并同意的情况下进行。

目 录

第 1 部分　营销 5.0 的缘起

第 1 章　从"营销 1.0"到"营销 5.0"的发展路径　3
　1.1　营销 1.0：产品导向的 4P 时代　\4
　1.2　营销 2.0：客户导向的 4C 时代　\5
　1.3　营销 3.0：客户关系管理的 4R 时代　\6
　1.4　营销 4.0：多渠道整合营销的时代　\8
　1.5　营销 5.0：私域流量的时代　\9
　1.6　本章小结　\12

第 2 章　营销丛林带来的困境　13
　2.1　什么是营销丛林　\13
　2.2　CTMO 取代了传统 CMO 的岗位　\16
　2.3　传统营销理论的不足　\17
　2.4　后互联网时代对营销的要求　\19
　2.5　本书体系框架　\22
　2.6　本章小结　\25

第 3 章　基本商业范式的改变　26
　3.1　传统商业逻辑是在"垒砖头"　\26
　3.2　现代企业应该用"数人头"取代"垒砖头"　\29
　3.3　"数人头"首先要将客户转化为"会员"　\31

3.4 会员是企业与客户对价值交换的双向意思表示 \33

3.5 "数人头"就是要将会员分级管理 \35

3.6 会员不仅要分级，还要分群 \36

3.7 "数人头"是经营会员的全生命周期 \38

3.8 会员是私域流量关注的核心对象 \39

3.9 本章小结 \40

第 4 章　客户全生命周期的深度整合营销框架 41

4.1 深度整合营销的关键点 \42

4.2 过程与方法深度整合的框架 \44

4.3 CIDR 模型的应用场景 \54

4.4 本章小结 \57

第 2 部分　会员大数据营销

第 5 章　会员体系与制度设计 61

5.1 企业为什么需要会员制度 \61

5.2 如何设计一套好的会员制度 \62

5.3 玩转积分 \65

5.4 会员福利一定要花钱吗 \68

5.5 良好会员制度的六个评估原则 \70

5.6 企业会员活跃与否的决定因素 \72

5.7 激活会员的三阶段战役 \73

5.8 会员持续运营就是打造私域流量 \76

5.9 付费会员是客户忠诚的有力武器 \77

5.10 本章小结 \79

第6章 客户联系管理四大类型框架 80

6.1 客户联系管理的四大类型 \80

6.2 客户数据分析产生的接触 \82

6.3 移动场景触发的接触 \85

6.4 千人千面型的接触 \86

6.5 社交媒体营销的接触 \87

6.6 整合客户信息是关键 \87

6.7 本章小结 \89

第7章 客户数据的深度挖掘 90

7.1 客户数据标签 \91

7.2 如何设计企业客户数据标签 \93

7.3 如何通过大数据找出值得关注的客户 \99

7.4 大数据帮助企业精准地服务客户 \105

7.5 相关分析 \107

7.6 回归分析 \108

7.7 购物篮分析 \109

7.8　贝叶斯定理的应用　　\111

7.9　聚类分析　　\114

7.10　本章小结　　\116

第 3 部分　移动营销

第 8 章　移动技术提高企业的客户接触与辨识能力　119

8.1　移动技术的进步改变了营销思维　　\119

8.2　MAC ID　　\120

8.3　Beacon 技术　　\121

8.4　DSP　　\123

8.5　移动技术的整合应用　　\124

8.6　本章小结　　\125

第 9 章　移动营销的六大触发因素　126

9.1　场景触发　　\127

9.2　位置触发　　\131

9.3　时间触发　　\134

9.4　天气触发　　\141

9.5　轨迹触发　　\144

9.6　社会触发　　\146

9.7　本章小结　　\147

第 4 部分　社交媒体营销

第 10 章　社交媒体营销的战略框架　　151

10.1　营销的迭代演变——社交媒体逐渐成为营销的核心　　\151

10.2　私域流量的发展路径　　\155

10.3　品牌在新的营销模式中的位置　　\157

10.4　社交媒体营销的战略思考模型：一个中心、四个要项　　\159

10.5　本章小结　　\162

第 11 章　社群思维　　163

11.1　社群的定义　　\163

11.2　社群思维的定义　　\164

11.3　常见的社交媒体分类方式　　\166

11.4　按照控制权的归属对社交媒体分类　　\168

11.5　其他社群分类方式　　\170

11.6　品牌社群　　\171

11.7　品牌社群对于产品研发的意义　　\174

11.8　兴趣类型的社群　　\175

11.9　社群在现代企业中其他的应用范围与应用价值　　\181

11.10 本章小结 \182

第12章 场景思维赋予产品新生命　183

12.1 场景的定义 \183

12.2 场景思维 \184

12.3 社交媒体营销、移动营销与传统营销对客户与场景定义的差异 \185

12.4 社交媒体营销的场景思维 \187

12.5 场景带给营销人员新的机会与挑战 \188

12.6 多维度的场景定义 \189

12.7 围绕产品维度的场景洞察 \190

12.8 围绕时间维度的场景洞察 \194

12.9 围绕特殊事件维度的场景洞察 \196

12.10 围绕地理位置维度的场景洞察 \197

12.11 本章小结 \198

第13章 如何做好内容营销　199

13.1 什么是内容营销 \199

13.2 创造高效内容的三个步骤 \202

13.3 六种常用的内容策略 \207

13.4 七种吸引点击的标题 \211

13.5 检查标题好坏的五项原则 \215

13.6 消费者转发分享内容的四种动机 \215

13.7 精准选择最佳发布时间 \218

13.8　发布渠道的选择　　\220

13.9　重发的效果不容忽视　　\220

13.10　本章小结　　\221

第14章　社群的构建与运营　　222

14.1　社群的结构　　\222

14.2　加入社群的四种动机　　\228

14.3　企业社交媒体的选择　　\230

14.4　不同社交媒体的整合　　\234

14.5　企业自建社群的运营　　\238

14.6　门店个人微信群的运营　　\239

14.7　本章小结　　\242

第5部分　交易平台整合

第15章　从微店、微商城到微分销与城市合伙人　　245

15.1　微商：基于社交纽带的无店铺销售　　\246

15.2　微店：基于朋友圈推广的有店铺电商　　\247

15.3　微商城：基于公众号进行推广的电商　　\250

15.4　微店与微商城的分销激励机制设计　　\253

15.5　城市代理商　　\256

15.6　本章小结　　\257

第 16 章　从营销到交易平台的整合　　258

16.1　营销的迭代与整合　　\258

16.2　营销与销售过程的整合　　\263

16.3　本章小结　　\266

结语　　\267

参考文献　　\271

营销 5.0

第1部分

营销5.0的缘起

第 1 部分是全书最重要的部分，是对企业战略层级问题的重新思考，也是整本书展开的基础框架。

第 1 章将讲述营销理论如何从营销 1.0 迭代到营销 4.0 并说明现有理论面对后互联网时代时的不足之处，以及为什么会提出营销 5.0 概念、营销 5.0 要解决什么问题。

第 2 章提出了营销丛林的现象。回顾当下营销人员面临的困境，由于消费环境的快速变化，信息与媒体平台不断创新，过去要经过 30 年才产生一次的新媒体迭代，而今可能缩短到 2～3 年就有一个流量过亿的新媒体出现，并且这些新媒体很快就主导了消费者的生活与信息来源。这种杂乱纷呈的现象被称为营销丛林。

第 3 章回到现实企业中，提出现代企业经常面临的一个很奇特的窘境——营销活动非常有效，但是逐年的销售业绩增长为零，这导致企业增长遇到了前所未有的困难。我们将过去的企业商业范式总结为"垒砖头"的商业范式，这个商业范式导致了企业目前的困境。而我们提出的"数人头"[①]的新商业范式才是企业可持续增长的正确思维。

第 4 章提出的 CIDR 模型，作为营销 5.0 的整体框架，确立了全书每个部分的关系，也是本书后续所有章节的路标。

---

① 胡兴民博士在任职于顶新集团、负责该集团新零售业务时首次接触了"数人头"这个名词。这个概念是时任集团顾问的卫哲先生与胡兴民博士谈论集团策略时提出的战略思维。

第 1 章
从"营销 1.0"到"营销 5.0"的发展路径

"营销学之父"菲利普·科特勒（Philip Kotler）教授在 2013 年的世界营销峰会上应邀发表了主题演讲。科特勒教授回顾了近几十年营销思维的发展历程，并对市场与经济发展不同阶段的特性进行了比较。他特别提出，营销学会因环境变化而改变，是需要与时俱进、不断迭代的学科。

科特勒描述了 20 世纪 50 年代以来的社会环境。20 世纪 50 年代到 60 年代初期是所谓的战后复苏时代，当时除了美国以外，其他国家的情况都可以用一个字来概括——"穷"！各国工业生产勉强维持民众的基本生活，美国在第二次世界大战中几乎幸免于难，工业基础未遭到破坏，率先完成了复苏计划，并且出现了几个制造行业与零售行业的巨头。"把东西卖掉，满足老百姓的日常基本消费"，这就是当时美国的营销思想。其他地区，无论是欧洲还是亚洲，基本上都还处在战后的复苏阶段，不太需要"营销"，因为有产品就不错了，企业根本不会面临销售问题，只有产品够不够分配的问题。

20 世纪 60 年代中期到 70 年代中期，美国经济开始进入工业时代的高速增长期。虽然有更多的标准化产品上市，但是老百姓基本上也还是没什么选择余地。例如，当时的福特汽车"T-Car"打遍天下无敌手，消费者如果想要一台可以承担得起价格的车，就只有这一款"T-Car"可供选择，颜色也只有一种。20 世纪 70 年代到 80 年代中期，市场加速动荡，开始激烈竞争。20 世纪 80 年代末到 90 年代中期，计算机开始从 IBM 大型主机缩小到基于英特尔中央处理器、微软软件系统的个人计算机,计算机时代来临。在20世纪90年代到21世纪00年代,因为计算机技术的快速发展以及第一代互联网的引领,"一对一"的时代开始了。接下来的10年,进入了个人价值驱动的时代。而最近几年,可以被称为互联网与大数据驱动的时代。

营销是一门重实践的科学,营销的目的是协助企业为客户创造价值,所以营销的思维也需要与时俱进。科特勒陈述的整个跨越了五六十年的商业发展史,虽然看起来有点复杂,但其实就是大环境孕育了营销学理论的发展与创新,营销学理论也随着大环境的变化进行了迭代,从营销1.0一直走到了营销4.0。

1.1 营销1.0:产品导向的4P时代

20世纪50年代到80年代前期,被称为产品导向时代,彼时采用的是传统经济初期的思维模式,特点就是大量生产、大量销售。彼时的营销思维就是通过广告传播卖东西。在这段时间里,所有营销理论与实践工作者都奉行着一个标准思维——4P理论。

所谓4P理论就是产品(Product)、价格(Price)、渠道(Place)、促销(Promotion)这四个英文词的简称。4P理论完全符合大生产时代的市场需求:企业要销售生产出的产品就要先想清楚这个产品有哪些特色与功能,以及这个产品的功能符合哪些特定客户群体的需要。这一思考过程可以被称为"产品定位"。当产品定位清晰以后,其他三个P(价格、渠道、促销)自然也就能被一一推演出来。首先是符合该定位的产品打算卖多少钱,这就是价格策略。其次是该产品应该在哪些渠道销售。例如,如果该产品是快消商品,就应该在家乐福、沃尔玛等大型超市进行销售;如果是家电产品,则应该在国美、苏宁等大型家电连锁卖场销售。渠道对了,销售就不成问题,渠道错了或无法进入主要渠道,产品的销售也基本无望,因此这个时代出现了另外一种重要的思想——"渠道为王"。渠道为王的思想也让各类渠道成了"蛮不讲理的怪兽"。中国彼时最大的家电销售渠道之一的负责人就说过这样一句话:要将厂家压榨到最大限度,产品价格要低、进场费用要高,不接受的厂家就请他出场!这便是渠道为王的时代,拥有卖场,企业就能过上好日子。这些商品只需渠道,渠道是自带客源流量的。厂家除了要争取进入最好的卖场,还需要开展促销活动,在渠道中吸引消费者的关注,并且争取卖场中较好的位置以击败同类的竞品。例如,你的产品是家电产品,在国美销售;消费者来到国美时会同时看到海尔、美的、TCL等品牌的家电产品;这时你就需要提供一些促销活动,把客户吸引过来。这样的观念延续至今,大多数企业还在采用这套思路运营市场。

1.2 营销2.0:客户导向的4C时代

时间进入20世纪90年代,此时是计算机时代,也是一个竞争更激烈的时代。这时,因为同类型产品数量的爆炸性增长,企业将产品生产出来并投入市场却并不一定卖得掉,只有符合消费者需要的产品,才能卖好,所以企业要关心消费者到底要什么,而不再仅仅关心自己想卖什么。4C的概念应运而生。

所谓4C就是客户(Customer)、成本(Cost)、便利(Convenience)、沟通(Communication)这四个英文单词的简称,这四个词一对一地取代了4P理念。

第一,客户思维取代了产品思维。产品思维是假设产品是已知且不可变的,而客户思维则假设产品是可变的,甚至可能根本还没有出现,企业需要先了解客户需要什么,再生产客户需要的产品。因为客户这一概念包含了各种各样的人群,一个产品不可能满足客户所有的要求,所以客户思维衍生出另外一个概念——市场区隔(Market Segmentation),也就是说企业关注的不是所有客户,而是特定属性的"客户群体"或一群"目标客户"。

第二，成本思维取代了价格思维。由于经济的发展，竞争企业逐渐增加，市场上也出现了很多同类产品，所以厂家已经不再处于独家垄断的状态，而需要面对很多竞争对手。这时产品的价格就不再是厂家说了算，而要围绕客户群体在价格、功能、设计上的需求设定。企业要在不同的成本结构下，考虑产品可以实现哪些功能、满足哪些客户。所以成本思维也是以客户为核心的思考。

第三，4C 的便利取代了 4P 的渠道。这时，消费者在市场上的同类选择越来越多，话语权也就更偏向消费者。所以企业不再是选择某一渠道就可以保证满足客户需求，而要优先考虑客户的便利程度。假设你的企业属于汽车修理、保养行业，此时你就不能只考虑在哪里设置修车厂门店租金便宜，而必须考虑你的客户在哪里，并且即使已经就近开设修理厂，也需要考虑其他便利客户的做法。如果客户不方便到店，你可能就要到客户家里或办公室取车，把汽车直接开到汽车修理厂，修理好后再送还客户。

第四，4C 的沟通取代了 4P 的促销。促销是单向的，是通过企业生成信息或促销方案并向客户传递的过程，而 4C 的沟通概念则强调双向的沟通，企业不再是单方面地推送信息，而需要听取客户的意见，让双方更理解对方，与客户形成良性的沟通。

这个时代还有一个很著名的关键代名词，叫作"品牌的时代"。此时，企业的营销重点是打造消费者的心智定位，就是品牌的塑造与品牌价值的沟通。例如，国内当时很流行的广告语"怕上火就喝王老吉""送礼就送脑白金"等都是极具代表性的 4C 营销活动。

1.3 营销 3.0：客户关系管理的 4R 时代

时间继续往前走，进入 21 世纪，这个时代又被称为互联网时代。互联网的发展使企业与客户沟通变得更加直接，企业也更有能力获得客户信息，通过与客户交互更深入地了解客户。整个市场的大环境也开始进入定制化，即C2B概念兴起。这时的客户思维又开始发生变化。前文提到，客户思维在营销2.0时代开始兴起，营销3.0时代也主张客户思维，可是两个时代的客户思维却截然不同。营销2.0时代的客户强调的是一个群体，营销3.0时代的客户强调的则是个体，也就是科特勒所说的"人本营销时代"。

与此同时，企业与客户的关系也在发生改变。在最早的营销1.0时代，企业关注产品而不关心客户，所以这一时代也被称为产品导向时代；在营销2.0时代，企业关注客户，强调客户思维，所以这一时代被称为客户导向时代，而营销3.0时代则被称为客户关系管理的时代，这时强调的是每个客户与企业的关系。企业关注的是能带给个别客户什么价值以获得客户的忠诚，同时企业也需要考虑怎样报偿客户的忠诚。

营销3.0时代就是以4R为代表的时代。4R就是关联（Relevance）、反应（Reaction）、关系（Relationship）、报偿（Reward）四个英文单词的简称。所谓"关联"就是企业与客户是命运共同体，企业做得好，客户受益。要使客户乐于为企业做出更多贡献，企业必须不断关注客户，如果发现任何不妥，企业就应该立即改善，如果发现能带给客户更高价值的手段就应该立即向客户提出建议。"关系"成为客户与企业亲密程度的衡量标准，企业关心客户，客户反馈以忠诚。报偿则是企业如何答谢个别客户对企业的忠诚与付出，最常见的方式就是以会员积分奖励，所以这个时代也可以被称为客户关系管理（Customer Relationship Management，CRM）时代。CRM概念指出，客户才是企业最重要的资产，在客户第一次消费后，企业应该关注如何促成其复购、如何强化客户黏性、如何使客户价值最大化，也就是进行客户生命周期管理。

研究CRM的学者常说，一个老客户的价值是新客户价值的5倍，所以企业应当更专注老客户的留存与增长。在我接触过的企业中，经常有企业的销售业绩停滞不前，其实就是因为其对 CRM 的重视不够，具体的数字证明将在第 2 章与第 5 章关于会员的部分进行详细说明。

1.4 营销 4.0：多渠道整合营销的时代

上述营销观念的迭代发展，在 2010 年以前基本上已经成为学界以及经理人的共识，至今并没有发生太大的改变。但是整个市场与消费者的生活环境在 2010 年后却发生了一些重大的改变，其中两个趋势影响最大。

第一个趋势是移动互联技术的逐渐成熟，通信服务从 3G 步入 4G，甚至 5G，带宽的提升使手机成为人们日常生活中获取信息的最重要的工具，大量多媒体内容传输的问题也因此得到解决。手机成为人们随身携带的信息工具，过去只使用计算机上网获取信息的行为发生了重大改变，信息的获取与发出成为瞬间即可解决的事，这个移动生活的趋势成为近几年消费者行为变化的一个重要指标。

第二个趋势是社交媒体的出现，从 2000 年年初开始，一度被广泛使用的博客、社区逐步转变为微博、微信，朋友间的联系方式发生了重大改变。人们在微信上可以时时关注朋友的近况，甚至朋友关系也因此发生了重大改变。朋友间的推荐、裂变成为新的强大的营销路径，正是这种关系造就了拼多多。朋友数量也成为重要资产，基于朋友圈的经济——微商模式横空出世，人人都可以做老板、做营销。新闻媒体也开始了个性化发展，例如，今日头条让每个人看到的新闻都不同，这些媒体也使人们的信息来源更加广泛、信息获取更加迅速。近几年出现的短视频媒体，例如抖音、小红书，更使个人生活娱乐以及企业打造品牌的模式发生了巨大改变。

这些在 2010 年以后发生的巨大变化，使营销学上原有的 4P、4C、4R 概念受到了根本性的挑战。因为人们的信息取得方式发生了重大改变，而且这些不同的媒体又不再能被"买到",而需要企业以不同的方法进行管理。基于客户行为的多样化与个别消费者的差异化,企业必须考虑新媒体层面的突破,与此同时,传统媒体也无法被企业完全抛弃。于是,科特勒在2013年提出营销4.0的概念,他认为未来将是一个整合运用媒体的时代。

1.5 营销5.0:私域流量的时代

科特勒在2013年提出的营销4.0概念确实引起了学术界以及经理人的高度关注。科特勒虽然在《营销革命4.0》这本书中提出了"整合"的概念,也介绍了可以使用的工具以及该如何操作,但是没有讲清楚营销到底应该怎么整合或融合。这给实践领域的企业家带来了巨大的挑战。

我认为营销4.0的概念主要在以下两个方面有所欠缺。

第一,没有深入洞察企业问题的本质,仍然把大量精力花在拉新、促销上。企业为什么停滞、不能增长,如果没有找出问题的本质,仅仅用更多的渠道或方法做同样的事,很难真正解决企业面临的问题。

第二,既然提出要整合,那么到底应该如何做?《营销革命4.0》没有提出一套可行的模式或框架。例如,《营销革命3.0》提出了很重要的大数据CRM的概念,《营销革命4.0》讨论了整合,关注了社交媒体,也提出了社会化客户关系管理(Social Customer Relationship Management,SCRM)概念需要整合,可是却没有说清楚应该如何将传统CRM与社交媒体的SCRM进行整合。

基于这两个原因,本书提出一个全新的概念——"营销5.0"。营销5.0具有以下特色。

1. 营销5.0要解决现有营销理论无法解决的企业停滞、不增长的问题

根据过去多年的职场经验以及近几年的咨询经验,大多数企业都有"每次营销活动都很成功，但是逐年环比的销售业绩却没有增长的奇异现象"。通过与企业家的交流，我发现企业面临的共同挑战有以下几点。

（1）竞争激烈

由于企业缺乏产品的创新与差异化发展，企业之间的竞争更多地变成相同或相似的产品的面对面的竞争。过去，企业是在商场的货架上彼此竞争；现在企业则是在街头门店毗邻竞争，或是与网上展示的类似商品竞争，很多竞争最后就沦为价格战，成为反复争夺消费者的拉锯战。

（2）流量被占据

企业希望仰赖外部大流量平台的支持推动拉新，可却发现，这些巨大流量在过去几年被 BAT（百度、阿里、腾讯）三家超级互联网公司以及团购网站（美团等）占据，消费者近一两年的偏好又逐渐向抖音等短视频网站以及今日头条等个性化的新闻内容媒体倾斜，这种趋势形同多数流量被少数平台占据。对绝大多数企业而言，如何从中分得一些流量，例如加入抖音平台或以其他更创新的做法获取流量，成为企业营销人员目前面临的巨大挑战。

（3）获客成本大幅升高

在这种寡占局面下，流量持有者拥有绝对话语权，企业想要获得支持，就必须付出更高的代价，这导致获客成本大幅上升。

（4）客户流失严重

与此同时，客户与企业的关系就是简单的买卖关系。客户的信息来源扩大，可以考虑的商品选择也扩大，客户很自然地成为低价的追逐者，因此客户流失的状况当然就更为严重。

这些问题得不到解决，"优质新客进不来，老客户又留不住"，这最终使企业无法获得有效增长。在与很多企业家沟通时，我都会提醒他们思考现在解决问题的关键是什么，是提升客户价值再从中裂变，还是大举拉新、持续促销，陷入与对手拉锯战的轮回？想清楚这个问题，企业家或经营者才会回到"做有意义的事"的正轨上。

2. 营销5.0是战略层次思维的改变：做"数人头"的生意

营销5.0比营销4.0的层级更高。营销4.0讨论的是营销职能的工作，而营销5.0则将问题的层级拉升到企业整体战略层级。企业战略层级的问题就是解决企业可持续增长的问题。上述四点是企业面对的共同挑战，我建议企业家将"垒砖头"的商业范式转变为"数人头"的商业范式。总而言之，企业采取的应对增长困境的对策不应是盲目躁动、整天忙于拉新，如此客户即便被拉进来也会很快流失；企业应该考虑有没有优质客户、有多少优质客户、应从哪里获取这些优质客户、如何向这些优质客户提供更高的企业价值。

3. 营销5.0是企业实施数字战略的可落地整合框架

营销5.0是基于后互联网时代的数字战略。"后互联网"主要是指区别于门户网站、传统电商的互联网环境，其主要区别就是移动端与社交端两大应用环境的改变。后互联网就是用新的互联网概念与技术来打造智能化企业的数字战略框架。营销5.0可以等同于企业的数字战略，毕竟营销与销售是企业最重要的基本功能。正如"管理学之父"彼得·德鲁克（Peter Drucker）所说，任何企业都有两个基本功能，而且也只有这两个基本功能：营销和创新。那么到底应该如何打造数字化企业？是建立一个又一个独立不相关的营销机制，还是把各个相关环节紧密连接成一个完整闭环。这是营销5.0要讨论的第二个重要的议题——营销5.0与营销4.0在实践上的主要差异。

4. 营销5.0赋予"私域流量"更新的意义与价值

一个目前非常热门的名词叫作"私域流量"。许多人在探讨私域流量时将其与社交媒体画上等号，也有人认为私域流量只是 CRM 的时髦说法。这两种说法都矮化了这一概念。私域流量不仅强调"私域"，也强调"流量"。前者强调现有客户的经营，后者强调有效的流量带动。所以我对营销 5.0 的定义是，"企业如何利用数字化战略，形成一个完整闭环，来经营客户的全生命周期"。客户的全生命周期包含对客户进行的"进""活""粘""值""荐"，这就是经营企业的私域流量。私域流量的精神在于不要急于购买流量，而应该关注如何建立有效的客户"引入""成长""裂变"的闭环机制。这是对营销思维与企业战略的重新思考与升级。

从第 2 章开始，将进一步讨论现代企业如何被"营销丛林"困住以及应当如何求得突破。

1.6 本章小结

本章说明了营销理论如何随着环境变迁从营销 1.0 逐渐迭代出营销 2.0、营销 3.0、营销 4.0 的理论。营销 1.0 是产品导向的概念，以 4P 为主要的理论基础；营销 2.0 是客户导向的概念，以 4C 为主要的理论基础；营销 3.0 是客户个性化导向的概念，以 4R 为主要的理论基础；营销 4.0 是基于互联网时代的整合营销。这些理论与知识都有其时代背景，但是市场与人们生活环境的变化、技术的创新，再度改变了企业与客户之间的关系，导致这些营销理论的不足逐渐显现。

本书所提出的营销 5.0 则是为应对这些新时代的挑战应运而生的理论与思维创新的成果。营销 5.0 不仅是营销职能的战术性改变，更是企业营销思路与企业战略思维的提升。

第 2 章
营销丛林带来的困境

2.1 什么是营销丛林

第 1 章介绍了营销 5.0 概念的源起,对营销 1.0 到营销 4.0 的演化迭代路径进行了说明。近几年的市场营销环境可以被称为后互联网时代。营销 4.0 面临的是互联网时代初期,而最近几年的营销环境和营销 4.0 时代的互联网环境又有了显著不同,我们将当下称为营销 5.0 面临的环境。这到底是如何产生变化的?而彼此之间究竟又有什么不同?简单地说,我们可以认为,就是当下面临的是营销丛林的时代。

众所周知,目前世界上大多数国家都进入了互联网时代,人们的生活方式、工作方法甚至与朋友联系往来的方式都受到极大影响。在此背景下,消费者接触的各类媒体也发生了重大变化。新的名词与工具不断出现,让人目不暇接,营销人员更是不断翻新与消费者互动的方式。沟通的工具与互动模式迭代的速度也不断加快,营销人员在找寻新方法时总会感到迷惑,一不小心就容易迷失其中,这种现象就被称为"营销丛林"(如图 2-1 所示)。营销丛林巧妙地描述了营销平台、工具、方法不断地迭代、演变的过程,物种繁盛又充满了神秘感,让营销人员宛如进入丛林而迷失了方向。营销丛林中到底有哪些物种给营销人员带来了迷障?

首先,生存在营销丛林中,企业仍然需要考虑品牌营销,只是品牌营销思维已经从定位以及单向传播灌输变为从体验中领会品牌的特性,而这种体验又必须是虚实融合的。传统意义上的品牌营销采用的最主要的工具是电视、报纸广告，而新一代的消费者已经很少看电视、读报纸，过去的主流媒体几乎完全失效。正当搜狐、新浪、雅虎等门户网站媒体大行其道，企业开始学习如何通过门户网站进行媒体投放时，消费者又开始不满足于这些媒体过于单一的内容，例如，网站中的横幅广告（Banner），往往只是传统媒体内容的翻版。

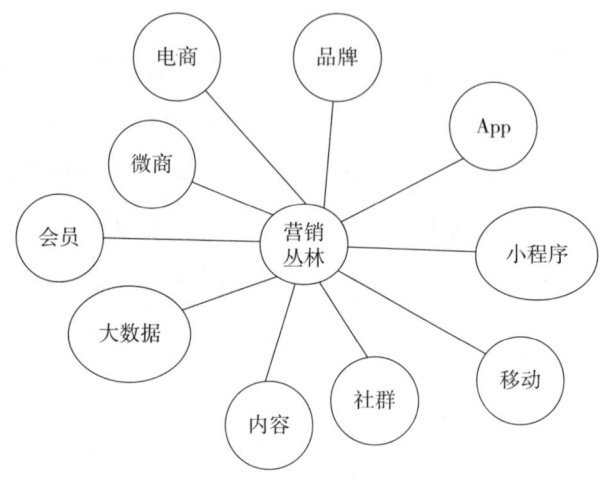

图 2-1 营销丛林

这时"喜新厌旧"的消费者又爱上了新的网络媒体——谷歌、百度等搜索平台。企业通过这些平台按照消费者关注的关键字将大量的用户原创内容（Users Generated Contents，UGC）逐一呈现在消费者眼前。消费者不再是被动地遭受信息的充填、灌输，而是有了主动选择的权利。这时覆盖式的 CPM（Cost Per Million）① 不再有效，企业的营销工作必须揣摩消费者如何提炼关键字，并且设计连贯性好的内容页面对接通过搜索结果链接跳转过来的客户，以确保较高的客户购买转化率。

---

① 每一百万人的曝光成本，具体计算公式为，每个渠道的"广告投放总金额 ÷ 可以看到这个广告的客户人数 ×100 万"。

正当企业开始学习如何根据关键字投放广告时，社交媒体又占据了消费者的生活空间。消费者在选择产品时不仅关注搜索结果，还关心产品在朋友圈的评价。企业好不容易渐渐开始通过社交媒体接触消费者，这时又出现了抖音、小红书等短视频平台以及网红直播频道。如何制作抖音的内容？是否需要与网红合作宣传产品？应该找谁，去哪里找？营销人员在品牌营销工作中完全迷失了！

品牌商与客户交易的场所也较之前发生了翻天覆地的变化。过去消费者会到超市购买生活用品，到购物中心购买服饰或家电；而电子商务兴起以后，消费者宅在家里就可以进行网上购物。企业失去了销售商品的线下平台，于是纷纷开始转向电子商务。在开展电子商务时，企业又面临平台选择的问题，企业需要考虑是自建平台还是直接借助第三方平台，例如天猫、京东等平台进行销售。企业努力了半天，终于学会了在天猫开店，然而天猫店运营还没走上正轨，近两年又兴起了微商。微商是个人或个体商户利用微信朋友圈进行销售的模式。企业是否应该发动这些个人的力量？如果有了这些新渠道，企业又该如何处理传统渠道呢？企业还没想清楚这些事之时，微商又逐渐蜕变为微店、微商城。这些平台通过一键开店的功能，使原来的客户可以立刻转变为企业的销售员，在这一趋势下，企业与客户的关系又发生了重大的变化。企业与消费者成了合作伙伴，彼此之间的关系再也不是单纯的会员积分可以解释的了，因此企业必须思考如何与这些合作伙伴分工、分润。在思考如何设计分销分润机制时，企业又发现该制度可能与原来的门店或经销渠道发生重叠或冲突，于是企业又陷入迷茫的困境。

从数据端来看，企业家以为，说一句"以客户为尊"就是在实现以客户为中心的战略思维，没想到企业刚刚把关注点从产品移到目标客户群体上，又被要求了解关注消费者个人的 CRM，因此企业必须考虑如何设计一套更好的会员制度。大多数企业在实施会员积分制度后,却发现企业的绩效并未获得想象中的增长,企业正想进一步了解会员制度以及会员运营的方法,又受到互联网销售高速增长的挑战。互联网不仅为企业提供了消费者的交易数据,而且产生了大量的客户网上浏览、搜索的行为数据,使企业必须开始关注大数据的应用。企业在逐渐了解建立数据仓库以及数据标签的重要性,正在研究如何构建大数据仓库以及统计分析方法时,新一代 AI 的人工智能算法又出现了。

在客户体验设计上,企业从最早的门店设计发展到互联网的网店设计,随着移动大趋势的到来,App 又成了商家必争之地;企业正在考虑如何设计 App 才能不被用户卸载,微信小程序又诞生了。与此同时,社群从个人的网络日志逐步发展成平台式的论坛,而当论坛逐步发展时,新浪又推出了微博,当许多微博大 V 正开始陶醉于自己庞大的粉丝数量时,微信公众号的出现又把大量的关注转移到了新平台。这些新媒体的交错产生并没有让企业的营销成本下降,反而使之越来越高。为了降低流量成本,一个新的名词——私域流量出现了,于是企业开始学习如何把外部客户拉进自己的社群、社交媒体,建立自己的流量池。

大量纷杂的概念不断诞生、演化、迭代、衰退,如同热带雨林的物种不断繁衍、壮大、灭绝。因此现代营销人员所处的环境被称为营销丛林。在这个丛林中,营销人员需要不断地成长、调适、与时俱进,否则就会很快迷失在这个野蛮的丛林中。

2.2 CTMO 取代了传统 CMO 的岗位

在营销丛林现象出现的同时,许多企业发现传统的营销主管似乎无法在这个后互联网新时代帮助企业解决问题、跳出困境。许多首席营销官(Chief Marketing Officer,CMO)还在用几十年前在学校里学到的老方法关注、覆盖品牌，而忽略销售、增长。企业因此对营销这个岗位的工作效果产生了很大的怀疑，许多企业甚至取消了 CMO 这个岗位。

许多世界 500 强企业都不再设置 CMO 这个岗位，那么营销工作该交给谁来负责？这个新的岗位叫作 CTMO，是 "Chief Technology & Marketing Officer" 的缩写。从字面上看，多了一个 Technology（技术），也就是说，现代的营销工作者也需要掌握一定的技术。在这个技术不断创新的互联网时代，企业需要考虑怎样运用技术性的方法做营销，才能使营销更为精准，更快掌握营销的关键瞬间。

2.3 传统营销理论的不足

在 MBA 或 EMBA 的课堂中，我常常听到学生有如下反应：太多市场上的人在谈及传统营销教科书里都没有体现的营销新概念、新做法。在当今社会中，一些传统的营销方法，已经没有办法对消费者的购物决策过程产生有效的影响，此结论从何而来呢？先分享一下过去做营销的方法。

传统营销的 4P 理论是一个被奉为圭臬的理论框架。记得十几年前，胡兴民教授曾在一个中型家电企业负责市场工作。当时该品牌在国内有数百个代理商，覆盖了几千个商场，每年都有一些新款产品上市，需要在市场上进行投放。所谓市场投放就是让代理商进货，然后代理商将商品拿到各地商场陈列销售。

那时的营销逻辑很简单，这些新款产品一定都要预先定位目标群体，例如，某款产品是给白领小家庭用的，某款产品是给单身白领用的，有些是给住在居民楼的较年长的用户使用的。按照 4P 理论，企业需要在决定这些新款产品的客户定位后，按照不同产品定位决定每个商品的价格。这些商品的价格从几百到上千元不等，虽然在成本上的差异并不大，但是因为目标群体不同、外

营销5.0
后互联网时代的企业战略营销

观不同，商品的价格就有了明显的差异。

接下来，企业要做的是一年中最重要的"营销工作"，即参加电视台的电视广告竞标。所有企业都在抢黄金时段的广告投放权，相关人员如果竞标到理想时段还会受到公司的奖励，许多电视台甚至推出了黄金时段广告和垃圾时段广告投放打包购买的套餐。排定电视、报纸、电台广告投放计划后，我们要做的另外一件大事就是召开代理商大会，把全国代理商召集过来，告诉他们今年企业又生产出了哪些新款商品，并且把已经排好的年度市场广告投放计划和代理商政策告知他们。企业会让代理商率先观看几个月在电视台黄金时段播出的电视广告，以增加代理商的信心，然后要求代理商打款，按照整年销售任务的一定比例向公司预付定金，作为继续代理商品销售的承诺。然后企业会尽快地发货，把商品交给代理商，同时也把销售压力转嫁出去。

这些代理商拿到商品并有了销售压力以后，就会积极地到各个城市的商场里争取陈列位置，并且派遣导购做现场推广。接着厂家会在重点销售期策划一些促销活动，例如买赠、满减等，助力渠道销售。

有过渠道销售工作经验的读者，看了这幕是不是觉得很熟悉？曾有一位EMBA同学听了这些描述后，很沮丧地说："我们现在还是这么做啊，可是我们的销售业绩越来越差，怎么办啊？"

回答这个问题，其实很简单。上述做法就是从20世纪60年代开始在美国盛行的4P营销做法。彼时营销的主要目的就是影响消费者的购买决策过程。过去几十年，消费者通过电视、报纸接收信息，所以电视与报纸等媒体的覆盖非常重要，但是现在消费者的决策过程已有极大的改变，这些改变也使传统营销模式在当今市场环境下捉襟见肘。如果电视已经不再是消费者日常接触的主要媒体，那么企业花大钱请4A广告公司拍摄高成本的广告，再花更多的钱争取在黄金时段投放电视广告，又有什么意义呢？即使现在还有一些人在看电视，可是那些还在看新闻联播的观众，可能也不是企业极力想开发的"80后""90后""00后"消费者群体。

2.4 后互联网时代对营销的要求

当前的消费环境有几个重要的特征，也就是后互联网时代对营销的要求。

第一个要求是即时性。当下，消费者收到的购物信息比过去更多，接收的速度更快，各路竞争对手也挖空心思地抢占消费者的时间与心智，因此企业遇到恰当的销售时机时，就需要立刻采取行动。这个恰当的销售时机就是"场景"。场景是在特定时间、特定地点、瞬时产生的，企业需要比对手更快地对消费者发动营销攻势。试想，在传统媒体里，哪种媒体能具备这种即时性？掌握这么短的瞬间？如果不知道现在是谁在接近门店，传统媒体又如何能在瞬间传递信息给消费者呢？

第二个要求是社会性。消费者的购物决策不再受传统大众媒体广告的影响。由于社交媒体与微信的普遍使用，消费者的购买决策更多地受亲戚朋友之间的口碑影响。在传统电商时代，网上的购买评论曾被认为是虚拟世界的口碑，而现在这些影响力则源于朋友圈以及短视频网站上的网红推荐。现在的消费者也会时时关注朋友圈中的信息，闲时就会看看短视频平台上关注的网红又在推荐什么，这些都是社会性产生的影响力，也是传统营销理论不曾提及并且无法触及的。

第三个要求是精准性。如今，消费者接触的信息太多，由于信息泛滥，消费者常常对企业推送的信息产生排斥的心理。企业推送的信息必须很精准，在对的时间发给对的消费者，才能有效影响消费者的购物决策。如果企业信息发得太多且太频繁，不但会引起消费者的反感而且会引发大量退订，使企业失去消费者的信任。"精准"恰好是与传统媒体运营所采取的"覆盖"观点相反的极端。在传统媒体中，可能只有少数媒体具备一些精准性，例如，电梯广告确实可以区分写字楼、住家、商圈的电梯受众，但是这种精准性只能达到不同的消费群体层次，面对的推荐对象仍然是一群人，远远无法达到对个别消费者"场景化"营销的要求。

第四个要求是方便性。现在，同质化产品随处可见，消费者变得更加挑剔。企业不能只告诉消费者自己产品的优势，还要考虑消费者在当下，可以用什么方式立即向企业咨询产品，企业也应该让消费者以最简便的方法直接向企业购买产品，企业需要在消费者最不费力的状况下，把产品交到消费者的手里，否则消费者必然会转向竞争对手。因此，现实情况已不允许企业寄希望于消费者在电梯中看到企业的一个商品广告并将之留存于自己的脑海里，等到有消费需求了再去门店购买。若心存这种幻想，那么企业就如同敞开大门，让对手大肆进攻。

针对即时性、社会性、精准性以及方便性的要求，有哪些新时代的营销工具或平台可以满足这些要求呢？

首先，针对即时性的要求，其解决方案就是移动营销。现在的消费者，基本手机不离身，可以做到 7 × 24 小时手机在线，移动设备让企业可以时时与消费者产生互动。例如，许多消费者在卖场中选购衣服时，常常会拍摄门店中展示的商品，然后在网上查询、比对价格，这时就是企业发动营销的最佳时刻，难道还要等消费者回家看电视里播出的广告吗？在移动互联网环境下，消费者手机随时在线，移动营销才是能真正满足及时性要求的营销媒体。

其次，满足社会性要求的手段毫无悬念地就是社交媒体营销。社交媒体又分为个人性的社交媒体和群体性的社交媒体。个人性的社交媒体当然就是微信所构建的朋友圈以及私人微信群，群体性的社交媒体则包含了微博、论坛、直播、短视频等多种社交媒体。这些媒体满足了消费者在购物过程中的推荐以咨询和信息收集的需求。消费者对于社交媒体中的信息的信任程度远高于电视广告，所以企业可以创建一些消费者愿意在其朋友圈内转发宣传的信息。

精准性[①]则要求"对"的信息匹配"对"的消费者。相对于传统媒体或互联网广告，大数据提供了精准的消费者个人画像，企业能从过往的消费行为推测出这名消费者最可能产生的需求，以此达到极高的精准性。如果能将大数据与移动技术进行匹配，那么营销的精准性就会更高，因为大数据可以判断这个消费者是谁，移动技术则可以判断这个消费者处于什么场景。知道什么样的人在什么场景出现，精准营销就可以达到极致。试想，如果一个消费者一走进你的门店所在的购物中心，你就知道这个消费者在过去某时到过你的门店，买过什么东西，现在他又来了，你会怎么做？

最后，方便性要求企业让消费者可以用最方便的形式获取企业的信息，用最方便的形式与企业保持联系，用最方便的手段完成购买并拿到商品。要达到这个要求，企业必须考虑整合虚实两种情境。"虚"就是网络的接触情境，消费者与企业或商品并没有真实的接触，"实"就是消费者通过线下门店或其他渠道，真实地接触企业或产品。无论是在家、在店还是在途，消费者都需要能立即获得产品信息、完成购买以及实现配送，所以企业提供良好的线上、线下、虚实融合的购物流程，就是满足消费者方便性要求的最好方法。

综上所述，后互联网时代对于企业营销的要求有即时性、社会性、精准性和方便性，而企业可以相应地采取移动营销、社交媒体营销、大数据精准营销和虚实融合购物流程的对策（如图2-2所示）。

[①] 所有的精准性手段一定要在法律允许、消费者许可的前提下开展。——编者注

即时性 → 移动营销

社会性 → 社交媒体营销

精准性 → 大数据精准营销

方便性 → 虚实融合购物流程

图 2-2 后互联网时代对营销的要求与企业的营销对策

2.5 本书体系框架

面对上述营销丛林的困境，许多企业的营销人员有可能会陷入不知所措的困境。大量日新月异的事物，应该怎么整合？我常常听到企业家说，还在学习之前出现的事物，新的事物就又出现了！面对这种多变且快速变化的环境，企业家有两种选择。第一种选择，以不变应万变，但是这种做法其实就是在坐以待毙。许多企业因为不愿意改变或无法快速做出改变而被市场淘汰。第二种选择，掌握营销中变与不变的本质，迅速做出反应。区分出营销中不变的商业逻辑后，企业家必须照做，而对于那些必须改变的营销手段，企业家也要尽快调整做法。

1. 营销中不变的商业逻辑

在营销中，有一些基本的商业逻辑是不变的，创新就是通过改变产品和服务，为客户提供价值和满意度。这句话是德鲁克先生说的，这个想法应该是"永远不变"的。要做到这一点，就先要弄清楚，客户究竟是谁，客户需要的到底是什么？发掘客户的需求与痛点，设法满足客户是企业必须做的，而且是企业永远不变的目标。从营销 2.0 开始到营销 3.0 时代，妥善照顾好每个关键客户以换取客户的忠诚，这个思想一直未变。

可是，企业家千万不要认为自己在这些不变的本质方面已经做得很好了，大多数企业无法在行业里有突出的表现，是因为自以为已经满足了客户的需求。我曾受到一家大型国有银行的邀请，为其行长做培训分享。我问他们，如果消费者站在贵行与另外一家五大行的门口，他为什么会选择贵行。这些行长都是该银行的关键成员，但所有人都寂静无声，足见其并未对这一问题进行过深入思考。企业家应该再好好想一下，你们所提供给客户的价值，到底有何与众不同之处？

2. 需要改变的营销手段

必须改变的营销手段包括与客户往来交互、服务的做法、渠道等。有些主流趋势是大环境造就的，而且已经被客户接受并且认可，因此企业必须做出改变以不断追赶。过去企业往往采用邮件直投的方式与客户联系，现在大家早已习惯使用电子邮件，如果企业还坚持用传统邮件直投的方式做产品宣传，那就只能坐以待毙。企业必须关注并为此做出改变的大趋势有以下几点。

（1）数据驱动

企业应该学习利用大数据知识来了解客户，掌握企业的运营动态，这个能力是企业必须具备的。后续章节会特别介绍大数据如何赋能企业。

（2）移动营销

现在的消费者往往手机不离身，几乎可以做到 7×24 小时手机在线。同时，移动设备让企业可以时时与消费者产生互动。所以企业必须具备将移动技术应用于客户的服务与交易的能力。

（3）社交媒体

微信、微博等社交媒体已经彻底改变了人与人交往的模式，过去人们用电话和朋友聊天，用短信与朋友传递信息，现在大家的交流都已被转移到微信、QQ等社交媒体上，看抖音、刷朋友圈、咨询、分享也在这些平台上进行。在未来，这个生活模式也会持续下去，所以企业必须学会利用这些媒体，进行客户联系、客户交流和客户服务。

（4）新的交易平台与渠道模式

企业交易平台的选择也在发生改变，几十年前是门店，后来是电子商务、微商，现在是微商城，消费者也逐渐接受并开始使用这些平台。同时，这些平台具有和社交媒体类似的强大的整合力量，这也促成了分销体系的形成。这种新的渠道模式，让销售人员不再局限于在企业的门店里上班，更多的销售员可以在任意地方通过社交平台进行分享、推文，从而打动消费者并促成购买。对于企业来说，如何管理这个庞大的销售团队、对销售员进行培训、支持，如何完成交易闭环，都是必须学会的。

无论是固定不变的现象还是即将发生改变的现象，最重要的是将其整合在一起，发挥最大的影响力，这就是企业未来营销制胜的关键武器。

可以用一个简单的示意图来整理这些必须关注的现象的组合。图2-3就是新战略营销管理框架，后续章节将对该框架中的五个部分分别说明。首先，图顶端的"数人头"的商业范式，是全书的立论基础，第3章将讨论这种基本战略思维的改变，第4章将提出"客户全生命周期的深度整合营销体系"CIDR模型。接下来，全书的第2部分到第5部分将分别介绍CIDR模型各个模块的内容。第2部分阐述会员大数据营销的做法；第3部分将阐述移动技术如何改变生活，以及如何利用移动技术提升与客户交互的能力；第4部分将阐述社交媒体的应用；第5部分将阐述交易平台整合。

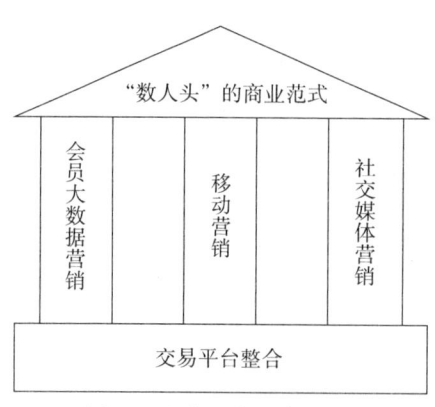

图2-3 新战略营销管理框架

2.6 本章小结

本章阐述了现代企业处于营销丛林中时所产生的迷茫及面对的困境。各种新媒体不断推陈出新,消费者的媒体接触方式与选择也产生了巨大的变化。现在的营销人员要面对以互联网平台为基础的各种媒体,例如短视频网站、微信、微博等,除此之外,营销人员还要学会利用大数据为自身更精准地匹配客户需求,懂得利用会员体系提高客户的黏性。在交易平台上,现代营销人员除了要发挥门店的销售能力,还要掌握电子商务、App、微商店等运营的技巧。

面对这些变化,传统4P、4C等营销理论似乎不能完全满足营销的实际要求,这会导致企业对CMO这个角色的重要性产生强烈怀疑,许多企业因此调整了这个角色的定位,改名为CTMO,这也说明现代营销人员必须与时俱进。

最后,本章提出了本书的内容框架,现代企业面临的客户环境需要考虑沟通的即时性、精准性、社会性以及方便性要求。这些需求都不是传统营销方法可以满足的,现代营销人员只有掌握移动营销、大数据、社交媒体等新的方法与思路,才能在未来的市场竞争中取得胜利。

第 3 章
基本商业范式的改变

3.1 传统商业逻辑是在"垒砖头"

我在 MBA 和 EMBA 课堂中认识了非常多的企业家。时隔多年，他们依然有一个共同的问题一直无法得到解决，其企业的销售在初期经过一段时间的增长后，就会停滞下来不再增长。为了解决销售增长的问题，这些企业也曾在营销方面不断地加大投入，每次营销活动也都会取得不错的成果，销售业绩都大幅增长。可是当这些企业把几年的销售数据以月为单位画出一条连续曲线时，他们赫然发现这条曲线是一条反复波动的曲线，每年都在几乎同样的时间上扬，又在另外一个时间下滑，如果以每年同一个月的销售数据（同比）来看，情况又都是相同的。企业家们在进一步审视这些数据时又发现，这些销售上扬的时间基本上就是促销活动期间，例如每年的周年庆、金秋、双十一、双十二、双旦等活动所在的月份。销售数据在这些促销月份显著提高，代表着促销非常有效，但是促销月份过后，企业的销售数据就开始明显下滑，回到促销以前的情况，环比的差异也是年年相同，很显然，销售情况存在季节波动，影响了这条曲线的变化（如图 3-1 所示）。

绝大多数企业都发现，促销活动结束后，营销人员向公司管理层汇报的内容大都是"本次促销为公司带来了大幅的销售增长"，但是很少有人关注销售数据在促销活动结束后下滑的原因，人们一般都认为销售在促销活动结束后下滑是正常的，殊不知就是这种营销模式造成了严重的客户流失，这也是一个企业的业绩无法增长的根本原因。

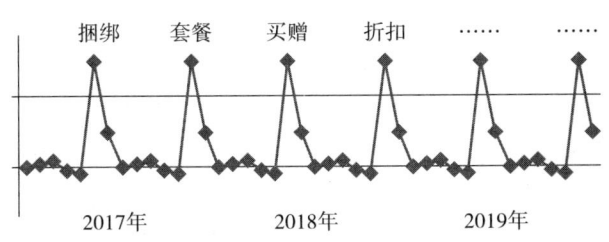

图3-1　企业的销售数据情况

例如，现在大多数企业都会参加每年的双十一活动并开展大幅促销。双十一确实会为企业带来很大的销售增长，但是在双十一、双十二结束后的几个月里，公司的销售业绩又会下跌，甚至会比双十一之前的几个月更加惨淡，这样的场景年复一年，是什么原因造成的呢？很简单，因为根据传统4P模式进行思考的营销活动，都是在特定时间的短时打折、降价，当企业发动促销时，对价格敏感的客户很快就会被吸引，但是对这些价格敏感的消费者来说，没有促销就等同于涨价。以往的促销力度越大，促销结束后，消费者的这种涨价的感觉就越强烈。还有些消费者会认为，企业平时能获得暴利，否则促销时期商品价格不可能这么低。所以没有促销时，这些消费者也就不会消费，消费者流失的现象就出现了。这是企业自己在把消费者培养得只喜欢捡便宜。

上述商业模式被喻为"垒砖头"的商业范式。按照传统的4P营销思维，营销人员在开展营销活动时，脑海里首先出现的是产品，所以在思考业务增长问题时，一定会先想到企业有哪些品类，每个品类又会有哪些品项或产品。例如，胡兴民博士曾担任董事的某家跨国大型超市，在进行年度业绩计划时通常是把总销售任务分配给几位品类总经理，然后品类总经理再把他们的任务分摊给部门内的几位品类经理，每个品类经理再计算他们一年应该卖多少个类别的商品,以每个商品去年的销售额为基础,加上成长率,再考虑引进某些新产品,估算一个销售数字,再把每个大品类的总数逐级累加,得出整个企业的年度销售计划数字。

这个过程就如同盖房子一般,施工的工人也需要计算正在盖的这个房子有几道墙面,每道墙面有多长、有多高,总面积是多少,需要搭配哪些不同式样的砖头,每种砖头需要多少块,最后再用每种砖头的数量乘上单价,加总在一起,就计算出了砖头的总成本。这就是"垒砖头"的商业范式,如图3-2所示。

图3-2 "垒砖头"的商业范式

得出这个"垒"出来的数字以后,公司就会在每月的业务会议上总结每个品类的实际销售情况与计划值的差距。当个别品类的实际销售数字与计划数字有比较大的差距时,企业就会要求相应品类的负责人员赶紧做促销活动,把业绩缺口补上。当整个公司的大多数品类的销售情况都无法达到计划的标准时,企业就会要求市场部出面,开展一个规模更大、更全面的促销活动。

在这种思维的指导下,营销人员的脑子里只有"卖产品"!营销人员对于客户的关注度不高,只知道卖场的来客数减少了所以商场的业绩不好,至于究竟是哪类客户的减少导致了业绩下滑,营销人员对此完全没有意识。这种以产品为计算基础的商业思考模式,就是"垒砖头"的商业范式。

即使许多企业高管到各大名校学习过MBA或EMBA课程,学习了许多前沿商业管理知识，还学到客户导向的营销思维，例如 CRM 等观念，他们仍然只把客户导向的营销思维当成一种营销的技术，而忽略了概念背后隐藏的企业商业思维范式的改变，那就是应该把企业的商业思维范式从"垒砖头"改为"数人头"！

判断一个企业的商业思维范式是"数人头"还是"垒砖头"，只要看其营销活动由哪个部门负责即可。典型的"垒砖头"商业思维范式下的营销工作主要由两个部门负责，其中一个部门是商品部（也有企业称其为采购部门或品类部门），顾名思义就是负责把商品买入并进行销售的部门。有些企业还自诩"采销责任合一"，也就是采购要负责把买入的商品卖出，所以促销活动都是由该部门主导的。采购与供应商谈判，争取较优惠的价格支持促销活动。另外一个部门是市场部门，更准确地说是品牌部门，其责任是品牌宣传以及促销活动宣传物料的设计及分发，例如设计海报、宣传物品、媒体发布等。如果某个企业依然采用这种部门分工来开展营销活动，那么其销售业绩多年停滞无法快速增长，也就不足为奇了。因为这个企业还在用 60 年前就被提出的 4P 营销模式，而现在的市场竞争环境早已不同。

3.2　现代企业应该用"数人头"取代"垒砖头"

什么是"数人头"的商业范式？简单地说，"数人头"的商业范式就是按照企业的客户人数和客户消费频次思考企业的业绩增长路径，也就是企业的关注焦点，要从"市场"这个辽阔而抽象的名词转移到具体的个别客户的身上，而且要将这些客户放在客户金字塔结构的某一位置上。

根据上文对"数人头"的商业范式的定义，简而言之，"数人头"就是依照客户金字塔结构来管理企业的增长。企业需要将客户分级，从最重要的、贡献最大的一群人开始，逐步往下再分级。企业的首要任务就是维持与处于金字塔顶端且对企业贡献最大的客户的长期友好关系，并且设法筛选出那些目前虽然处于金字塔第二梯队，但是有机会发展成为金字塔顶端梯队的客户，然后逐级往下发掘新的潜力客户，并且设法帮助他们提升其重要程度，使重要客户的数量稳定增长。根据该逻辑，如果企业的业绩突然下滑，营销人员就可以很精确地掌握业绩下滑是企业的金字塔中的哪些部分客户出现问题导致的，应该如何尽快地止血。当企业希望业绩进一步增长时，营销人员也必须知道，哪些客户数量的增长对企业来说是最有效的。

我在与许多企业接触时常常发现，企业家都很关注怎么寻找新客户，因为他们相信只有不断地开发新客户，才能使企业的业绩不断增长。但是数据证明，绝大多数企业业绩不好的核心原因不是新客户的数量不够，而是客户流失率太高！因为客户流失率过高，所以企业需要不断地开展活动以寻找新客户来填补客户流失导致的业绩窟窿。而这种不断拉新、不断使用价格促销等营销策略正是企业客户流失的真正原因，因为企业没有将焦点集中于维护已经有过交易关系的客户身上，所以这些客户也就不会对企业有任何的忠诚度。

我曾经担任一家大型连锁服务企业的顾问。刚开始接触这个企业时，我先和他们的数据人员对企业过去几年的销售数字与客户动态做了一个分析。我们发现，这家企业存在以下四种现象：一是客户结构分布完全符合二八原则，也就是消费金额排名前20%的客户贡献了企业80%的销售业绩；二是这家企业存在上文所述的采用"垒砖头"模型的企业会遇到的典型问题，即过去几年的销售情况停滞不前；三是这家企业不断地努力拉新、加大促销力度，想要让销售业绩有所突破，但是仍然无法改变年度销售业绩停滞不前的困境；四是从客户流失率来看，这家企业每年有50%的VIP客户流失。

这四种现象，在胡博士咨询过的企业中比比皆是。胡博士提醒他们，从过去的数据来看，企业每年流失50%的VIP客户，但是企业总体的业绩并没有下滑，而是保持持平的状态，这就表示新的一年又有另外一群新客户成为 VIP，而这些人中，再隔一年又有 50% 的人会流失。所以只要能留住今年新增的 VIP 客户，让他们在未来一年不要流失，企业在未来一年就能增加 20%～25% 的业绩，如果企业再把去年已经流失的 VIP 客户找回来，就又可以增加 20%～25% 的业绩，所以只要能先"止血"，企业未来一年的业绩至少增长 50%，这就是"数人头"的基本思维方式。

3.3 "数人头"首先要将客户转化为"会员"

1. 把关键客户转化为会员的重要性

实施"数人头"的商业范式首先需要做一件事，就是把关键客户转化为会员。为什么会员制度这么重要？很简单，因为只有知道营销活动应该针对哪些人，营销人员才能"对症下药"。

企业需要找出对企业而言最关键的客户，向他们提供最好的价值与服务。而会员就是企业与客户之间的双向承诺，企业承诺给会员更好、更独特的价值，会员以对企业的忠诚度为回报。

2. 会员就是有数据的客户

要将关键客户转化为会员还有另外一个重要原因：只有在关键客户成为会员后，企业才会获得他们的数据。所以我们可以对会员提出另外一个定义："会员就是企业拥有其数据的客户。"

为什么只有成为会员，企业才能获得该客户的数据？传统的门店交易系统是交易导向的，交易记录与客户基础数据是分开的。如果客户数据与交易数据没有关联，企业就只能从 POS 机的交易流水记录得知每一笔交易的时间、购买商品、数量和金额，但是这个订单是由谁支付的则无从知晓。只有将客户转为会员，有了客户编号，企业才能对客户基础数据与交易数据进行关联。这样，企业才能完整地追踪一名客户的所有交易。

例如，企业给客户一个编号，客户每次都可以通过 App 出示会员二维码进行线下交易，这时企业就可以通过 POS 机的扫码功能将这笔交易数据和客户编号进行关联，从而得知这个客户每隔几天消费一次、每次买了什么东西、金额是多少等信息。另外，企业可以通过 POS 机的编号得知客户消费的时间、场景等信息，消费者的消费时间可以被分为上班时间和下班时间，消费场景则可能涉及居家、临时外出等，因此企业就可以推测关于消费者居住、工作地点的信息。同时，根据消费者购买的时机（促销期或平时），企业又可以了解消费者对价格的敏感度。各位读者想想，有了这么多的客户数据，企业是不是就可以更容易地判断每一个客户的喜好？

3. 新会员加入要有仪式感

企业家要特别注意一件事情，即在将关键客户吸收为会员时，一定要有仪式感，就是要让客户清楚地认识到自己通过一系列手续才成了企业的会员。某些支付平台告诉他们的企业客户（商家），他们提供"支付即会员"的服务，企业不需要麻烦消费者注册并填写个人资料，只要通过平台完成支付，消费者就能自动成为企业的会员。支付平台就可以把客户数据提供给企业，并且替企业发放积分给消费者。我在两个大型连锁企业做咨询时，曾目睹这种做法产生的严重问题。问题产生的主要原因就是生成会员的过程过于简单，客户并没有认识到自己已经成为该企业的会员。

这两家企业，都是在市场上拥有上千家分店的大型连锁企业，他们听信了支付平台的建议，通过支付平台吸收会员、发放积分，并且从支付平台获取一些客户信息。但是经过事后调查访谈得知，大多数客户根本不知道自身已成为该企业的会员，这就是所谓的"无感"会员。这些会员根本不知道在这个商家消费可以得到积分，当然就不会消费这些积分。这两家企业实际发出了上亿的积分（上百万元的价值），结果会员消费使用的积分只有一两百万分（一两万元的价值）。这些已发出但未兑换使用的积分数量庞大，这两家企业的财务测算甚至因此被质疑，但是企业又不能主动作废积分。其中一家企业的负责人告诉我，他们只能等一年以后这些积分到期并且确定没有被兑换，才能将这些积分作废。这样客户并没有经过一个有仪式感的承诺交换过程（通过一系列手续加入会员），因此就很难对企业产生忠诚度，会员活动也就毫无效果。

在这里要提醒读者的是，将客户转为会员的过程一定要有仪式感。这个过程不需要过于复杂，只需要进行几个简单的操作，让客户知道自己已经成为会员并且企业愿意提供特殊权益，要让客户在手机 App 或小程序上完成身份验证。不能只是让客户提供电话号码，一定要让会员与企业互有线上的联系方式，会员可以在日后随时查看积分和特权并兑换礼品、消费积分，这样才是真实、有效的会员。

3.4 会员是企业与客户对价值交换的双向意思表示

营销 2.0 开启了客户导向的营销时代，让企业的营销思维从关注产品变为关注客户，这个转变在当时确实是一个很大的进步。尽管营销 2.0 有了市场区隔的概念，但是其仍然"一视同仁"地对待所有客户，也就是说，不管是新客户还是老客户，无论是天天光顾的忠诚客户还是过路的临时客户，所有客户都将得到相同的待遇。这样的做法对吗？

我相信大多数企业家都会觉得这种做法是不对的，可是大部分企业还是坚持这么做——无差别地对待所有前来消费的客户。企业在双十一活动期间制定的产品价格是否对忠诚客户或那些只会专门找低价、促销时机才来购物的客户有所不同？答案当然是否定的，这就是营销2.0的问题所在。如果一个对你忠心耿耿的客户发现，他们的待遇与临时起意、消费一次的客户一样，那么你觉得这位老客户还会对你情有独钟吗？

以汽车养护行业为例，如果一位车主每周都来洗车，每月都来做检查、保养，有一天他发现自己和另外一个临时路过的客户一起排队，而且服务价格与服务待遇也没有任何不同，那么他还有什么理由每次都只选择你的门店，而不考虑其他品牌门店给他的优惠？

如果双方没有通过会员这种形式建立对价值交换的双向达成，客户永远只会购买有促销的商品，这时促销就会短暂地把客户从A公司（没有促销的公司）拉到B公司（有促销的公司）。企业也永远在思考如何把客户从竞争对手那里拉回来，而不是把那些已经获得的客户服务好，因此就很难有坚实的客户基础。

会员思维在做法上与传统营销模式有极大的不同，此处的会员是指企业与客户双方的意思表示。企业提出会员方案，告诉"一部分"客户，他们将受到企业更多的关注并且在更长时间内，获得更好的价值与服务，而客户则要提供一些个人的基本信息以成为企业的会员，这个过程就是双向的意思表示。

客户认可企业的价值提议并愿意给出更高度的忠诚换取这些价值，所以双方的意思表示的目的在于达成双方"价值与忠诚的交换"。这个认知就是会员制度成功的基础。如果企业所提出的价值没能得到客户的认可，那么客户就不会愿意成为会员；如果未来客户行为的忠诚度未能达到企业的预期，这就表明企业的价值并没有被客户实实在在地认可。如果了解了这一点，价值交换最后依然没达成目标（会员不活跃），那就有可能是企业所提供的"价值"存在问题。那么客户对企业不够忠诚的原因是在客户端还是在企业端，这个因果关系就很清晰了。

3.5 "数人头"就是要将会员分级管理

"数人头"的概念并不是让企业只关注那些消费金额最多的前20%的客户,而是要根据客户过去一段时间在企业的消费总金额,将整个客户群体整理为金字塔结构。然后时时关注,是否有足够数量的老客户在不断地向上爬升,是否有新客户从底部进入并向上爬升。企业家要清楚每月、每季度、每年的多少销售业绩是分别从金字塔哪个层级产出的,清楚每个层级的人数以及该层级的平均客单价,这就是"数人头"的思维(如图3-3所示)。

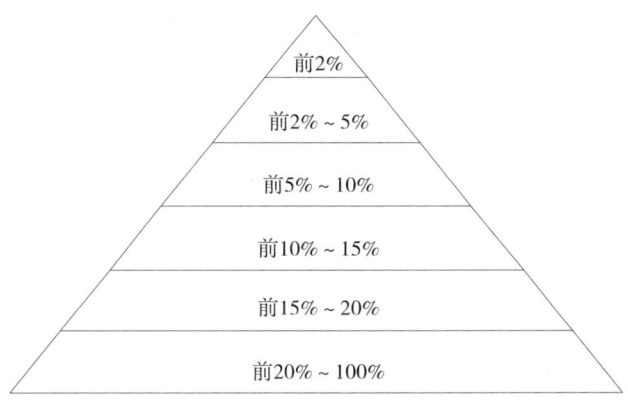

图3-3 "数人头"就是搭建客户金字塔

在EMBA的课堂上,有些企业家会问:"我是做快消品的,客户人数多达几千万,甚至上亿,我怎么可能关注每个客户呢?"很简单,在过去技术比较匮乏的时代,企业没有方便有效的工具追踪个别消费者的行为,确实做不到关注每个客户,但现在企业已经具备非常完善的计算机与互联网环境,人工智能工具的出现使企业能关注每个客户的行为,并且可以在客户行为发生改变时立即采取行动,这就促成了"数人头"的商业范式的实现。

为什么"数人头"的商业范式如此重要?很简单,现在的市场环境竞争激烈,已经和60年前的4P营销时代完全不同。企业面临越来越多同质化商品的竞争，客户很容易找到可以替代的产品，企业如果还是采取传统的促销方式，只能暂时性地把客户拉回来。但是这些游走在价格变化中的客户，很快又会被竞争对手的促销活动吸引过去，所以未来竞争的关键应该是让一部分优质客户愿意与企业产生"价值与忠诚度的交换承诺"。企业有了稳固的基础客户后，就应该再逐步争取其他新客户，以此对客户加以培育，企业的销售才能扎实地向上增长。这么多互联网企业起起伏伏，例如各种打车平台，它们不断地对用户与司机进行短期的价格补贴，而没有花精力去争取长期的客户承诺，一旦企业停止价格补贴，乘客与司机就会立刻流失。其经验告诉我们，只有建立了"数人头"的商业范式，有了坚实的客户基础，企业才能长久地立于不败之地。

当计算客户人数以及消费频次时，很多企业家会告诉我，他的企业能知道总交易次数，但是不知道整个企业到底有多少客户，更不用说每个客户的消费频次了，这该怎么办？很简单，这些企业还在用以交易为导向的"垒砖头"系统。门店的POS机是一种典型的"垒砖头"工具，无法区分每个交易的客户，所以企业无法对同一个客户的交易进行"归户"。所谓归户，是指将每一笔交易与相对应的客户关联起来。能做到这一点，企业就迈出了"数人头"的第一步。

3.6 会员不仅要分级，还要分群

如前文所述，"数人头"的商业范式就是要构建客户的金字塔。在构建客户金字塔时，很多人都会想到按照二八原则对客户进行分级。事实上，对于会员的细分，企业不仅要按照个别客户贡献价值进行分级，还要对客户进行分群。

分群就是按照某些特定属性对会员进行分类，分级的目的是帮助企业给予不同等级的会员以不同的价值或权益，而分群的目的则是帮助企业给予不同属性的会员以差异化的建议。我们曾在便利店行业管理会员，将会员按照以往消费的品类进行分群，如果会员喜欢喝咖啡，就给予这些会员与咖啡相关的推荐或优惠；也会按照消费时间对会员进行分群，有些会员专门在上班时间来买早餐，这时我们会向这些会员推荐与早餐相关的商品或优惠的内容；还会按照消费时机对会员进行分群，例如有些人喜欢在促销时间进行消费，而有些人对促销活动不是很敏感。阅读至此，大家不难发现，分群并不是单一维度的概念，而是多维度的概念。我们常常通过多个维度对会员进行分群，而且这些标准是动态组合的，具体概念会在后续介绍会员数据标签时做详细说明。

　　分级需要按照消费额度加总对会员进行区分，而分群则通常是用几个变量对会员进行标记，然后采取聚类分析的方法对会员进行类型区分，所以正确的会员划分应该是分级分群并行的网状结构（如图3-4所示）。

　　图3-4中前2%～5%这个级别的会员，如果以生活风格进行划分，可以被分为偏向时尚生活的会员和朝九晚五、两点一线的规律上班族。即使他们处于同一消费层级，但是由于会员特性不同、所属不同群体，企业需要为这两种群体会员提供不同的推荐或内容，这就是会员的分级、分群概念。

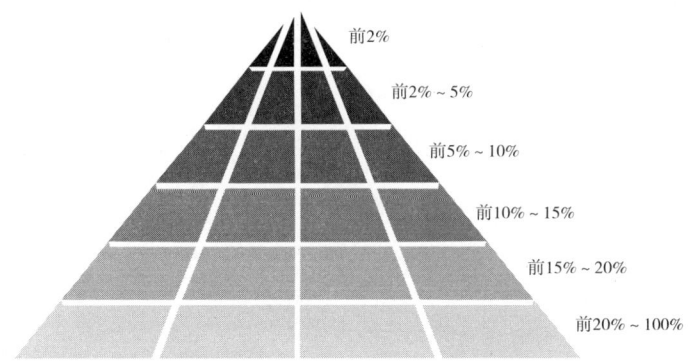

图3-4　客户不仅仅要分级，还要分群

3.7 "数人头"是经营会员的全生命周期

很多企业家常问一个问题:"我们公司已经有会员制度了,可是为什么这些会员仍然不活跃?"这是一个严重的误区,不要以为企业有了会员制度,会员就会活跃。会员是靠良好的运营活跃起来的。就如同交朋友时,换名片、加微信只是初步的认识,要想进一步成为好朋友,还有赖于双方持续互动、关怀、问候、聚会。会员思维中的一个重要的观念就是经营会员的终身价值,也就是全生命周期的会员管理范式。我将会员的全生命周期分为进、活、粘、值、荐五个阶段。

- "进"就是拉新。通过各种方式,在线上或线下邀请客户成为会员。
- "活"就是激活会员,通常是让客户产生第一次消费。
- "粘"就是提高会员黏度。也就是把会员从开始复购发展为多次复购,直到会员养成习惯,黏度就是让会员在消费时把企业的商品或服务列为首选。
- "值"就是创造会员最大价值。这时,企业不仅仅是会员在消费时的首选,更是会员在同一品类中的唯一选择,也就获得了会员的口袋占有率(Share of Wallet)。

上述四个阶段是有先后次序关系的,企业与会员的关系是从陌生到第一次交易,最后发展为唯一的选择。

- "荐"则是指会员裂变。裂变不仅发生是在"值"以后,而且可能发生在"值"之前的几个阶段,例如,拼多多就是在"进"的同时开始裂变,越早裂变,就越能自发地产生更多新客户。

进、活、粘、值、荐发生在客户金字塔的不同层级(如图3-5所示)。

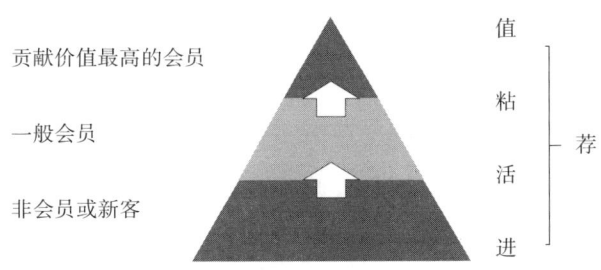

图3-5 进、活、粘、值、荐与客户金字塔的关系

本章开头提出了"数人头"的商业范式，其主要目的是让企业关注自己有什么样的客户、有多少人、他们的贡献如何，所以"数人头"的商业范式就是用客户金字塔来管理企业的销售与增长。企业从拉新开始就有了较大的潜在用户基础。这些用户可能是非会员，也有可能是偶发性消费的新客，企业以提供价值或特权为条件邀请他们成为会员。企业接下来要做的就是激活其中的一部分会员，产生第一次交易，接着再在这些被激活的会员中创造出黏度较高的会员，最后让企业成为这些会员的唯一选择，使这些会员成为最高级别的会员。而且在这四个阶段中，企业还在不断地寻找机会让会员推荐产生裂变。

3.8 会员是私域流量关注的核心对象

近两年，"私域流量"成为业界最新的热点话题，引起了企业家们的关注。这主要是由于后互联网时代流量成本居高不下，企业获客难、获客成本高，社交媒体因为具有裂变的特性而被认为是可能的解决之道。企业希望通过外部社交媒体建立自己的粉丝群，再将这些粉丝群转为内部社群的粉丝以及会员。

私域流量的概念已经将营销的关注点从大量投放模式转为深度运营的模式，这一想法与会员模式不谋而合。如前文所述，会员运营就是经营会员的"进""活""粘""值""荐"。在后互联网时代，会员的"进"也不可能像过去一样依靠大量的广告投放，裂变反而成为最有效的方法。如果你的企业要开发广场舞大妈这个群体,最有效的方法是什么?当然是在这些有广场舞大妈的微信朋友圈里寻找这一群体。想要找宝妈这一客户群体应该去哪里找?当然是去宝妈的微信朋友圈里面找。从这个逻辑来看,企业应该关注的是如何善用既有的客户群体。一方面,企业要深耕这些客户,创造最大价值;另一方面,企业要通过这些既有的客户群体进行裂变。企业不应盲目做大量无法测度业绩效果的广告投放,而应该关注如何发挥既有客户的力量。可以说,会员运营就是最有效的私域流量经营。

3.9 本章小结

本章在全书中扮演了转换新旧思维的角色。旧的营销思维是4P、4C,背后的商业逻辑是产品导向,对广大群体进行覆盖式的营销传播。这种思维适用于过去信息来源单一、媒体单一的时代,彼时的营销重点是"传递品牌价值"和"门店促销活动"。现在,消费者的选择多、产品信息充斥市场,如果仍然用过去的商业思维,企业就会陷入整天忙着拉新、等着客户不断流失的怪圈,这导致企业销售业绩长期停滞不前。要彻底解决这个问题,企业必须采用新的商业思维以及新的客户经营的范式。

企业家只有抛弃旧的"垒砖头"的商业范式,而采用"数人头"的商业范式,才能让企业在新的环境下立于不败之地,获得长期稳健的增长。

本章在全书中还起着承上启下的作用。企业家一旦建立了"数人头"的概念,在营销战略上的表现自然就会和过去不同。企业家必须掌握新时代的更有效的营销方法及媒体运营方式,给后互联网时代的企业一个崭新的营销思路。

第 4 章

客户全生命周期的深度整合营销框架

本书的第 1 章和第 2 章回顾了商业发展历史以及营销思维的迭代,第 3 章讲述了社会环境在互联网时代的重大变化,现在的企业已经无法继续采取商品稀缺时代的产品导向的营销思维。面对同质商品充斥市场的竞争环境,客户的决策过程、消费者的信息来源都发生了重大改变,这导致了传统营销范式的失灵。因此,本书的第 3 章提出应该放弃过去"垒砖头"的商业范式,并提出了一个新的商业范式,即"数人头"的商业范式。在这个崭新的商业范式中,企业必须对企业与客户关系的基本面进行战略调整,同时也必须基于该逻辑对营销实践进行改变,配合影响消费者购买决策的营销模式以及营销媒体也都需要改变。

在"数人头"的商业范式下,企业关注的重点是每个具体的客户,所以大数据成了非常关键的营销基本方法。另外,由于消费者对移动应用的普及使用以及对传统电视、报纸媒体的疏远,企业必须掌握移动营销的新做法。同时,社交媒体、短视频、直播等新媒体的出现,也逐渐占据了用户的大量时间,并且深深地影响了消费者的购买行为。除此之外,由于门店的角色在消费者的消费过程中发生了改变,新的微商、微店、微商城等交易平台不断出现、迭代。我们将这种种快速变化称为现代营销丛林。

营销丛林已经让企业家应接不暇,许多企业家都会说,我们好不容易学会了一个新的营销方法(例如,微信营销),突然又发现短视频的出现抢走了消费者的眼球。所以，企业家现在最重要的工作不是赶时髦似的引进每种新媒体，而是要想清楚现代商业范式的"变与不变"，如何将不变的本质部分做深，如何掌握变的部分的关键共性，从中选择出最关键的渠道及营销方法。而其中最关键、最难的还是对这些新旧内容进行整合，并在一整套体系框架里对其进行运营。这就是本书要分享的重点，基于"数人头"这一新的商业范式，如何利用大数据及移动技术，整合电视、平面等传统媒体和"二微一抖"（微信、微博、抖音）等新媒体及与行业相关的社交媒体，让企业的营销更有效，为企业创造更高的收益。这整套方法论，可被称为"客户全生命周期的深度整合营销模式"，实现客户全生命周期的深度整合营销也就是营销5.0的主要目标。

4.1 深度整合营销的关键点

基于"数人头"的商业范式思维，我们需要考虑的是如何经营客户的全生命周期。客户的全生命周期的经营就如同企业发展一个新的客户，接下来要让这个客户活络起来，并使企业或品牌成为客户消费时的优先选择，最终实现，只要是企业能提供的商品或服务，客户需要时就会从该企业处消费，也就是创造最大客户价值。而且在完成这四个步骤的过程中，企业还需要考虑如何进行客户的裂变，让自身不再需要耗费大量成本拉新，我们将这整个过程称为"进""活""粘""值""荐"的过程。

一位哈佛商学院的教授多年前提出了一个概念，将营销比喻为一场战役的全流程并写成了一本名为《营销战役》（*Marketing Warfare*）的书，虽然当时的媒体环境和现在已经大不相同，但其核心营销概念同样具有价值，我们就借用他的比喻，解释什么是深度整合营销。

在众多战争类题材的电影中有一部电影叫《最长的一日》，讲述了第二次世界大战期间欧洲战场反攻的关键性战役——诺曼底登陆的历史。在那场战役之前，欧洲大陆大都被德国纳粹占领。以英美为首的联军，打算从英伦本岛向欧洲大陆发动反攻。联军首先需要让自己的双脚踏上欧洲大陆，因此面临一场登陆战。这便是诺曼底登陆，其规模之大史无前例，以致动员了当时的所有军种，包含陆、海、空三军，当然还有其他情报部门、后勤部门、工兵部门等。作为作战主力——陆、海、空三军的配合是整场战役成功的关键。如果陆军登陆、空军轰炸、海军舰炮、陆战队抢滩行动不能紧密配合，而各行其是，最终只能全军覆没。

那么这些军种应该如何协同作战呢？

最重要的是，一定有一个整体战役的目标，接下来就是安排各军种分别在战役过程中扮演的角色，他们需要在什么时间、达成什么任务。

首先是空军出场。空军出场，就是为了做震慑性轰炸并且摧毁岸边沙滩上的一切阻绝力量。飞机轰炸后是海军船舰上的舰炮。大型船舰上都有大口径的火炮，在传统的"海对海"作战中，这些舰炮的主要作用是摧毁对方船只，而在登陆作战中其目的则是摧毁沙滩附近的碉堡。因为碉堡中的武器、重型机枪可能是对登陆方杀伤力最大的武器，所以在登陆之前，舰炮火力要尽可能地摧毁这些工事以及内部的重型机枪火力。舰炮完成摧毁碉堡的任务后，沙滩上的抵抗力量就变得较为脆弱，这时就是海军陆战队上场的时间。陆战队的任务是把沙滩上剩余的抵抗火力尽可能地歼灭，并且开出一条比较安全的通道。这条通道就是为后续的陆军而开的。陆军的主要目的是占领登陆点及附近区域，并且进行后续的地面推进与攻击。陆军的重装甲部队适合平地作战、快速推进，还有工兵负责造桥铺路，让重装部队能够快速通过地理空间上的障碍，最后完成整个区域的占领任务。

解释完以上三个军种的角色和任务，现在各位读者可以想一想，如果三个军种出现的时间没有按照这个次序排列会怎样，如果计划让空军凌晨3点进行轰炸，4点舰炮射击，5点陆战队滩头登陆，结果空军5点才出场会怎样？如果计划轰炸点A，可是实际上轰炸的是点B，那么结果又会如何？结果极有可能是全军覆没。

再从时间维度来看，如果空军、海军舰炮都按照计划的时间、地点完成了攻击，结果陆战队没有紧紧抓住机会，隔日才冲上沙滩，结果会是什么？如果陆战队准时完成登陆，可是后续陆军却没有跟上，那实现这场战役的最终目的就仍然遥遥无期，之前各军种的努力也就白费了，这就是三军协同整合作战的重要性。从上述这个比喻，我们可以总结出整个战役中多军种的整合包含以下几个关键点。

- 明确的共同目标
- 确定各军种的任务使命
- 信息的整合
- 各军种发动攻击的时间节点
- 出场时间与场景的无接缝连接

基于这几个关键点，我们提出一套客户全生命周期的深度整合营销框架。

4.2 过程与方法深度整合的框架

按照前文"数人头"的思路，企业要关注每个客户的全生命周期，不断提高每名客户的价值，并且在经营客户的进、活、粘、值的过程中不断裂变。我们因此提出了一套客户全生命周期的深度整合营销框架，称为CIDR模型。提出这套模型的目的，就是帮助企业走出当前面临的获客难、客户流失严重、销售难增长的困境。

CIDR模型通过客户经营的过程，以从接触的深化到裂变的全过程为基础，讨论大数据、移动营销、社交媒体营销、交易平台等营销方法以及营销工具如何共同支持客户全生命周期管理的目标——消费者口袋占有率的实现。整个过程被分为接触点设计、身份辨识、数据处理、反应市场等四个步骤（如图 4-1 所示）。

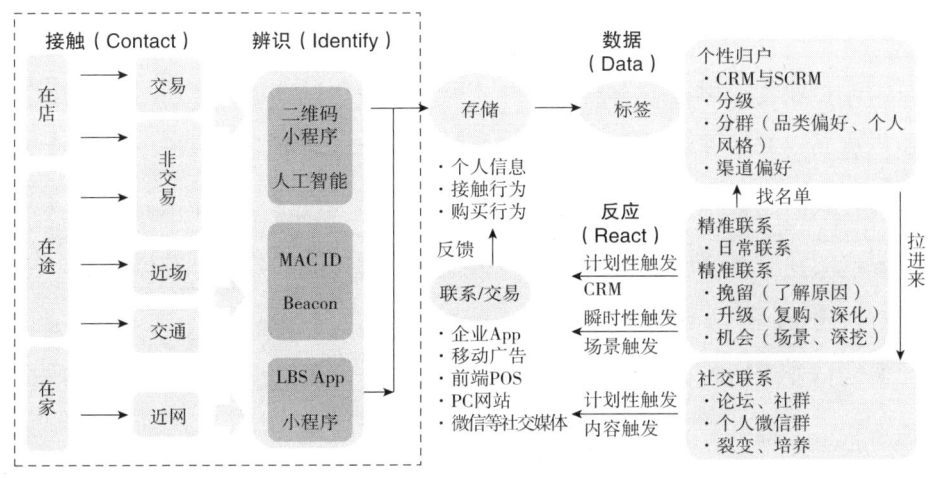

图 4-1　CIDR 整合营销模型

CIDR 是接触（Contact）、辨识（Identify）、数据（Data）、反应（React）这四个英文词的缩写，这四个词描述了客户经营的几个主要阶段。

本章后续内容将围绕这个框架依次展开。本书后续四个部分将分别说明在这些流程当中，如何把大数据、移动营销、社交媒体、微商微店等相关工具与方法进行深度融合，打造企业的私域流量，为企业创造最大价值。

1. 客户接触

客户接触是指企业在哪些场景可以遇到客户。过去，接触场景只区分线上、线下两种场景，线上一般指网站、App，线下一般指门店，但是因为近几年国内的从业者不断地进行商业模式创新，企业与客户的接触场景应该包含三种：在店、在途、在家（如图 4-1 所示）。

（1）客户在店的接触场景

从接触的目的来说，客户在店的接触场景可能直接产生交易，客户也有可能只是进店逛逛，所以在店的场景包含了交易与非交易两种类型。客户在店的场景也可以被分为正常营业时间和非正常营业时间，这时客户接触的方法又可以被分为真人的服务和自动化的服务。

服饰行业开拓引进了一种被称为魔镜的智能化试衣镜，客户只要站在试衣镜前，选择想要试穿的衣服，系统就会自行匹配，让客户在镜子中看到自己穿上那件衣服后的影像，这便是一种在店接触场景的设计。智能试衣镜可以立即分辨客户的穿衣风格以及消费偏好，还可以智能化地为客户推荐搭配，大幅降低了对门店中店员营销能力的要求。

餐饮行业是比较典型的在店的接触场景。自动贩卖设备让客户无须站在柜台前点餐，大幅提升点餐的时效性以及客户的满意度。例如，在肯德基、麦当劳等快餐行业，客户可以在座位上扫码或通过智能互动大屏幕（Kiosk）直接点餐、支付，现在很多餐厅也陆续推出了桌上扫码点餐的服务。

（2）客户在途的接触场景

在实践中，客户在途是企业需要考虑的一种新场景。这主要是因为企业近几年的物流能力有所提升，能做到客户下单后在短时间内就把产品送到客户指定的地点，而这时客户可能既不在家也不在门店里，而在路上、在咖啡店里和朋友交谈，或者将要到某个地方参加社区活动。

另外一种在途的接触场景是智能自动贩卖设备，客户可以选择在街上直接与企业的自动设备接触并且完成交易。一些零售企业已经在街边或写字楼大堂设置自动贩卖设备，例如自助咖啡机、自助鲜榨橙汁、自助餐盒等。

还有一种是客户近场的接触场景。客户这时还没有走进店里，但是可能已经在门店附近走动。企业这时也需要设计与客户的可能接触场景，让客户有机会接触企业。

讨论客户接触点的目的就是让企业考虑可能在哪些场景与客户接触，企业应该让客户在这些场景里更容易地接触企业、获得企业的服务。

（3）客户在家的接触场景

客户在家的场景一般是指客户通过官网、App等网上渠道接触企业。这时客户接触企业的目的一般是通过互联网进行查询或交易。所以设计在家的接触场景的关键就是官网或App的功能、流程的体验设计。同时许多客户进店前会提前在家进行搜索，了解适合的消费地点，这时如何让门店的商品与服务跻身搜索排名前列就是关键，建立搜索结果的场景也很重要。这部分属于电商的范畴，本书不做深入讨论。

2. 客户辨识

客户互动的第二个步骤是对客户进行辨识。在此之前，企业已经在不同场景接触过客户或潜在客户。所以第二个步骤就需要企业对这些正在接触中的客户进行分辨，分辨这名客户是老客户还是新客户，及其所处的场景和表现出的行为。因为接触的场景不同，可能需要配合不同的方式来收集更精准的客户信息。按照所处场景的不同，客户辨识场景也可以被分成在店、在途、在家三种。

（1）客户在店的辨识场景

客户在店的辨识场景，一般是企业最常遇见的场景，例如便利店、服饰精品店、家居商品店、超市、餐厅等都需要考虑这种场景。这时，在店内的客户又可以被区分为潜在交易的客户及进行交易行为的客户。

- 潜在交易的客户：走进店里浏览但还没有进入交易阶段的客户。例如，在服饰店内挑选商品甚至试穿衣服的客户，在便利店或超市内拿起某些商品但还没进行交易的客户。辨识潜在交易客户的重点在于留下个人基本信息，愿意提供行为轨迹，让企业在未来能追寻这名客户，同时也让这名客户很方便地再接触企业发出的信息。

- 进行交易行为的客户：在店里选中了一些商品并准备付款的客户。对进行交易行为的客户进行身份辨识的目的在于确认这名客户是否为老客，他应该享有什么权益，他有没有积分或折价券等。

企业要对上述两种客户都进行辨识。常用的辨识方法有二维码、小程序、店内试衣魔镜等。

（2）客户在家的辨识场景

与客户在店的辨识场景相比，客户在家的辨识场景较为简单，主要是客户出门前的搜集信息或在电商平台直接购物的过程。一般可以采用具有LBS[①]功能的App或小程序，让客户可以按照距离远近找到自己希望去的门店或直接网购。外卖点餐就是典型的客户在家辨识场景应用。互联网的功能让消费者即便不出门也能完成购物。这时的辨识涉及通过App或小程序辨识这名客户的身份，了解这名客户的偏好与习惯，通过个性化的展示，让客户最便捷地实现交易需求。

（3）客户在途的辨识场景

在途是一种比较新的场景，外卖就是一种典型的在途的辨识场景。例如，即使是强调门店体验与交易功能的星巴克，也开始提供LBS送餐服务，让不在店、不在家而在特定场所的客户也能享受外送服务。

另外还有几种重要的在途场景的客户辨识需要被考虑进来。

- 客户在门店附近，但尚未进店，也不确定是否会进来。例如，企业在购物中心有个门店，客户仅仅是在购物中心来回走动，却并未进入门店，这时

---

① Location Based Service，通过网络技术辨识用户的位置坐标。

客户可能只是无意识地闲逛或与朋友聊天。此时，企业需要有能力对客户进行分辨，才能提供适合客户的服务。

- 客户在竞争品牌的门店附近或店内。这时客户有较高的概率会走进竞争对手的门店，使你失去商机。企业中的销售人员应该快速辨识客户，在这个瞬间对客户进行拦截，将客户拉进自己的门店。
- 客户在电梯或地铁等交通环境中。城市中的写字楼电梯是一个非常特殊的场景，它属于一个封闭空间，在几十秒甚至一两分钟的时间内，客户会被半强迫地接触媒体。目前市场上有分众传媒等公司提供电梯内的广告服务。另外，同样在城市区域里，很多消费者每天都会花几个小时在上班或前往某些地点的交通过程中。在走动或等车的过程中，消费者很容易接触媒体，例如在上海，申通德高等公司会在地铁中提供媒体服务。很可惜的是，这些占据电梯等交通重要位置的媒体的推广还在走电视、报纸等传统媒体的老路。近几年的技术发展，已经让我们具备在这些空间进行影像辨识以及个性化互动的能力，但是目前在这些场景采取更精准的辨识并提供不同内容以及个性化交互的客户沟通，还是比较少见的。

除了这些可接触的固定媒体以外，当前移动技术的快速进步使更多的接触方法可以快速辨识客户的存在、所处场景，以及他们和谁在一起。例如，Beacon 低功耗的蓝牙技术可以让企业精准地发现特定场景的在途客户。

以上内容旨在说明，在不同场景下，企业需要快速地辨识客户以及客户所处的场景，以便提供个性化的服务方案，快速促成交易。

3. 记录客户数据与标签化

接下来进入图 4-1 的右上方——数据处理的阶段。有了与客户的接触信息，接下来很重要的工作就是积累客户数据并对其进行标签化，这个过程也是数据驱动业务的核心步骤。

（1）记录客户数据

在上述的在家、在店、在途三种接触场景中的消费者，无论是老客、新客，是已经消费还是没有消费的，只要与企业有过接触，企业都应该留下数据轨迹，这些数据对于企业了解客户至关重要。

收集数据时容易存在以下几种误区。

- 第一种误区是经常抱怨数据不够，为了收集数据而收集数据。对于这种企业，我会问他们：你到底缺什么数据？数据是拿来用的，不是拿来存放的。如果企业抱怨数据不够，应该说清楚在哪个场景或应用中，数据无法支持或无法回答相关问题。要先清楚定义数据的场景及应用需求，不要凭空抱怨数据不够，否则任凭企业投入再多资金建设数据仓，还是会抱怨数据不够。

- 第二种误区是总是期望外部数据。我经常在一些企业的内部讨论会或EMBA课堂上听到一种说法，"我们需要借助外部数据，例如，BAT的数据就是我们需要的"。这个说法对不对？这个说法在理论上是对的，可是绝大多数的企业在操作上是错误的。你需要一个跟你没有任何交集的消费者的数据吗？在理论上，数据当然越多越好，不过取得数据也有优先次序。如果对已经在手的客户数据都不花心思整理，那么有必要整天嚷着和BAT要数据吗？另外，企业还需要先弄清楚自己到底需要什么数据。

- 第三种误区是认为建立了数据仓，就不会再有数据不足的问题。建立数据仓是项大工程，很多企业甚至花费上千万元建立数据仓。我常常听到有些企业家问，为什么我们已经建立了数据仓，还是有数据不足的问题。这个问题的答案很简单，数据收集也有迭代的要求。因为数据需求源于业务需求，而市场环境是动态的，企业对于业务的数据需求也会随时间的推移而改变，所以即使企业建立了数据仓，"过去没想到"的状况仍然会发生。

所谓"过去没想到"的状况，有的只是没想到要从某种维度汇总数据，这时数据本身已经被收集，只需要将数据重新分类梳理，就能得出需要的数据内容，但也有的情况是企业根本没有收集这些数据。这种状况特别容易出现在业务创新时，由于对数据要求不同，企业只能想办法重新收集数据。客户数据收集的方法应该是，先有业务上的策略或目标，再有数据需求，有了数据需求才能明确数据应该怎么收集。

（2）客户数据标签

介绍这些误区的目的就是解释什么是数据标签。所谓客户数据标签就是观察客户或区分客户的维度。一般来说，客户标签包含两大维度：第一个维度是分级，第二个维度是分群。

客户分级：依据二八原则，一般是按照消费者的业务贡献，也就是累计消费金额，对客户进行分级。

客户分群：根据行业不同，采用不同的标签对客户进行分群。客户分群所需标签很多。以下五个维度经常在不同行业中使用，企业在创建客户标签时可以以此为基础，再依照各自不同的业务需求对这些标签进行深化。

- **人口统计变量**：这类标签包含性别、年龄、身高、体重、职业等常见的内容。如果企业要做一个比较精准的营销活动，目标群体的性别对企业来说意义重大。针对这两种不同群体，企业的促销内容以及文案应该不同，这一简单问题就足以说明该类型标签的意义。
- **生活风格**：生活风格是指每个人由于对生活方式及价值取向的观点不同而呈现出的各种行为差异。有些人的生活属于朝九晚五、两点一线，有些人下班后经常有夜生活，有些人喜欢新奇的事物，还有些人比较守旧。针对那些每天两点一线、规律生活的人群和经常泡吧的人群，企业的促销内容以及话术也应该有所不同，这就是生活风格标签的用途。

- **购买行为**：可用来区分客户的消费时间、消费频次、购买量和购买时机。例如，某些客户的消费频次虽然低，但是每次的购买量较大，也有一些人的消费频次较高，但是每次的购买量较小，企业针对这两类客户的促销内容以及话术就应该有所不同。另外，有些客户对价格很敏感，只要价格稍微降低或升高，其行为就会迅速发生改变，还有一些客户则对价格变化比较不敏感，价格的微调对他们而言无足轻重，也就不会有太大反应。对于这两种客户，企业给出的诉求也应该不同。

- **渠道选择**：可以分为信息渠道选择和购物渠道选择两个层面。信息渠道选择是指客户通常习惯接触哪些媒体，客户比较容易接受企业发短信还是微信。购物渠道是指客户在购物时喜欢选择线上还是线下，还是会二者结合，先在网上进行调研，了解商品的价格和功能，再到门店实际体验后购买；也有人会先到门店挑选商品，再回到网上购买。掌握每名客户的信息渠道选择以及购物渠道选择，企业发动营销时才能更为精准。

- **社交行为**：该维度属于比较新的维度，也被称为 SCRM，主要记录客户的社交行为属性，例如，客户的手机上有哪些 App，是否喜欢在企业的论坛里发言，企业推出裂变分销活动时其是否积极推荐。另外一个重点是，企业必须明确在大量客户中哪些人属于 3%～5% 的 KOL[①]？有哪些人是积极跟随者？还有哪些人是冷漠的观察者？哪些人参加活动喜欢找人抱团？在今日社交媒体营销逐渐成为主流的状况下，这些客户信息是非常重要的。

客户数据标签通常是根据企业业务战略或业务需求被定义出来的，对客户进行观察、分类的维度。有了这些标签，企业就很容易定义自己到底需要什么数据，也就可以推断该怎么收集、从哪里收集客户信息了。

---

① Key Opinion Leader，意为关键意见领袖。——编者注

4. 对客户机会做出反应

接下来看图4-1的右下方——反应阶段。企业分辨出正在与哪些客户发生接触或需要与哪些客户接触后，应该如何针对每一个客户做出反应？这个步骤是客户关系管理的重点工作，也是创造客户价值的重要时刻。该反应机制一般被分为两大类型：计划性反应和随机性反应。

（1）计划性反应

所谓计划性反应，就是事先定义出规则或策略的客户联系方式，一般也被称为客户联系管理（Customers Contact Management）。很多企业家都会问，企业需要和客户联系的时刻数不胜数，应该怎么设计呢？

需要和客户联系的场景虽然很多，但主要有以下三种情况：问候、挽留、机会。问候就是把客户当家人联系，与客户保持柔性友好的关系；挽留就是当发现客户有可能流失时的联系；机会则是当有新产品或新活动时，企业需要找出哪些客户最可能购买或参与。在这三种状况下，企业都需要主动联系客户。

（2）随机性反应

随机性反应是不在事先计划时间内的联系，而是在"碰见了"时需要做出的反应。因为移动技术的发展，企业已经可以较快掌握客户的相关信息，这时企业需要按照场景以及客户的特定身份属性来向客户发出信息。因为这种场景是通过技术手段分析出来的，企业事先并不知道客户会在哪里出现，甚至企业分析出的对象可能还没有成为自己的客户，但是企业会发现这个人已经进入企业事先划定的"势力范围"，这时企业就需要采取相关行动。

本章对上述计划性与随机性两种联系场景的说明只是一个概述。本书的后续内容将会对其涉及的大数据、移动技术以及社交媒体的应用做细说明。

4.3 CIDR 模型的应用场景

前文用了很大篇幅介绍了 CIDR 整合营销模型,该模型与传统商学院中讲授的整合营销有很大差异。传统的整合营销是把各种营销工具整合在一起,对消费者进行覆盖,而 CIDR 则强调场景以及整个营销闭环。

为了帮助大家理解该框架的应用,我们再从品牌营销与促销活动角度对 CIDR 模型加以说明。

1. 如何将 CIDR 应用在品牌营销上

传统的品牌营销在今天并非不重要,但是需要调整做法。传统的品牌营销是先寻求清晰的品牌定位,然后请广告公司针对这一个事先确定的客群,拍摄商业广告片(Commercial Film),接着选择电视、报纸、电台、互联网投放该商业广告片。有时店内也会播放品牌的商业广告片,有时企业也会考虑重新设计门店的装修、色彩、店员的衣着等。广告公司会说,这就是整合营销的全面覆盖。企业应该用 CPM 分配企业的媒体投放预算,这是多年来的主流营销做法。

品牌营销现在还应该继续这样做吗,是不是应该改变一下?品牌营销并非不重要,只是时代不一样了,消费者的信息来源更碎片化了。有些人确实还在看电视,也有些人还在浏览门户网站上的新闻,但有些人碰到问题时会上百度寻求答案,还有一些人会在朋友圈里提出问题。消费者做出购物决策前的信息收集模式产生了很大改变。所以品牌营销在方法上也需要做出调整。品牌营销需要加强场景的体验与精准,要更关注营销的效果,现代企业不能抱着 20 世纪 60 年代的老观念来做基于 CPM 的品牌营销。

(1)接触点要精准

CIDR 模型强调精准,企业不能只依靠电视、报纸等传统媒体,CIDR 模型强调了客户接触点,旨在提醒企业需要想清楚,目标客户更可能在哪里出现。CIDR 模型强调的精准有两个含义,第一个是客户精准,第二个是媒体精准。客户精准是企业应明确客户是谁,明确客户是在店、在途还是在家,明确有哪些场景需要覆盖;媒体精准则是企业应该选择目标客户会在不同场景接触的媒体,不能仅仅考虑电视、广播,更要考虑网络媒体、社交媒体、搜索引擎以及智能化的交互媒体。

例如,某些客户会经常浏览今日头条的新闻而不是收看电视台的新闻,这时企业的接触渠道就应该考虑今日头条的用户,这样才具有足够的精准性。如果是针对一般的休闲娱乐时间,接触点可以选择在"二微一抖"。企业也需要在搜索引擎上覆盖接触点,因为搜索引擎是消费者寻找解决方案的重要媒体。假设你卖的商品是羽绒服,你就要想清楚消费者想要买羽绒服时会怎么搜索商品,或者消费者去哪里玩时会先买羽绒服,在这个场景下安排商品的搜索广告。企业还应该在网站或 App 的广告上进行接触点覆盖,这时企业应该考虑曝光平台的精准度,DSP(Demand Site Platform),也称需求方平台,就是企业应该考虑的投放方式。DSP 是一种前沿的网络广告投放技术,第 8 章会对此做详细说明。

(2)重视客户互动、创造体验

新时代的营销应该抛弃单向灌输的逻辑,应该在宣传内容上加强互动,让消费者与品牌之间产生独特的体验,这样消费者对品牌的印象才会更加深刻。例如过去一个品牌要强调面向年轻客户,他们会找一些年轻的演员来演示商品。而新一代的媒体可以直接让消费者在论坛上进行反馈或意见参与,例如线下活动的报名、评论,都是让企业与客户直接对话的机会。特别是二维码流行以后,消费者可以通过扫码加入社群或浏览商品、参加活动,操作都极为便捷。过去企业无法让其他消费者听到老客户支持品牌的原因,现在这个目标就能轻易实现了。

以下是一家内衣品牌的故事——换年轻模特，品牌就年轻了吗？

有一家女性品牌内衣公司，十余年来已经成为当地最大的内衣品牌。可是该公司近几年逐渐出现了品牌老化的问题。在课堂上，这位企业家以自己的公司为案例，讨论如何让"90 后"和"00 后"客户也能接受自己的品牌。他提出的策略是产品设计年轻化，同时采用年轻的俄罗斯美女模特。但一段时间后，他发现品牌老化的问题并没有获得显著改善。

这就是典型的旧式单向灌输式的品牌营销。本书第 11 章会以一家国际知名的内衣公司——维多利亚的秘密为案例，有兴趣的读者可以直接参考他们如何通过新媒体运营进行线上线下的造势以及互动活动。

（3）关注效果

传统的品牌活动最大的问题就是无法衡量效果。广告投放后或许确实影响了消费者的态度，但是这只是猜测。新一代的广告媒体可以被设计得高度溯源化。到底有多少人因受广告影响而参与活动或产生购买都可以被清楚地追溯。此处的效果，也不一定是购买转化，也可以是品牌认知的建立或品牌印象的改变，不管如何，企业花钱投放广告总要看到一些结果。

2. 如何将 CIDR 应用在推广型的促销上

毫无悬念的是，CIDR 模型绝对适用于开展促销活动，不过 CIDR 模型在被应用在促销活动上时与传统营销模式有很大差异。因为互联网的盛行，促销又分为线上与线下两大类型，也有的企业主张 O2O，即将线上线下进行整合。然而无论是线上还是线下，促销都是面向所有消费者的。不管客户来到门店还是访问网站、App、小程序，不管是老客、会员还是新客，在不同渠道（线上或线下）同一个客户接受的建议或享受的促销优惠应该是一致的。如果你是一个客户，发现同样的一个商品，在线上商城的价格比线下门店中的更便宜，那么你一定会选择在网上购买。因此，CIDR 模型主张的是，同一个客户跨渠道获得的信息以及购买价格应该是一致的。

一个偶然地路过门店购买产品的客户获得 7 折的优惠，另外一个忠心耿耿、几乎每周都来购买产品的老会员，获得的也是 7 折优惠，那么还有哪个客户愿意对这个企业付出忠诚？而忠诚的客户下次也许会先比较一下不同商家的价格再决定购买哪家企业的商品。所以在 CIDR 模型中，我们主张需要给予不同等级的客户以不同的待遇或价格优惠，这种做法和目前企业通用的对所有客户"统一价格进行促销"的做法是不同的。

一位是 70 岁带着自己老伴的消费者，另一位是 20 岁带着自己年轻女朋友的消费者，企业应该向他们展示相同的促销吗？一个客户到购物中心连续进了几家体育用品店，其他什么商品都不看，另外一个客户到购物中心，几乎每家店都进去逛一下，促销人员在做促销推荐时，应该给这两种人提供同样的推荐吗？CIDR 模型与传统促销思维的另外一个不同点是 CIDR 模型强调场景化和精准化。

针对以上几个问题，一些读者可能会说，这些状况的促销当然应该不一样啊！可是请各位回想一下，很多公司不是都犯了这些错误吗？那么该怎么做呢？在后续章节中，我们会一一解答。

4.4 本章小结

本章提出了三个重点，首先提出了"经营客户全生命周期的概念"，这承接了上一章提出的"数人头"的商业范式思维，在新的营销思维中，企业关注的应该是个别客户的行为，而不是一个群体的行为。接着用第二次世界大战的诺曼底登陆中多军种的协同作战做比喻，说明现代营销"多军种作战"的关键点。然后提出了 CIDR 模型，在流程上与方法上对营销进行深度整合，其目的就是为企业打造一个经营私域流量的营销模式。本章还概述了 CIDR 模型中的每一个步骤。本书正是以 CIDR 模型为整合大数据、移动技术、社交媒体、微商、微店、微商城等多种渠道、多种营销方法的基础。这些内容也就是本书后续四个部分的主要内容。

营销 5.0

第2部分

会员大数据营销

为了能与第 1 部分提出的"数人头"的商业范式战略思维直接衔接，第 2 部分将先讨论会员与大数据，因为"数人头"的前提就是掌握客户数据，只有掌握了客户数据才能打造企业客户分级分群的金字塔。而会员体系正是企业获取客户数据及深入了解客户的基础工作。

第 5 章
会员体系与制度设计

5.1 企业为什么需要会员制度

延续第 3 章关于商业范式的介绍,企业需要将传统的产品导向"垒砖头"的商业思维转变为以客户为中心、强调个别客户价值的"数人头"的商业思维,会员制度就应运而生了。

企业为什么需要建立会员制度?

只有通过会员制度,企业和客户间才能产生一个双方希望建立特殊关系的意思表示。在该意思表示中,企业承诺给予某些会员客户特殊的待遇,以表达企业对这些客户的特别重视,而客户则以对企业的忠诚为回报。

双方在建立特殊关系的同时,为了让企业能较为准确地辨识客户,客户需要向企业提供一些个人基础信息,例如个人的联系方式、消费信息等。客户愿意提供这些个人信息,代表这位客户信任企业。

许多企业家喜欢问一个问题:"如何判断企业的会员体系做得好不好?"要回答这个问题,只需要思考几个简单问题。

所有的企业在要求员工重视客户服务时,都会说"把客户当成企业的上帝"。那么,请思考如下问题。

- 你的"上帝"姓什么、叫什么?
- 他们住哪里或在哪里上班?
- 他们上次消费是什么时候?买了什么东西?

- 他们什么时候会再来光顾？
- 如果他们没有在预期的时间消费，你能很快知道吗？
- 如果他们没有来消费，你能否采取有效行动把他们再找回来？

如果这些问题能被回答，就表示企业的会员制度与运营规范做得相当不错。反之，企业的会员制度与会员运营就还有改善空间，你可能就需要好好研究本章和下一章的内容了。

5.2 如何设计一套好的会员制度

清楚了企业的会员制度状况，大家可能会问第二个问题：如何设计出一套好的会员制度？下面就来介绍设计一套好的会员制度的方法。

1. 设计会员制度应该考虑的几个要点

设计会员制度应该先考虑以下几个问题。

（1）会员制度的分级依据是什么

企业应该依据什么条件对会员进行分级呢？很简单，那就是以"企业最希望客户做的事"为分级标准。这个标准必须好记且非常容易衡量。客户可以很容易计算出做多少次这件事，就能成长到什么级别。一些企业在设计会员制度时常常以一些"经验值""成长值"之类的噱头为升级标准，而获得这些经验值的方法又非常复杂，例如发帖次数、参与活动次数、推荐朋友人数、购买次数等多项标准的加权。会员制度的分级大可不必这么复杂，一般的企业只需要依照一个标准即可，那就是"消费金额"，这个标准对用户来说容易记忆，而且升级方法也很清晰。

企业承担的一项很重要的任务就是多赚钱，所以企业就应该明明白白地让客户知道，增加消费金额就是企业最希望得到的结果，客户做到了这一点就可以升级。会员既然是企业与客户的双向长期承诺，那么采用这一个最简单的分级标准——一段期间（通常是一年）内客户的累计消费金额即可。这样，会员也不必费力计算怎样升级，只要把同类消费尽量集中于喜爱的品牌以增加累计消费金额即可。

（2）会员制度应该分为多少个层级

很多企业常常将会员级别设置为5~6个层级，这样其实不利于管理。一般而言，设置3个会员层级就能满足需要。有人可能会说，我的企业有数千万甚至上亿的会员，应该把他们分成5~6个层级才够。其实那是企业自己一厢情愿的想法。对于会员来说，级别太多可能会让人觉得太复杂，也就会放弃升级的念头。

举例来说，银行的客户通常都数量庞大，而银行对客户的等级一般也就分为三级：普卡、金卡、白金卡，在特殊状况下才有钻石卡或无限卡。不过后两种卡，可不是一般的会员卡，它们通常是付费卡并且有非常严格的获得要求。另外一个常见的例子是航空公司，航空公司的会员规模与一般企业相比也比较大，而大多数航空公司也是采取三级会员制，即普卡、金卡、白金卡，只有少数航空公司采取四级会员制，比如在普卡和金卡中间增加银卡。

另外，在给各级会员命名时，名称不需要太复杂，比如白玉级、玫瑰级。面对不同行业的会员卡，很少有客户有兴趣记忆每个卡片的类型，区分白玉级和玫瑰级哪个更高一些，用简单直接的普卡、金卡、白金卡命名就足矣。

（3）会员层级的级距怎么定

如果你同意上述建议，以会员的贡献（消费金额）为会员分级标准，那么各级的金额应该怎么制定呢？很简单，就直接按照二八原则进行划分：把企业所有会员消费金额从多到少进行排列，消费金额前5%的会员每年消费金额的下限，就是企业的最高的客户层级（白金会员），第二层级是消费金额前6%~20%的会员（金卡会员），第三层级就是其他客户（普通会员），如图5-1所示。

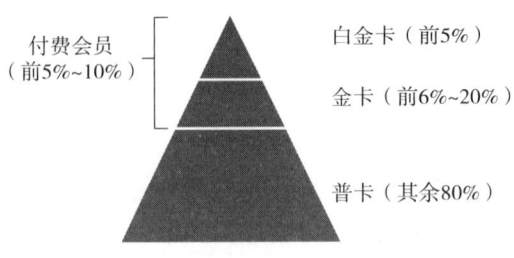

图 5-1 一般常用的分级原则

上述分级是简单而且科学的，一家企业如果能找出消费金额排名前 20% 的客户并把他们照顾好，控制他们的流失率，就会取得良好效果。通常这些消费金额排名前 20% 的会员也确实为企业贡献了大部分业绩。

除了上述三个层级，企业也可以创造另外一个付费会员卡分级标准，付费会员卡通常需要锁定消费金额排名前 5%～10% 的会员，向他们提供更完善的特权。企业要求会员必须支付一定金额才能取得这个身份，通常会员只要把消费都转移到该企业，取得的优惠就可以抵消会费，这些付费会员为了"捞本"就会反复消费。开市客（Costco）就基于这种原理设计了其付费会员制。

2. 每个层级的会员可以享有何种权益

因为企业的行业特性不同，会员权益或福利经常五花八门，但是大致可以归为以下六种类型：免费、折扣、升级、特权、福利、积分。

其中积分比较复杂，后续章节将会对此进行专门讨论，先来讨论另外五种常见的权益。

（1）免费、折扣、升级

提供未来消费的折扣或升级服务是一个吸引会员对企业付出忠诚的方法，这种奖励常常会因为会员等级不同而存在差异。例如，普通会员享受的折扣与黄金或白金会员不同，有时这种奖励会与积分奖励一并施行，例如，航空公司一般给会员累积里程，里程累积到一定数量就可以兑换机票或升级舱位等，有些商场也会向普卡会员和金卡会员提供不同的购物折扣优惠，例如普卡享受九八折优惠、金卡享受九折优惠等。有时企业也可以提供一些免费的商品给会员，例如一些汽车维修企业向会员提供免费洗车服务等。

（2）特权、福利

特权与福利也是企业常用的奖励会员的方法，例如有些银行会为白金卡会员提供白金秘书服务，为会员提供订机票等专属服务。航空公司的金卡、白金卡客户可以享受进入贵宾室候机的特权。有些汽车后市场服务业，也会为不同层级的客户提供差异化服务，例如金卡与白金卡会员可享受不同次数的道路救援服务、免费清洗等特权。

5.3 玩转积分

大多数会员体系都会搭配积分制度，因为积分是最直观的奖励方式，更重要的是，积分可以带动二次消费。实行积分制度需要考虑四件事：积分的发出比率、兑分的折抵价值、积分有效期的制定、积分的实际成本。

1. 积分的发出比率

积分的发出比率与兑分比率是两个不同的概念，积分发出比率是指当会员每消费多少钱时可以得到多少积分，兑分比率则是每一积分可以在未来折抵多少消费支付金额。虽然根据行业不同，积分发出的比率有所区别，不过所有的积分发出比率都要以便于计算、容易记忆为首要考虑因素，不要将规则设计得太复杂，例如有些企业规定每消费10元可以得到5积分，这种规则就不便于计算积分，也有的企业采取每消费1元得100积分的计算方式，会员轻易就积累了几十万积分，这种规则也不恰当，因为如此巨额的积分会给会员带来"积分不值钱"的印象。积分太值钱也不好，这代表会员每次消费时获得的积分较少，例如每消费100元得1积分，那么会员的积分就会比较少，这会削减会员累积积分的欲望，而且换算积分也比较麻烦。

基于单纯好记的原则，不管是什么行业的企业，每消费1元得1积分是最好的规则。

2. 兑分的折抵价值

上文提出不同行业都可以把积分发出比率定为消费1元得1积分，这便于会员记忆。而积分折抵价值则需要根据行业有所变化。积分折抵价值时才是企业计算积分价值的时候。积分应该提供多少兑换价值才算合理呢？假设按照每消费1元发出1积分的发出比率计算，很多企业制定的兑分比率是100积分可以折抵1元消费，后来者也纷纷效仿这一比例，因为比例明确，客户也比较容易记忆和计算。但是有些行业的毛利率较高，可以承担更高的积分成本，这时可以考虑50积分折抵1元的兑分比例，也就是把2%的销售金额作为返还会员的积分价值。

我在为许多企业提供咨询的过程中发现，积分的兑换使用比例与会员的活跃程度直接相关。许多企业的积分兑换之所以不活跃，很大原因是企业不愿意承诺积分的价值，或者即使承诺了价值，也会在积分商城的商品价格上"动手脚"。在为一些企业提供咨询时，这些企业的主管也说，他们的积分可以当钱花，还展示了企业的积分商城。这时我们常常发现，在其积分商城里的一个不知名品牌的水杯售价竟然达300~500元，而这种水杯在淘宝网上的实际售价是30~50元。为什么价格差别这么大？究其原因是积分商城的主要功能是提供积分兑换，所以企业会把商品价格定得虚高，他们认为这样做，不但可以告诉消费者积分政策是"积分当钱花"，同时还变相减少了积分的折抵价值。这种操作下的积分兑换一定不会活跃。

3. 积分有效期的制定

积分有效期一般有两种计算方式,第一种是历年制,即积分在每年12月31日到期,另外一种是一年制,就是积分在发出后的第365天到期。

大多数企业都采取历年制的积分有效期,也就是得到的积分将在次年的12月31日到期。在这种规则下,积分的平均有效期大概是一年半。历年制的好处是消费者容易记忆积分有效期,而且积分的实际有效期间较长。但在这种规则下,消费者常常发现每到年底就有一大堆积分需要兑换,因为积分马上要到期作废,所以这种积分兑换通常是"被迫"的,因此消费者兑换会员积分的主动性不高,积分的实际意义也不大。

如果以365天为积分有效期,兑换积分的用户就不会全部集中在年底,而是分散在不同月份,这样有什么好处呢?首先,企业可以比较频繁地提醒客户,这种联系很容易让客户觉得这家企业是关心自己的,同时也让消费者可以在下个月积分到期前,尽早研究怎么更有效地使用自己的积分,创造更高的价值。这样的客户关系总比年底来个突袭给人感觉好得多。

4. 积分的实际成本

通过计算,你会发现积分的实际成本其实远低于想象。我们以消费100元得到100积分,100积分折抵1元人民币为例,计算一下积分的实际成本。假设一位客户获得1000积分,按照100比1的抵现比例,客户感知的积分价值[①]就是10元,这种状况下,客户觉得获得10元,而企业实际促销成本公式如下:

[①] 在营销上,一般将商品的实际价格与客户主观上感知认定的价值区分开来,客户主观认定的价值就是客户感知价值,我们将这个概念延伸到积分上,将之称为客户感知的积分价值。

积分实际促销成本 = 客户感知价值 ÷ 2 × 兑分率 × 企业商品平均成本率

以下案例可以便于大家理解上述公式。企业向某位客户发出 1000 积分，客户感知价值是 10 元（企业承诺客户在下次消费时可以折抵 10 元）。而这个客户感知价值需要除以 2，因为积分作为促销手段，能吸引两次消费，第一次是会员消费拿到积分时，他会认为积分金额就是折扣，第二次是积分兑换时，会员又会以积分折抵金额为折扣，所以客户感知价值要除以 2。"兑分率"就是企业的积分被使用的比例。不是所有积分都会被兑换，没有兑换的部分需要扣除，因此需要乘以兑分率。第三项是企业商品平均成本率，就是会员兑换自有商品时企业所要负担的实际成本，因此需要乘以企业商品平均成本率。假设兑分率 80%，企业商品平均成本率 75%（毛利率 25%），那么 10 元价值的积分，实际成本是 10 ÷ 2 × 80% × 75% = 3 元，也就是说这些积分的客户感知价值是 10 元，其实企业这次的促销成本只有 3 元，这就是积分创造出来的感知价值。通过这样的计算就可以体会到，积分使用是一种很划算的促销方式。

5.4　会员福利一定要花钱吗

有些企业家表示，自己企业的商品利润已经很低了，无法再承受会员的维系成本。针对这种观点，我们有两个建议，第一个建议是企业家们最好问一下市场部，企业的获客成本是多少。如果企业获客是没有成本的，那么或许"不愿意承担会员的维系成本"可以成为理由，但是如果贵公司的获客成本较高，这时仍然坚持"企业毛利低，无法承担会员维系成本"的逻辑显然不通。如果你不愿意在会员维系上做投资，那么你将需要不断在获客成本方面做投资，而这个方面显然成本更高。

其实并非所有做会员激励的钱都要企业自己掏腰包，我们可以从激励的来源与会员激励内容的性质两个维度分析哪些是企业必须花的钱，以及哪些是企业不需要花的钱（如图 5-2 所示）。

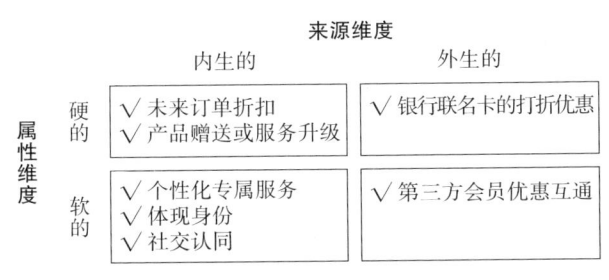

图 5-2　会员激励政策的分类

从来源维度来看，会员的激励政策可以被分为内生的和外生的。企业内生的激励政策是企业动用自己的资源所提供的优惠，外生的激励政策则是通过外部第三方取得的优惠内容。从属性维度来看，会员的激励政策可以被分为硬的和软的，硬的激励政策是指有边际成本的激励，也就是每次都给出需要花钱（无论是企业自己花钱，还是别人花钱）的激励，软的激励政策是没有成本或边际成本极低的激励。

我们看看这两个维度区分出的四个象限的会员激励内容分别有什么特性。

1. 内生的 / 硬的激励

这类激励出自企业本身。给会员这类激励时，企业要付出成本或减少收入，例如向会员提供未来购买产品时的订单折扣、未来消费时的产品赠送或服务升级。最典型的例子是航空公司的座舱升级激励，当一个会员以里程抵换机票或升级座舱时，航空公司便产生了机会成本，也就是说，本来可以卖票的座位，现在不能获得全额的收入了。还有一些企业的金卡客户能获得更高的积分，这也是企业自己要付出成本才能提供的激励。

2. 内生的 / 软的激励

这类激励也出自企业本身，但是企业在给出这一类激励内容时，边际成本比较低或边际成本为零。这类激励通常是个性化专属服务等，例如白金信用卡的白金秘书，银行不会因为持卡人消费更多而付出更多成本，甚至也不会因为增加几百个新会员就付出更多的人力成本。

3. 外生的 / 硬的激励

这类激励来自企业外部，在给予客户这些激励时需要付出成本，但是成本不是由企业自己承担，而是由外部企业承担。这类激励通常是因为外部企业希望获得这家企业的会员信息，所以愿意以免费提供自己的产品或服务为交换。在会员人数不多时，企业获得外部企业参与赞助的意愿比较困难，但是当企业会员积累到一定数量时，就会有许多外部企业因希望获取企业的会员数据而愿意提供赞助。例如，很多银行的联名卡可以向客户提供在一些高档餐厅消费或酒店住宿的打折优惠。

4. 外生的 / 软的激励

这类激励也是由外部企业提供的，在给予这种激励时没有人需要花钱，例如两家企业会员优惠互通，一方的会员可以享受另外一家企业的免费服务或优先权等。

从以上四种分类，我们就可以很清楚地看到，企业在向会员提供激励政策时，应该尽可能地找到外部资源，这样企业不但可以降低成本，还可以实现跨企业会员的互利互通。

5.5 良好会员制度的六个评估原则

上文分析了许多关于会员与积分政策的内容。许多企业家常常会找我们团队帮忙分析企业设计的会员制度好不好，其实只要按照以下六个评估原则就可以很清楚地评估自己的会员制度。

- **加入理由**：会员方案需要讲清楚客户的加入动机，明确会员方案实施的亮点和可以提供给会员的优惠及服务。
- **复购刺激**：许多招募会员的促销方案过于短视，只是在吸引客户扫码加入时给予会员赠品或当次购买优惠，这种方案很难产生复购，所以会员方案中一定要有刺激未来继续消费的因素，例如，可以提供未来几次的消费优惠。
- **提高并买**：并买就是一次购买多种产品。很多会员方案确实能吸引客户再来，可是如果客户再回来仅是为了领取赠品或享受免费服务，这仍然不够。企业应该让客户再回来时愿意花更多的钱。例如，会员方案中提供的优惠是会员打包购买多个产品享受额外满减，这样才能提高会员的并买。
- **产生黏性**：客户不断地回购，让客户将企业的商品视作同类竞品当中比较偏爱的选择。例如，有些企业提供会员每周或每月一次特价的机会，会员几次来店后便会养成消费习惯。
- **情感维系**：会员方案不仅仅要有经济上的因素，最好还能有一些情感维系的因素，使客户与企业的关系更加紧密。例如，一些信用卡会按照客户的属性命名，例如青春卡、时尚卡等，让消费者能在使用这张卡时表达出自己特殊情感。
- **社交面子**：会员方案如果能让会员乐于展示自己的会员身份，就会对未来裂变有所帮助。所以会员方案是否满足社交面子原则也需要被考虑。最典型的例子就是高尔夫球俱乐部的会员卡，如果你不是会员，就算愿意多付钱也进不了球场，这就是社交面子。

上述六个评估原则能完整地评估一个会员方案的优劣，但是一般的会员制度要同时满足这六项原则并不太容易，企业可以以这六个原则为标准，审查自己的会员政策。如果会员政策能满足上述原则中的四项及以上，该方案就可以被执行，否则，营销团队就需要制定更好的会员政策方案。

审核企业的会员方案之后，在方案正式推出之前还有一件非常重要的事，关系会员政策推出后的成败，那就是会员方案的展示方式。举例来说，一家大型零售企业设计了一套比较完整且内容丰富的会员方案，策划人员为了避免政策风险，会把很多财务或法务部门的条款都一起写在海报上，使海报字号很小，看起来密密麻麻的，这样的海报设计会影响整个会员方案。在做会员方案的展示海报时，所有关键内容只能表现在一张海报上，而且这张海报要让消费者在两三米外就能看清主要内容。

在做会员方案展示时，还有一个极为重要的要求，前台店员要能在15秒内说清楚会员方案的亮点，包括客户为什么应该加入会员以及加入会员之后最大的好处是什么。企业在向市场推出会员方案之前要能达到以上几点要求。

5.6 企业会员活跃与否的决定因素

一个企业的会员是否活跃，取决于以下三个因素。

1. 客户对企业产品或服务的满意度

企业向客户提供的产品或服务是否让客户满意，这是决定企业能否在市场中存活的最基本因素。如果与同行相比，一家企业的产品或服务没有让客户产生特殊的好感，甚至让客户不敢恭维，那么这家企业的会员制度再好也无法使会员变得活跃。

2. 企业对会员运营的态度

此处的态度是指企业怎么看待会员这件事，以及企业决策者在内心中是否相信企业对会员的投资是值得的。很多企业家对会员投资有一种"不舍得"的心理反应，他们觉得积分是一种额外支出，如果积分到期没有被兑现，就会认为省下了一笔钱。如果企业认为积分没有被用掉是好事，那么为什么还要建立会员制度，搞积分活动呢？企业家必须认清，积分活跃度与客户消费黏性或忠诚度有直接关系。

3. 会员运营的方法

会员运营的方法是指企业内部的相关部门是否具备会员运营的能力，这些能力一般包含数据分析能力、互联网运营能力、O2O协作能力、营销企划能力等。特别是在一些耐久财的行业，例如家居、建筑、家电、汽车、房屋等。这些行业的产品品类比较单一，客户购买周期也比较长，所以更需要采用一些创意、创新的方法来操作会员的运营。

5.7 激活会员的三阶段战役

此处的激活会员是指让会员发生首次购物行为。对于大部分有线下门店的企业而言，发展会员通常不是大问题，但是激活会员却困难重重。已经成为会员的消费者一旦无法尽快被激活，就会很快就会成为僵尸会员，也就不会对企业产生任何价值。激活会员的工作不是一次性的，而应该经过一系列过程，我们将其称为激活会员的三阶段战役。

本书第 4 章曾经用诺曼底登陆的情境说明了营销"战役"是一个环环相扣、各军种紧密配合的系列工作。激活会员正是一个非常好的例子。笔者建议将这一过程分为三个阶段，只有每个阶段都紧密配合才能有效激活会员。

1. "侦测"——积分临界点

"侦测"的目的是找出一群有消费意向的人并对其进行激活。结合多年的会员经验,我们发现了一种叫"积分临界点"的现象。临界点就是行为变化的转折点,应用在会员行为上就是指会员的行为从不活跃到活跃的转折点,因为积分为划分的标准,所以我们把这个行为改变的节点称为积分临界点。积分临界点既是一个会员持有积分的数量,又是可以用来发现客户行为改变的节点。

一个会员的行为在积分数量到达积分临界点之前是比较不活跃的,但是当累积的积分数量到达积分临界点后,会员就会开始变得活跃,这是一个很微妙的现象。

依照经验,积分临界点因行业不同而有所区别,例如便利店的会员积分临界点在1500点左右(折抵15元左右),西式快餐店的会员积分临界点则是1800点左右(折抵18元左右)。积分太少时,会员兑换折抵现金的意义不大,当累积的积分数量可以折抵一定消费时,积分才会开始被兑换使用。而且一旦消费者体验过积分兑换的好处以后,他就能感知这家企业积分的价值,为了积攒积分,消费者的后续消费行为也会被吸引过来,因此该会员的活跃度就会开始上升。

激活会员的第一个步骤就是了解该企业的积分临界点大概在什么位置,这样就可以优先激活那些积分存量即将达到积分临界点的会员。例如,如果一家企业的积分临界点是1500点,那么企业应该优先激活累计积分接近1500点但还不活跃的会员。实践经验发现,这时激活会员是最有效的。因此,激活会员首先要对会员的积分状态进行侦测。

2. 重点突破——分级分群、倾盆大雨

接下来再对这些会员进行分级分群。分级是按照会员的级别对会员进行区别，也就是按照会员的积分等级决定激活的优先次序；分群就是按照会员的属性（后文将介绍的会员数据标签）对会员进行区分。分级的目的很简单，即找出那些比较容易激活的会员。而分群的原因是，同一个级别的会员往往是由不同人群组成的，例如不同性别、不同年龄层、不同偏好，企业在激活会员时应该区分不同群体并给予差异化的方案。

如图 5-3 所示，假设 1500 点是积分临界点，那么企业应该优先选取积分存量高于 1200 点但低于 1500 且不很活跃的会员，再将他们按照会员数据标签划分为 A/B/C/D 四个不同群体。

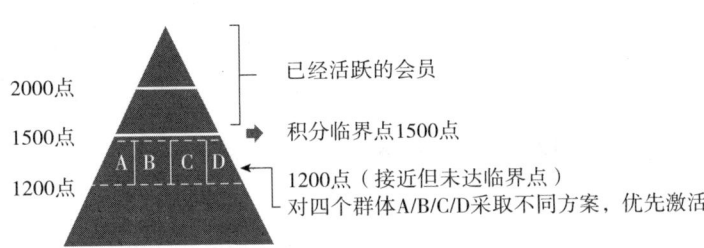

图 5-3　分级分群激活会员

锁定激活目标以后，我们需要用"倾盆大雨"的方式来重点激活这些会员。用倾盆大雨来描述这种激活方式主要是为了和阳光普照的促销活动进行区分。企业在举办年会时，为了安慰那些在抽奖时没有抽中的员工，常常会再设置一项"阳光普照奖"以实现"人人有奖"。此处的阳光普照的促销活动，就是让所有会员都可以享受优惠的促销活动。例如，只要是会员，当天消费就可以得到双倍积分。这种促销活动的资源分散，"弹药"必然不充足，对个人的奖励力度不强，很难激起会员的兴趣。倾盆大雨的方式则是将活动资源集中投放在 A/B/C/D 这四群会员身上。例如，假设企业的会员总数是 1000 万人，而这四群会员总共只有 1000 人，那么企业可以只为这 1000 人提供一个促销活动信息，告诉他们，今天消费就可以获得百倍积分奖励，这样就可以快速地激活这些会员。

3. 扩大战果

当会员第一次被激活后，部分会员会开始持续活跃，但是还有一部分会员在积分用完后又会回到原来的状态。这时我们需要为会员制造一个持续消费的理由，让会员能在未来一段时间内，连续进行几次消费。这个阶段的目的，可以类比登陆作战的陆军——实现最后占领，也就是让消费者加深体验、养成习惯，让他们成为比较坚定的会员，这体现在营销上就是持续产生消费。

激活会员绝对不是一蹴而就的，而是一个系统化的工作，最终是为了让会员养成消费习惯。

5.8 会员持续运营就是打造私域流量

会员绝对不会在会员制度被建立后就自己活跃起来，而需要经过上述激活过程。激活会员后，企业还需要对会员进行持续运营，才能产生高黏度的会员，这也就是"私域流量"的概念。

有些人认为私域流量是社交媒体运营的同义语，这是对私域流量比较狭隘的定义。在流量成本居高不下、外部流量逐渐枯竭的今天，私域流量确实很重要，也绝对不仅仅是社交媒体运营的同义语。私域流量的定义应该是"企业取得流量，不依靠在企业外部花大钱打广告，而是靠数据、自媒体、平台的力量聚拢客户，创造黏性、进而产生裂变，使得企业线上线下的客流源源不绝"。

经营私域流量的框架如图5-4所示。客户到企业的线上或线下消费后成为企业的会员，企业通过线上平台或线下门店渠道取得并积累会员数据，经过会员数据分析，企业对每个会员客户产生了深入了解，再通过移动互联网技术以及社交媒体运营触达客户，向客户提供其感兴趣的信息与知识，保持客户的热度，并引发再次消费与裂变，这就是私域流量或会员运营的基本框架。

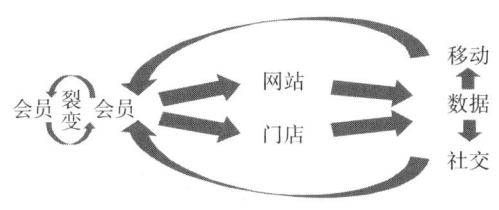

图 5-4　私域流量或会员运营的框架

5.9　付费会员是客户忠诚的有力武器

在开市客击败众多竞争对手，成为量贩超市的典范之后，付费会员制度就成了全球企业关注的新焦点。开市客目前是全美第二大的零售商，其规模仅次于沃尔玛，在全球 41 个国家和地区有 600 多家门店，营业额超过 1000 亿美金。《财富》杂志把它评定为全球最受赞赏的零售企业。其会员 ARPU（Average Revenue Per User）是所有超市中最高的，开市客也是大型超市行业当中最赚钱的一家。开市客于 2019 年 8 月 27 日首次登录上海，开业之初就因为生意太好，许多货架被消费者一扫而空，结账需要等 2 小时，所以开业半天就提早打烊了。它为什么能击败众多同行对手？很重要的原因就是采取了付费会员制度。开市客要求所有客户必须是付费会员，否则无法结账。这些消费者都须事先缴纳了 199 或 299 元的年费，才有资格进入商场购物。这种需要先付费成为会员才允许购物的模式，成为 2019 年商业模式的热门议题。

开市客有什么魅力能让那么多消费者愿意花 299 元，获得进场购买的"特权"？为什么开市客能成为全球最赚钱的大型量贩店之一？此处用模拟的财务报表为大家揭秘。我们将之与另外一家大型量贩店并列比较（如图 5-5 所示），比对一下这两家企业的损益表结构，就能清楚了解开市客模式的成功之道。

	沃XX	开市客
售价	100	85	◁ ③ 售价定在"营业净利为0",吸引消费。
成本	78	75	◁ ① SKU少,集中效应,大包装,商品成本低。
毛利	22	10
费用	15	10	◁ ② SKU少,管理较容易,运营成本低。
营业净利	7	0
业外收入	0	20	◁ ④ 会费业外收入高,使得最终净利高。
最后利润	7	20

图 5-5　开市客与一般大型超市的损益结构对比

首先来看两家企业的商品成本（图 5-5 中标记 <1> 的位置），开市客的商品成本低于竞争对手，原因是开市客采取的是少量的商品种类数（Stock Keeping Unit，SKU）的商品策略。在一般大型超市，SKU 大约是 2 万～3 万，大店 SKU 可能到 5 万，而开市客只有 4000～5000 个商品，这种商品策略产生了集中效应，使开市客的商品进价比一般对手低。再加上开市客的商品大量采用自有品牌，这些商品只在开市客销售，因此也就没有广告与推广成本，所以成本更低。

其次再来看看费用（图 5-5 中标记 <2> 的位置），一般大型超市有数万个 SKU，管理起来极为复杂，开市客的商品 SKU 数仅是对手的十分之一，SKU 少，方便管理，采购人员也比较少、需要的储存空间也比较少、运营管理的人员也少，所以开市客的运营费用远低于对手。

接着再看看售价（图 5-5 中标记 <3> 的位置），开市客将商品毛利定在 12% 以内，该成本的价格正好支撑了企业的运营成本，使企业整体的营业净利为零。而一般大型超市的商品毛利通常定在 20%～23%。如前文所述，开市客的进价本来就低，相比之下开市客的商品必然是超低售价，超低售价就成为其吸引消费者花钱成为会员的关键因素。消费者一旦花了 299 元成为会员，当然就会想把这 299 元的本钱赚回来。这种心态就彻底改变了客户与开市客的关系。试想，你花 299 元才换来进场购物的"特权"，这时你还会愿意去其他超市购买商品吗？这种特权感，也使很多原先还没有购买会员卡的消费者向同事、朋友借卡使用。这些人一旦有过消费体验，就会立即感受到开市客的低价优势，使开市客的新会员源源不断地增加。在美国，开市客的会员数量已达数千万，虽然这一付费会员数量在中国看起来不大，但是在只有约3亿人口的美国，他们社会白领人士总数也不过两三千万！开市客的影响力由此可见。

按照开市客的财务报表，2019年开市客的税前净利是32亿美元，基本上等于其用户当年缴纳的会费。全世界有哪家大型超市能保持商品的超低售价，一年还能赚32亿美元的税前净利，无怪乎开市客被《财富》杂志评选为最受敬仰的零售企业了。

5.10 本章小结

作为本书第2部分会员大数据的开场，本章承接了第1部分"数人头"的商业范式。本章从企业为什么需要会员制度开始说明，接着讲述了如何设计一套好的会员制度以及会员制度的六个评价原则。

另外，本章还说明了为什么会员奖励不一定全部由企业出钱，其中有很多是不需要花钱或可以由外部企业赞助的。本章还介绍了积分这个常用的会员激励工具，说明会员激活是一套系统化的系列工作。

本章中还提出会员运营其实就是在打造企业的私域流量，介绍了开市客如何利用付费会员制度成为大型量贩超市的领导者，并以此说明了付费会员制度是会员活跃的有力工具。

第6章
客户联系管理四大类型框架

在实践工作中，设计客户联系机制是一个非常重要的议题，有没有一个好的思考框架，可以让企业保持多维度、合理的客户联系机制？这是本章讨论的重点。

6.1 客户联系管理的四大类型

在哪种情况下，企业会被动地联系客户？又在哪种状况下，企业会主动地联系客户？企业家们经常在 EMBA 或 MBA 课堂中用实际发生的案例对此进行热烈的讨论。企业家们可以想象出各种具体的联系客户的场景，可是这种随机列举的场景常常是片面的。在设计客户联系机制时，不能用这种"想到哪算到哪"的随性做法，而需要一个完整的思考框架，只有在把各种联系场景分类后，企业才能更系统化地设计出客户联系机制，用以有效地管理各种客户联系场景。

根据对多年的客户联系管理理论研究与实践经验的总结，我们可以从两个维度对这些客户联系场景进行分类：一个是接触的发起方；另外一个是接触的性质。

1.接触的发起方

这个维度是按照"谁主动发起接触"这一标准对接触进行区分的。

第一种接触情境是客户主动接触企业的线上或线下网点，是客户进入企业的线下门店或访问企业的网站、App、微信公众号等。这种客户主动式接触一般被称为"进入式接触"（Inbound Contact）。

第二种接触情境则是企业采取主动行动联系客户，企业发现问题或寻找销售机会主动与客户接触。这种企业对外界发出信息的接触一般被称为"呼出式接触"（Outbound Contact）。

2. 接触的性质

第二个维度就是接触的性质，接触可据此被分为计划性接触或偶发性（非计划性）接触。

计划性接触是指企业在流程操作上预先规划，在特定时间发动的客户接触场景。例如，客户过生日时的联系，客户行为发生异常时的联系，企业认为有合理推荐理由、争取销售机会时的主动联系，以及企业在事先考虑的场景发生时的联系。

非计划性接触是指在偶发的状况下产生的接触，例如，突然发生暴雨时，客户跑进店内躲雨，或客户在街上、电梯间无意接触到企业的信息。

通过上述两个维度，我们可以绘制一个四个象限的客户接触场景组合（如图6-1所示）。

第一个场景组合描绘的是企业计划性地主动联系客户（图6-1左上角位置），被称为传统CRM与大数据的接触。第二个场景描绘的是企业在某些突发状况下主动联系客户（图6-1右上角），其被视为典型的移动场景触发的接触；第三个场景描绘的是客户在企业没有预料的状况下主动上门发生接触（图6-1右下角位置）。在实际商业场景中，这就是客户访问企业的网站或到企业的线下门店的场景，在这两种情况下，企业应该为客户提供更为个性化的建议与应对方案，这种接触场景也可以称为千人千面型的接触。第四个场景描绘的是客户主动上门，但这个接触是企业精心设计的（图6-1左下角位置），最常见的形式是社交媒体营销的接触。在以上四个接触场景中的第一个与第三个，是比较成熟的客户接触管理模式，其基本上都是基于数据分析而产生的行动对策。第二个与第四个则属于比较前沿的客户接触模式。

*1、3属于传统大数据的应用，2、4属于移动与社交应用

图6-1 客户接触场景组合

6.2 客户数据分析产生的接触

首先看看图6-1左上角这种接触情况，其属于企业有计划地主动联系客户。在这种状况下，企业通常预先制定客户关系管理规则（CRM Contact）。例如，企业在客户购买商品后的固定时间点对客户进行的回访联系，或者是加强复购的再联系、客户生日问候、发现客户异常时的联系等。在传统的客户关系管理领域，这种形式的联系占比最大，所以应当联系客户的状况也较多，主要有以下五种类型。

1. 问候

问候是企业为了对客户表达关怀、友善与客户进行的接触和沟通，最常见的例子包括在客户的生日、特殊纪念日、客户成为会员的纪念日送去的祝福等。

另外，还有在气候变化时提醒客户应该注意的事项、在节庆时对客户的问候等。

除了表现对客户的关怀，让客户觉得企业更有人情味外，企业的主动问候还有一个极为重要的目的，那就是让客户更习惯于接到企业的信息。如果让客户觉得，企业每次与他联系都是在推销产品，即使企业的推荐是很精准的，次数多了仍然会让客户觉得这家企业过于急功近利。如果企业平常就与客户保持联系，之后企业再发起带有商业目的的联系时，客户就不会产生那么强烈的排斥心理。就像交朋友一样，如果有个朋友平时从不和我们联系，一旦联系就是有求于人，我们不免会产生反感。

我接触过两位不同的保险推销业务员，第一位是我朋友的妹妹，有一天我突然接到朋友的电话，推荐他的妹妹过来拜访。这位业务员过来后，立即向我表明身份并且想要向我推销保险，当时由于觉得她是朋友的妹妹，我就很快地买了她的保险，但是买了保险后，她就没有再联系过我，直到第二年保险到期，她才又来拜访我。就在这时，另一位保险业务员通过同事推荐找到了我，他很热忱地提出希望给我一些理财建议，于是询问了我的家庭状况，并且根据我的个人状况设计了一套保险方案，于是我选择购买这位业务员推荐的保险，放弃了朋友的妹妹的推荐。在接下来的日子里，每逢我的生日、年节时，我都能收到这位保险业务员的短信，这让我感受到了他的关怀，于是之后的很多年我都在坚持购买他推荐的保险产品。

企业与客户保持联系，一定要以关心家人或关心朋友的心态关注客户，特别是在一些特殊日子的问候，可以让企业与客户保持较为亲近友善的朋友关系。当企业因为商品推荐再联系客户时，也不会让客人觉得反感或产生抵触情绪。

2. 提醒

这种联系是指对客户的权益提醒。例如，企业主动提醒客户，他的积分快要到期了，或者是客户购买的付费会员卡中有些权益尚未使用。例如，我曾帮一个汽车售后服务企业设计付费会员卡方案。这种付费会员卡方案中包含了每周一次免费洗车、每 3 个月一次免费打蜡的会员权益，但有的客户常常会忘记使用这类权益。如果企业经常对客户进行善意的提醒，让客户不要忘记使用权益，那么对客户来说，这种联系就是友善的，日后企业的其他联系也不容易让客户产生排斥心理。

3. 挽回

挽回型联系是 CRM 的另外一个重要机制，企业对客户行为进行分析时，如果发现某些客户有流失的倾向或已经进入流失状态，企业主动向客户发出的联系就是一种常见的挽回型联系（如何通过数据分析预判客户的流失倾向将在第 7 章进行说明）。

4. 提升

提升是企业经过客户分级，发现某些客户具有增加消费频次的机会后发出的联系。例如，客户产生第一次购买后促成复购，或把客户的消费频次从每周或每月一次增加到两次、三次。提升就是一种客户深化的运营过程。

5. 机会

机会的联系是指，当企业有新产品或特殊活动、特定时间场景时，需要找出一些最有可能参与的客户，进而发出邀请。例如，一个购物中心有一些新的餐厅、服饰店开业，哪些客户对此最有兴趣，应该联系哪些客户？又例如，一个生产休闲食品的企业推出某款新口味产品时，企业应该想一下，可以向谁推荐新产品？又例如，当汽车养护的行业推出一个新的美容服务套餐、换油服务套餐时，哪些客户最乐于接受，应该联系哪些客户？

在通常情况下，销售机会的联系需要企业事先设计客户画像标签，并进行商品与客户之间的或商品与商品之间的相关匹配分析，才能在机会来临时迅速地找出目标客户并给予推荐。具体如何进行客户与商品的匹配分析、如何设计客户画像标签，会在第 7 章中深入说明。

6.3 移动场景触发的接触

接着看图 6-1 的右上角的典型的移动场景触发的接触，这种状况是指在非计划的状况下，企业发现与特定客户相关的场景机会而主动联系客户，这种联系的形式可以被称为场景触发式联系或事件触发型联系（Event Trigger）。

移动场景触发的接触与根据客户数据分析产生的接触不尽相同。在传统大数据 CRM 的方法里，企业需要对客户打标签，某个客户一旦被打上了标签就暗示着这名客户的身份和需求已经被指定。例如，在餐饮行业，一旦把一个客户定义为年轻泡吧族，企业就可能向这名客户推荐一些有网红特色的酒吧。如果标签将某个客户定义为年轻白领，企业就可能向这个客户推荐西式快餐、商业午餐以吸引其消费。假设一家服饰企业将某一个男性客户的标签定义为白领精英，该企业就可能向他推荐偏向正装的衣服或比较高端的休闲服饰。从传统数据标签的视角来看，上述几个例子应该是很合理的。

但是，各位可以想一想，如果上述那位爱泡吧的年轻人此刻正和他的父亲或母亲在某个购物中心里，那么企业的推荐是否应该调整呢？如果上述的白领精英正和他的小女儿在一起逛商场，这时候企业的推荐策略还应该一样吗？此时的推荐策略显然必须改变。从移动营销的观点来看，同样一个人是多场景的，在不同场景下同样一个人会有不同需求。而传统大数据营销通常无法考虑场景因素，只是根据每个人的标签进行推荐。

移动技术使企业有能力随时掌握客户的行为轨迹[①]，让企业能在最恰当的场景和时机与客户产生联系，这些场景和时机包含了时间、地点、行为轨迹、气候变化等多种内容，这些场景和时机将如何影响消费者的需求会在第9章详细说明。

6.4 千人千面型的接触

再看看图6-1右下角的接触类型，这种类型的接触是客户主动接触企业，企业根本不知道谁、什么时间会来，属于非计划性接触。这种情况又分为客户到店和客户访问网站两种情形。前者是传统零售的消费场景，例如餐厅、汽车养护的店铺、便利店或超市，因为有门店，客户会自己上门消费，或已经有过交易的客户再次到店。后者是客户浏览企业的网站或打开企业的App或微信公众号。无论是线上还是线下，这时的关键是与客户取得联系后，企业要怎么应对。千人千面型的接触是企业个性化应对策略主要针对的内容。

电子商务的发展带动了这种个性化接触或千人千面策略的思考方式。在电商发展的初期，企业设计网站的页面是统一化的，不管是怎样的客户，只要访问企业的网站，所看到的内容都是完全一致的。随着电子商务的发展，线上企业对于客户的标签与大数据的技术逐渐成熟，每一个客户看到的页面都可以是不同的，这就是千人千面。目前今日头条、天猫、亚马逊、抖音、小红书等许多网站或App都采用了这种技术。通过这种技术，网站平台、App可以在客户知情并允许的情况下，在客户的计算机或手机上种下标记（Cookie），并且把这名客户在企业网站上的浏览过程记录下来，了解这名客户的兴趣、这名客户在网站上搜索了什么、是否购买过其他商品。如果一名客户来到企业的网站，在

[①] 客户数据的获取和使用一定要在法律允许、客户知情并同意的情况下进行。——编者注

网站上搜索了某一类商品，甚至将某一商品放进了购物车，但是最后没有付款，这时企业应该很清楚这名客户的潜在意图。客户下次再进行线上浏览时，企业会立即读取其计算机或手机中的标记，确认这名来访者的身份以及他最近的行为轨迹，并对其进行个性化的推荐或个性化的商品页面展示。

6.5 社交媒体营销的接触

最后，第四个客户接触场景，被称为社交媒体营销的接触。这类型的接触是指企业针对不同群体的客户，在不同场景下有计划地发出营销信息。虽然这类型的接触也需要在特定场景下才会更有效，但是由于社交媒体无法像移动营销一样在与客户接触的瞬间发动，社交媒体营销的接触需要客户打开社交媒体软件或短视频、直播等平台，所以我们仍然将它归类为客户进入式接触。但是这种接触往往经过企业的精心安排，所以我们也将它归类为计划性接触。具体怎么管理社交媒体，将在第4部分的第10章至第14章中说明。

6.6 整合客户信息是关键

上述四种情境的客户联系策略在运营上通常由不同的部门或不同人员负责。例如，负责大数据精准营销的可能是以数据专家为核心的团队；移动营销和千人千面型营销则对负责人员的互联网运营经验要求比较严格；社交媒体营销则需要编写内容的专家。但是四种力量的协同正是落实"客户全生命周期管理深度整合"的完整视野，也是企业构建私域流量的主要方法。这四个领域如何做到无缝连接，让客户有更好的体验呢？关键还是在"客户数据的整合"。

前文在讨论会员数据时，提到一个概念叫作"归户"，这是一个银行业的用语。银行业在管理个人金融时主要涉及两个部门，一个是管理个人存款、贷款的部门，另外一个是信用卡公司，因为二者的属性差异较大，所以在国内外的银行一般都会将信用卡业务拆分给另外一家公司。早期的个人存、贷款信息与信用卡信息是独立的，例如，客户到底在银行存了多少钱又借了多少钱，有几张信用卡，信用卡的使用状况如何，买了多少基金等不同信息都被储存在不同的系统中。为了彻底解决这个问题，对客户有个全貌的了解，银行开始以个人的身份证号为连接，把用户的所有账户信息进行关联，这个做法就被称为"归户"。

企业在管理客户信息时一样需要采用该做法，图6-1中的传统CRM与大数据的接触需要的是比较完整的门店交易历史数据。首先把POS机的逐笔交易与客户账号进行匹配，使企业具备掌握客户线下消费全貌的能力。大数据营销人员再利用这些数据进行精准营销。千人千面型的接触则需要客户在网上的交易数据。目前客户在网上交易的数据还无法实现不同平台之间的流通，主要原因是企业比较容易掌握自家网站的交易信息，但是要整合外部平台的交易信息则还需要花费更多的精神，例如同一个客户在天猫、京东的交易信息就很难关联到一起，这是因为客户不会同时告诉企业他的淘宝、京东账号，所以企业可能只知道某个用户的淘宝账号，知道他在淘宝平台上向企业购买的产品，却不知道京东的某个账号其实也是同一个人。

经过不断努力，企业在图6-1的第一象限和第三象限方面的数据收集工作已经取得了比较好的进展。但是在社交平台以及移动平台的数据整合需要花费更多的时间与精神。企业至少要先掌握用户的联系偏好渠道以及购买偏好渠道，这样才能更有效地开展客户联系工作。例如企业至少要弄清楚，与某个客户联系时通过短信、微信公众号还是社群才会让对方更容易接收到，这就需要企业记录客户的联系偏好。有了这个记录，下次企业进行客户联系时就可以优先采用该渠道。

综上所述，对企业来说，现在最重要的工作就是开展客户关系管理，就是知道某个手机号的用户，微信账号是什么、在其他App（例如小红书）或第三方交易平台（例如淘宝、京东）的账号又是什么。企业只有将客户在不同平台上的账号全部连接起来，才能对客户行为有完整的理解，这个工作是有一定难度的。

6.7 本章小结

本章讲述的是会员经营的一个重要步骤——联系管理。企业需要考虑不同的客户接触场景。本章总结了两个维度、四个象限的客户联系管理分类，分别是传统 CRM 与大数据的接触、典型的移动场景触发的接触、客户到店 / 网站时采取的千人千面型的接触以及社交媒体营销的接触。

本章也强调了这四种接触场景的整合关键在于"数人头"的归户，就是把同一个客户在不同环境下的接触信息整合在一起。当然由于用户在不同平台的注册信息不同，数据整合存在一定困难，尤其是客户在外部平台的数据，更需要企业花费大量精神进行归户。

第 7 章
客户数据的深度挖掘

本书的第 6 章与第 7 章都在介绍 CIDR 整合营销模型右半边数据和反应的相关内容（见图 7-1）。第 6 章分析了 CIDR 整合营销模型通过数据以及系统化的联系管理机制生成客户应对策略，这些应对策略包含了客户主动来到门店或访问网站时企业的应对方法，也包含了企业应该主动联系客户，跟进客户关系的维护以及客户的消费提升、挽回、推荐、裂变等工作的情况。

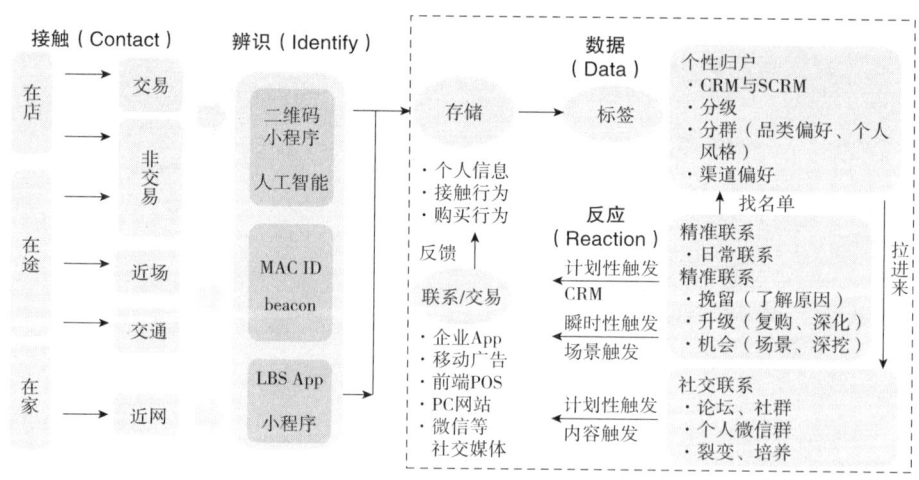

图 7-1 CIDR 整合营销模型

第 6 章仅描绘了整个体系的分类理念以及流程，并没有深入讨论如何通过数据发掘这些联系场景时机，以及应该采用哪些商业逻辑判断或数据科学的算法来发掘数据。

第7章 客户数据的深度挖掘

第 6 章与第 7 章的关系非常紧密，以武侠小说里学习功夫来类比，第 6 章介绍的是外家拳法的套路，第 7 章介绍的则是如何运气、如何发力的内功。第 6 章的客户联系管理机制让我们明白在哪些情形下应该联系客户，这些联系时机的场景判断属于商业思维逻辑。但是，在每个具体场景下，应该如何确定联系对象，以及面对这些人该推荐什么，则需要大数据分析的支持。大数据分析涉及整套的方法论以及进阶的统计与算法，这就是本章要讲述的内容。

本章涉及大数据的概念以及统计学的知识，对统计学知识不熟悉的读者们在阅读时无须理解全部内容，只要掌握大致概念即可。至于学习过统计学方法的读者，我建议你们深入了解本章内容，掌握本章的要领将使你在大数据营销上功力大增，让你成为企业数字营销的骨干。

7.1 客户数据标签

1. 客户数据标签的概念

客户数据标签一般又被称为 360 度的客户视角，其目的是分辨不同的客户属性并进行客户分群。有了客户数据标签，企业就能快速筛选人群、进一步采用统计与数据挖掘方法，通过进行大量数据运算，产生指示不同销售机会的客户清单，进行精准营销。

简单地说，客户数据标签就是观察客户的维度。比如，假设有 1000 个客户站在一个操场上，如何在瞬间找出身高 1.6 米 ~ 1.7 米、体重 60 千克 ~ 70 千克的男性？

可以通过以下三个维度对这群客户进行标签化。

- 性别标签：男性客户戴黄色帽子，女性客户戴白色帽子。
- 身高标签：身高 1.7 米以上的人穿白上衣，身高 1.6 米 ~ 1.7 米的人穿黄色上衣，身高 1.6 米以下的人穿黑色上衣。

- **体重标签**：体重大于 70 千克的人穿白色裤子，体重 60 千克~70 千克的人穿黑色裤子，体重 60 千克以下的人穿红色裤子。

这时，你只需发出相应指令，要求戴黄色帽子、穿黄色上衣和黑色裤子的人出列，就可以找出你要找的人了。客户数据标签让你能快速地区分客户，找到你要的客户。

2. 为什么需要客户数据标签

为什么不能直接使用原始数据，还需要制作客户数据标签？很简单，许多数据是有连续性的，例如前文所说的体重，有些人的体重是 60.5 千克，也有些人的体重是 62.5 千克，还有些人的体重是 59 千克，如果直接使用原始数据对客户进行分类，那么就会产生无限多组组合，这就不是分组了。所以客户数据标签是用一些尺度颗粒将客户原始数据进行标签化区分，以便进行更有意义的分类、筛选、运算。

另外一个原因是，许多数据无法直接运算，或者采用原始数据运算太耗费时间。我们将这些经过处理的数据标签称为二次运算数据。例如，一般在收集客户年龄时，不要问这个人多大，而是问他的出生日期，因为如果把年龄作为原始记录，今年登记时客户年龄假设是 30（原始数据），5 年后他的年龄就会变成 35，这时原始数据就是错误的。所以在进行数据采集时，通常问的都是客户的出生日期，这样在未来的任何时间，只要经过简单的计算，就可以知道客户的年龄。这样的原始数据确实满足了数据随着时间改变而保持有效性的要求。但是如果把需求场景改变一下，我们想要在 100 万名客户中确定年龄为 35~40 岁的人数，就需要对这 100 万人逐一计算"今天日期减去生日"得出的年龄（这将是 100 万次的运算），然后再进行年龄范围比对，再加总人数，才能算出年龄为 35～40 岁的客户人数，这个计算工作会非常烦琐。如果能事先处理，按客户的年龄每隔 5 年生成一个标签，这样就可以直接读取每个客户数据的"年龄段"，这时找出有多少 35～40 岁的人的工作就变得便捷多了。

为了避免每次都从原始数据开始计算的烦琐，我们会制定出一些经常需要使用的二次运算数据并定期对其进行维护，如此，使用客户数据就会变得方便快速。这种问题在大数据上被称为二次运算数据，也就是一种数据标签。

7.2 如何设计企业客户数据标签

应该怎么设计客户数据标签呢？一般可以把客户数据分为三种，第一种是客户基本资料，第二种是客户行为记录，第三种是客户行为预测。客户基本资料通常就是客户个人的人口统计变量。客户行为记录则是客户与企业在互动过程中所产生的记录，例如浏览行为、购买行为。客户行为预测的数据无法从原始数据中直接获得，而是经过分析、推理后，对个别客户行为的预判。

虽然每个行业的客户数据标签可能有所不同，但是基于多年大数据领域的工作经验，对于那些直接面对终端消费者类型的企业（2C 的商业模式），图 7-2 所示的六大维度是比较通用的。这六个维度涵盖了传统交易、行为数据以及社交媒体数据，是非常实用且具有跨行业参考价值的数据标签体系。

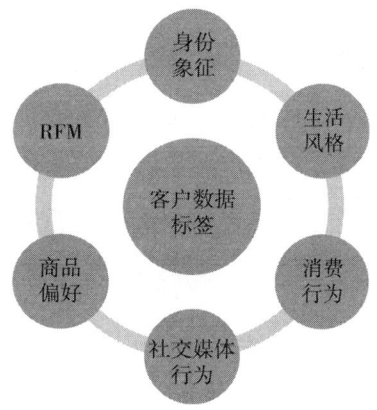

图 7-2　客户数据标签的六大维度

1. 身份象征（个人基础信息）

个人基础信息一般就是社会心理学中说的人口统计变量（Demographic

Data），在社会学或统计学上常常以此为群体区分的依据。在营销 1.0 的 4P 时代，人口统计变量构成了最主要的群体划分标准，例如年龄、性别、身高、体重、居住地、工作职业等。除了直接采用这些比较基本的标签以外，还可以对这些标签进行更为细致的划分。

人口统计变量是一些最基础的变量，不同的变量又可以被重新组合。例如，通过对年龄（20～30 岁、30～40 岁、40～50 岁、50～60 岁）、性别（男、女）、工作职业（蓝领、白领、金领）这三个属性进行组合，就可以划分出 4×2×3=24 个群体组合的类别。这 24 个群体可能代表着不同的需求，因此可能就需要不同的营销刺激。

2. 生活风格

生活风格是每个个体在生活上展现出的行为特色。在同样的人口统计属性群体中，因为生活价值观不同，某些人的行为或偏好也会与同龄或同样工作身份的其他人有着明显区别。同时，即使人口统计变量不同，不同的人也可能展现出相同的行为偏好。例如，同样是上班族，但因为生活方式与生活风格的不同，他们的行为偏好也会有所区别。例如，标准上班族的行为是朝九晚五、两点一线；另外一些上班族则是夜猫子，晚上不睡觉、白天睡到中午。又例如，工作身份同样是上班族，有的人喜欢夜生活，有的人喜欢规律生活，有的人追求创新改变，有的人则偏爱保守等。这些人虽然从人口统计变量角度看都属于同一个身份群体，但是在生活中展现出的态度与行为却有很大的差异。

显然，这些人的生活价值取向不同。营销学者认为通过这种不同的生活价值取向可以设计出更深入每个消费者内心世界的营销方案。这种群体划分的方法比单纯的人口统计变量划分更有效。例如，一个消费者是否购买某个商品并不完全取决于他能否承担这个商品的价格。一个拥有享乐型生活价值观的消费者，如果看上一台能彰显个性的汽车，即使手头的现金不够，也可能会以分期付款的形式先把车买下来以图生活上的享受，而不会考虑以后每个月分期付款的压力。相反，一个生活态度保守的人，即使有钱，看到这台新车时也只会想着汽车只是代步工具，现有的汽车能用即可而不会购买这台新车。汽车厂家如果只依据人口统计变量数据，以客户的年龄、性别、居住地来评估消费者的购车意向，就可能无法设计出深入消费者内心世界、让消费者产生共鸣的促销活动。

所以近代营销学，例如 4C 营销模式，就倾向于采取这些指标对客户进行分类。因为营销策划只有能打动消费者内心，才会有效。而比起人口统计变量，生活风格更能让企业深入消费者的内心世界。

3. 消费行为

第三种标签是消费行为，这个维度与前两个维度的基本思路是完全不同的。个人基础信息以及生活风格标签在很大程度上暗示了一个客户可能需要什么，但是没有过多关注如何刺激客户立即产生购买行动。而消费行为标签，则指出了如何影响购买决策以及如何激发消费者立即采取购买行动。

例如，消费者对于产品需求的急迫性不同，有的消费者即使没有立即使用的需求，还是会事先购买一些商品，以备不时之需，另外一些消费者则是有明确的使用需求后才会采取购买行动。在服饰行业、汽车维修行业、日用快消品行业，这种客户行为的信息就很重要。这些行业都有预防性消费或反季消费的特性。预防性消费是消费者预期未来某个产品将缺货或价格会上涨而提前购买。现在很多营销推广方法是告诉消费者，未来什么时间商品价格将会上涨，以促使消费者立刻开始抢购行动。反季销售的消费者没有立即使用的需求，但是考虑现在的价格比未来更便宜，所以他们会在夏天买羽绒服，在冬天买短袖。这种反季销售对很多只在某些特定季节销售产品的企业非常重要，因为成功的反季销售可以让企业产品在淡季时仍然有一些业绩，有时甚至可以预先出货给消费者以达到阻绝未来竞争的目的。

还有一种非常重要的购买行为指标是基于客户对于价格的敏感度的，价格敏感度在经济学上被称为价格弹性，意思就是价格变动对客户的购买行为的影响。有些客户对价格比较敏感，小幅降价就会引发购买行为，另外一些消费者的价格弹性较低，无论价格如何变动，都无法对他们产生影响，这些消费者只有在需要时才会购物。如果掌握了哪些客户的价格敏感度高、哪些客户的价格敏感度低的信息，就可以分群进行推广，减少不必要的让利。

拥有另外一种消费习惯的人群在实践工作中也非常需要给予重视，那就是月光族。这些人在每个月初发薪水时口袋有钱，花钱就不太节制、尽情消费，到了月末，口袋里没钱了，就只好过节衣缩食的生活。掌握客户是月光族的信息对发动营销的价值也非常大，因为月初很容易促成交易，而在月末无论企业如何推销、价格怎么降都没效果。

最近几年由于互联网商业的崛起，用户的购买渠道选择呈多元化，有一些消费者倾向在线下门店发生购买行为，另外一些消费者比较喜欢在网上购买，还有一些消费者则采用跨越线上线下的混合式购买行为，这些消费者可能先到网上查询了解价格，然后再到门店购买，也有一些消费者是先到线下门店查看商品，有了实际体验后，再回到线上找价格最便宜的商家下单。所以掌握每个消费者购物渠道的偏好信息，驱动消费者到其比较偏爱的渠道消费，也将提高成交的概率。

上述这些数据标签都属于消费行为维度，企业将这些客户相关习惯的信息掌握得越完整，就越能精准掌握促销发动时机，准确度也将大幅提高。

4. 社交媒体行为

这类型的标签属于比较新的营销常用标签，涉及对个别消费者在线上与线下的行为掌握。在网上行为方面，我们一般关注客户比较常用的社交平台，以及客户在社交平台的活跃度、在社交平台扮演的是 KOL 还是跟随者的角色。目前用户原创内容盛行，这些 UGC 早已经成为消费者最重要的信息来源。对企业而言，UGC 也已经成为影响消费者的重要工具，所以企业不仅仅要有客户，更需要有这些喜欢在网上发出内容的粉丝客户们的强力支持，而要找到这些粉丝通常就需要企业在社交媒体和企业网上商城的商品评论中寻找，这些人也就是 KOL。企业需要很有技巧地找到这群人，并且设法发动他们在网上或朋友圈中为企业进行宣传。

线下的社交行为也逐渐引起学者和营销人员的关注。现在的移动技术使得大多数现代人的手机是 7 × 24 小时在线，人际往来模式也在发生巨大改变，刷朋友圈是最主要的现象之一。一个企业如果以广场舞大妈为主要客户群，就需要找到那些积极参与活动的广场舞大妈，她们手机里的朋友圈一定充满了企业重视的那些广场舞大妈客户。

社交媒体行为还需要关注另外一件事，就是每名客户的信息渠道偏好。过去企业最主要的客户联系渠道是短信，但是因为朋友之间的联系工具的发展，社交媒体取代了电话与短信，这种生活习惯的改变也使手机上的短信页面不再有很多的朋友间的信息沟通。相对之下，手机短信看起来尽是商家广告，这种变化使得消费者越来越不关注短信。用负面网络效应（Negative Network Effect）来解释，也就是短信的联系效果越来越差，未来使用它的人只会更少。各位读者可以想想，你现在还会天天看短信吗？你是否还记得最近一次在短信上看到比较有价值的信息是何时？那些大概不是广告，就是快递通知吧。

企业要维系与客户之间的良好沟通，就必须充分掌握每一个客户的联系渠道偏好，到底采用何种方式触达客户最为有效，这也成为目前至关重要的大数据标签。

5. 品类偏好

这类标签因行业不同而存在极大差异，例如，客户在超市喜欢买什么和在服饰店喜欢买什么，完全是两码事，所以这个是行业化的标签，此处不再赘述。

6. RFM

RFM这组标签无论是在学术界还是在实践上，都是经常被用于追踪客户行为变化以及区分客户购买行为的指标，这三个指标分别代表了客户行为的三种维度。

- R（Recency）代表客户最近一次的购买时间，也就是客户当前活跃度的指标。
- F（Frequency）代表一个周期时间内客户购买的频次，也就是这名客户过去购买行为在频次方面的指标。
- M（Monetary）代表这名客户每次交易的平均购买金额，也就是客户每次的贡献度大小的指标。

这三个指标的组合可以表示不同的客户属性。$F \times M$ 就是客户在一段时间内的购买次数乘以平均每次购买金额，这就代表某一段时间的客户贡献，也可表现出这名客户的重要性。例如以每个月为衡量周期，这名客户一个月来3次，每次消费100元，这名客户的消费总价值就是300元，这个结果就代表了客户的贡献价值或客户的重要性程度。R 代表着客户最近一次购买时间的远近，所

以如果一个客户的 $F×M$ 的值比较高，其 R 的值也较高（就是最近还有购买）那么就表示这个重要客户目前行为正常，反之，如果 $F×M$ 较高，但是 R 比较差，这就代表这个客户有流失的风险，这时企业就应该赶快采取挽回行为。

我们通常不用绝对数值来衡量 R、F、M 这三个标签，而以 1～3 或 1～5 为衡量指标。以 1～3 为例，3 表示最佳，1 表示最差，也就是说 $F=3$ 就表示消费频次较高，$F=1$ 就表示消费频次较低。同样，$M=3$ 表示平均购买金额较高，$M=1$ 表示平均购买金额较低。$R=3$ 表示这名客户最近还有来消费，$R=1$ 则表示这名客户已经很久没有进行消费了。通过这套方法，所有客户就被分别放进 $3×3=9$ 的格子中。客户在这 9 个格子之间来回移动，就代表了这名客户的消费行为发生了变化，发生变化的客户就值得企业关注。例如，一名客户的 R、F、M 分别为 3、3、3，就代表这位客户经常光临、每次的购买金额较多，两个因素合在一起 $F×M=9$，就表示他是重要客户。R 为 3 表示这位客户最近是活跃的。如果企业突然发现，这名客户的 R、F、M 改变为 2、3、3，就代表这位重要客户，已经有一段时间没来，有流失的可能，企业就需要给予他特别关注。而这名客户又从 2、3、3 移转到 1、3、3，就代表了这位重要客户已经有较长时间没来，应该列为高流失风险客户，企业就应该赶快采取行动。

7.3 如何通过大数据找出值得关注的客户

上一章在讨论联系管理时，曾经提出四种应该主动联系客户的场景，第一种是需要问候时，第二种是客户有升级机会时，第三种是客户可能流失需要挽回时，第四种是企业有新产品、新服务、新活动推出，需要找到对其比较有兴趣的客户时。上述四种联系类型中的第一种是问候类型，不涉及数据挖掘方法，上一章已经进行了比较详细讨论，此处不再赘述。下面把重点放在升级、挽留、新品销售机会这三种场景。

1. 找出有升级机会的客户

其实企业的每个客户都有潜在的升级的机会，只是需要企业在众多客户中找出这些升级概率较高的人，优先提升他们。

寻找这些客户时就应该从客户金字塔（如图7-3所示）开始，先找出升级概率最高而且对业绩贡献最大的一群人，然后再依次找出升级概率低的、对业绩贡献较小的其他群体。

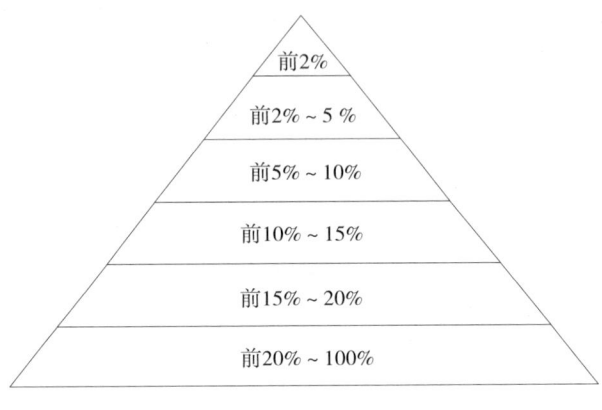

图7-3 客户金字塔

在该金字塔中，最应该优先促使哪个群体的客户升级？符合前文所述的两个条件（成功升级的机会最高的、升级之后对企业贡献最显著的）的客户显然就是金字塔顶端的客户，他们是目前购买金额最高的客户（贡献显著），目前对企业的满意度也较高，鼓励他们扩大消费应该比较容易。所以企业应该从金字塔结构最顶端的客户群体（人数占前2%）着手开展升级（按照经验，这群人贡献可能高达整体销售的15%～20%），接下来是金字塔结构中前2%～5%的客户，再接下来是前5%～10%的客户，一直到前20%的客户，按照二八原则，拿下了这些客户，应该就掌握了企业的80%业绩。

找出这些人以后，接下来该如何继续呢？最重要的就是先把这些客户稳定在既有的等级基础上然后再向上提升。正如前文对会员下的定义"企业与客户之间的双向承诺"，这时企业如果想让这些客户的等级向上提升，应该设计出一个方案，让这群人看到企业履行承诺的决心。这些人既然已经是比较优质的客户，对企业的认可程度也相对比较高，企业只要能给出客户认为更有价值的承诺，就可以换取这群消费者的忠诚，取得这群客户的最大口袋占有率。那么找到这些头部客户后，到底应该用什么方法换取他们的忠诚度呢？那就是第5章讨论的付费会员的机制。这群人既然是在过去对企业相对满意的客户，劝说他们成为付费会员的成功概率必然较高，即使其中有一部分客户最近已经流失，也要尽可能地把他们唤回并巩固关系。

我在某家大型服务企业做咨询项目时，一位高层主管听到我建议他们优先针对头部客户开展提升促销，问我为什么没有同时考虑其他基层客户的提升。我的回答是，对门店人员下达的工作指令要简单化，而且必须有所侧重，应该每次只交付一件最重要的工作，否则门店人员将难以操作。面对这么多不同群体，到底哪个群体的工作更为重要？比如，如果你是急诊室的医生，当你看到一个受伤的人，脚上没穿袜子或鞋子，正在大量出血，你是应该先帮他止血，还是先帮他穿袜子鞋子？答案当然是先止血。

2. 找出该发动挽留的客户

巩固了金字塔顶端的用户后，接下来企业还需要关注那些正在流失的其他客户，如何找出这些正在流失的客户并进行挽留，可以参考表7-1中的模型，这个模型在许多行业被验证过，是非常有效的工具。

上文介绍过 RFM 模型，要掌控客户的流失信息，最有效的方法就是规律性地比对每一名客户过去和现在的行为是否产生变化，这个关键在于 RFM 的 R 与 F。表 7-1 的纵轴是客户过去 3 个月的消费行为，F 值分别代表过去 3 个月，平均每 7 天以内、14 天以内、21 天以内、28 天以内、28 天以上到门店来消费一次的客户。横轴是客户最近一次来店的时间距离，分别是一周内、两周内、三周内、四周内及四周以上，只要将客户过去的消费频次和最近一次来店时间进行对比，就可以看出哪些人正在流失及其流失严重性。

表 7-1 用 RFM 对比找出流失客户

过去三个月平均消费间隔天数		最近一次消费时间					
		一周内	两周内	三周内	四周内	四周以上	合计
7 天以内	会员数量	30 327	5447	2173	689	433	39 069
	会员数占比	77.6%	13.9%	5.6%	1.8%	1.1%	100.0%
14 天以内	会员数量	15825	7436	4627	2491	2416	32 795
	会员数占比	48.3%	22.7%	14.1%	7.8%	7.4%	100.0%
21 天以内	会员数量	14 739	9490	7319	5238	8906	45 692
	会员数占比	32.3%	20.8%	16.0%	11.5%	19.5%	100.0%
28 天以内	会员数量	9683	7461	6465	5490	15601	44 700
	会员数占比	21.7%	16.7%	14.5%	12.3%	34.9%	100.0%
28 天以上	会员数量	12 619	12 619	11 430	10 988	10 731	99 036
	会员数占比	12.7%	11.5%	11.1%	10.8%	53.8%	100.0%

例如，第一行的数字显示过去平均 7 天以内就会来店一次的客户总共有 39 069 人，这些人中，最近一次来店时间是一周内的有 30 327 人（占 39 069 的 77.6%），他们的活跃程度与前期相比是一致的。再往右边一栏看，39 069 人中上一次来店时间已经超过一周，但还是在两周内的人数有 5447 人（占 39 069 的 13.9%），这些人已经有轻度流失的迹象。再往右看，上次来店时间是三周内的有 2173 人（占 39 069 的 5.6%），这些人的流失较左边一组更为明显。依次类推，越靠右边的人，流失越严重。

通过表 7-1，企业可以立即分辨哪些人需要额外关注。以图形中楼梯状的对角虚线为分割线，这条线的右上角的几个格子内的客户（A/B/C 区的客户）就是流失客户，而且越往右上的人群流失状态就越明显。至此，优先次序的问题又来了，面对初期流失与重度流失客户，我们应该先挽回哪一种呢？

很多企业家提出应该先挽回那些过去贡献高而且流失比较严重（流失比较久）的客户群体，这个想法对吗？如果是在医院里救人，这个逻辑可能就是对的，因为需要先救重伤患者。可是这个逻辑在客户挽回工作上就不一定行得通了。在实际工作经验中，严重流失的客户已经很久没有光顾，企业成功召回的概率本来就比较低，因此对企业的帮助也就比较有限。应该先从轻度流失的VIP客户下手，因为这些人的流失变化只是初期现象，企业成功召回的概率高，而且成功挽回对企业的贡献度也相对较大。所以建议企业先对贡献高的初期流失人群进行挽回，接着再对那些贡献次高的初期流失者进行挽回和疏通，当这些人都处理好以后，企业可以再去找那些重度流失的客户。

针对这个次序的逻辑，笔者曾经做过多次对比测试。我们将客户分为轻度流失、中度流失以及重度流失三个群，结果发现用同样的促销政策，挽回的概率高低排序就是轻度流失高于中度流失高于重度流失。千万不要认为应该先关注重度流失的客户，如果这样，你会发现，你的CRM永远在处理重度流失的客户，效果必然不会好。客户挽回时请记住以下四个原则。

（1）预防重于"治疗"

企业家们要关注企业中与客户服务相关的工作是否到位，避免客户产生不满。如果你的企业以门店为主，主要业务是销售商品或提供服务，请先关注商品是否有问题、门店的服务是否到位，如果基础工作没做好，再好的CRM或会员制度都难以留住客户。

（2）定期筛检

企业必须按照表7-1介绍的方法，规律性地进行追踪与筛选，找出那些已经露出流失迹象的客户。筛选的频率可以参考以下行业的建议。

- 便利店行业或超市行业应该以周为会员活跃度指标的单位，每周扫描一次，观察客户行为是否发生变化。

- 开在写字楼附近供应午餐的快餐店，应该以周为会员活跃度标准，每周扫描一次，观察客户行为是否发生变化。

- 做西式快餐的企业，例如炸鸡、汉堡类快餐店，可以用一个月为活跃标准，每月扫描一次，以观察客户行为是否发生变化。

- 汽车养护、清洁的企业或服饰、家居饰品行业的企业，最少应该用1~2个月作为活跃标准，每1~2个月扫描一次，以观察客户行为是否发生变化。

（3）"标靶治疗"

每个客户的状况都不一样，所以客户的挽回措施必须对症下药。首先，企业需要了解客户流失的原因，设计挽回优惠的内容必须考虑这名客户原来的消费品类，激励内容千万不能"一视同仁"。例如，在便利店或超市行业，要先找出这名客户原来比较喜欢购买的产品，基于这些产品提供优惠，效果会比通用优惠券好。

（4）早期"治疗"，"治愈率"高

越早期的"治疗"效果更好，因为初期流失的客户对企业还有比较深的印象，可能只是因为一次不满意，或受到竞争对手的利诱而暂时不光顾。企业应该在发现问题后，立即采取补救行动，让客户产生改观，否则时间久了，客户与企业的关系越来越淡，挽回效果也就更差了。

我曾经帮一家企业开展客户唤回工作，虽经多次实验，唤回效果依旧不见起色。询问企业的负责人后才发现，这些客户都是流失一年以上的重度流失客户，于是我赶紧让这家企业先对轻度流失客户开展挽回工作，效果立刻提升。

本着上述四个原则处理企业的客户流失影响，企业的客户流失一定可以降到最低。

3. 找出新商品、新服务机会的客户

在另一种状况下，企业营销部门也需要确定联系的客户群体，那就是当企业有一个新产品或新服务推出时。这时就需要动用数据挖掘的方法，该内容会在后续内容中详述。

7.4 大数据帮助企业精准地服务客户

建立了客户数据标签，企业就应该在日常运营过程中，定向、持续地收集客户行为数据，逐步积累对客户的了解。接下来就可以通过这些积累出来的大数据要素内容，建立更好的营销机制。不过，数据是死的，企业只有拥有数据分析与挖掘的能力，才能活用数据。

提及数据分析，很多进行数据分析的人经常声称自己懂得许多"神秘的"算法。根据实践经验，企业其实不需要急于花大钱实践那些过于复杂的数据分析方法，因为还有更多有脉络可循的逻辑或经验法则，可以更有效地为企业解决大部分问题。如果这些基础的方法都用上了，而且在财力、人力允许的条件下，再研究一些算法也不迟。此处列举说明一些常用的基础数据分析方法，相信可以有效地满足大多数企业的大数据分析需求。

1. 逻辑推理法

很多企业家在进行数据分析时总是先想到运用统计学算法，觉得这样做才有效。不过笔者建议在实践工作中，请先不要太急于运用那些纯数学的工具，因为很多商业现象或消费者行为规则，其实可以被很直观地观察出来。例如，早上喝牛奶豆浆、中午吃快餐，这些事情其实不太需要动用到统计或多深奥的算法，凭借生活经验即可大致推测。根据经验，以下几种逻辑推理的规则其实就可以发现许多很好的商业机会。

（1）基于时间维度的推理

基于时间维度的推理就是客户什么时间会需要什么产品，这个推理是最直接的。如果你是开便利店的，早上七点推荐早餐相关的产品是最直接的，例如，包子、三明治、牛奶、豆浆等。如果你处于汽车后市场的行业，很多开车的人在假期会有出远门的行程安排，凭经验你也可以很直观地想到这些客户会在出发前需要什么服务。如果你是卖服饰的，也需要在不同季节推出当季产品。这些都是不需要分析就知道的客户应对策略。因此这些按照时间维度整理出来的内容就是很直观、有效的规则。

（2）基于相关品类消费先后次序的推理

第二种常用的推理方法是基于商品消费的先后次序关系进行推理。例如，你处于装修行业，看到一位客户买了房子，你一定会知道，这位客户接下来的需求就是装修，装修之后就是买家具，这些都是生活常识，并不需要太多分析。另外在母婴行业，一个女性客户一旦生了小孩，就会开始需要买尿布、买奶粉，到了一定时间又会需要购买婴儿辅食产品，这些事也是不需要分析就可以知道的。在汽车的使用与维护上也有一定的规律，例如汽车行驶 5000 千米需要一次小保养，小保养一般是按照一个清单逐一进行处理的。这些清单常常会衍生出一些其他容易耗损的零部件更换、清理的项目，这些内容虽然不是小保养的必要项目，但是检查后一并处理也很合乎逻辑。

（3）基于场景进行推理

第三种常识性的判断是根据行业的不同场景推理。如果你是开便利店的，下雨时，你需要把雨伞移到比较显眼的位置，因为一定会有人忘了带伞，需要买伞，这就是从场景维度推理的需求。很多数据也证明，在购物中心内，人们看电影时会买一些零食，看完电影后，如果正巧遇上吃饭时间，很自然地就会需要找个餐厅吃饭，这都是很合理的场景推理。

前文所述的按照时间、品类消费次序关系、场景需求进行的推理，都是不需要数据分析就能知道的。

2. 统计与数据挖掘方法

统计学上有很多方法可以被用于数据挖掘，本书整理了几个在实践过程中非常有效的统计方法给各位做概念性的介绍。企业家们粗略掌握这些数据统计方法即可，实战人员则建议多花一些时间研究这些方法。

7.5 相关分析

相关分析（Co-Relation Analysis）是一种非常基础的统计方法，其主要概念是测度两个现象之间同时出现或大小变化正向或反向同时发生的概率。

在一些情况下，相关分析发现两个现象相关的结果并不一定具有因果关系。

在企业营销上，相关分析的应用也极为广泛。例如，如果需要判断某个商品的消费群体，就可以利用相关分析，将商品销售作为一个变量，不同的客户数据标签作为另外一个变量，这样就能找出符合某些客户数据标签的客户购买某些商品的概率特别高。有了这个答案，企业就知道遇到哪些人应该推荐这个产品，因为这时人群标签与这个商品销售两个变量出现了相关性。

例如，在便利店中购买蔬菜沙拉的客户与其体重可能有一定的相关性，通常体重轻的女性客户，购买蔬菜沙拉的概率显著高于体重较重的女性。虽然企业并不知道，到底是因为这些女性爱吃沙拉，所以体重比较轻，还是因为体重轻的人本身就更注意体重变化，所以更喜欢吃蔬菜沙拉。不管谁是因、谁是果，营销人员只需要知道两者确实有一定关系，那么见到体重轻的女性推荐蔬菜沙拉的成功率就是较高的。

7.6 回归分析

1. 简单回归分析

统计上有一种分析叫作回归分析（Regression Analysis），被用来发现一个变量受到另外一个或多个变量的影响程度的大小，前者被称为因变量，后者被称为自变量。例如，一个学生的成绩可能受到家庭人数、家庭收入、住家与学校距离三个因素影响，这时就可以用一个回归分析模型，依据某个学生的家庭人数、家庭收入、住家与学校距离推测出这个学生的学业成绩。

2. 逻辑回归分析

上述回归分析的因变量是一个连续的数据，也就是说，学生的得分这个因变量可能是80、81、90等连续的不同数值。但是在精准营销上，企业更在意的是客户买与不买的概率，这是二选一的结果，即"非连续性"的数据（0与1的结果）。这时可以用另外一种统计方法来测度买与不买的概率，这种统计方法被称为逻辑回归分析（Logistic Regression Analysis）。

逻辑回归分析是一般回归分析的一种特殊形式。例如，要分析一个消费者是否会购买某件时尚款的轻薄羽绒服，这时某几个消费者的标签是自变量，消费者买与不买的选择是因变量，消费者的选择只有0（不买）或1（买）。影响消费者购买与否的因素可能是性别、年龄、工作身份以及是否购买过同品牌的其他款衣服等四个变量。这时根据逻辑回归分析就可以预测某个类型的客户买与不买的概率。

从上述这些对统计分析工具的介绍，大家应该可以感觉到客户数据标签的价值。在做客户行为分析以及预测时，这些客户数据标签就是因变量或自变量，利用这些比较科学的方法，企业对客户行为的预测就是科学的，而不是纯粹想象的。企业可以用这些统计方法运算出一个客户最可能买什么产品或某个产品最适合推荐给什么样的客户，把这些结果储存在每个客户的档案中。我们在网站上或门店遇到一个客户时，就可以通过客户身份识别，检查适合这个客户的商品并给予推荐，这就是精准地应对客户，也就是千人千面型的接触。

企业开发出一个新商品，也可以按照已经购买过商品的客户的特性，找出那些具有相类似标签的客户，给他们发送短信或投放定向广告，这就是精准营销。

上述三种方法的应用场景还是有些差别的。相关分析可以被用于比较简单的两个商品之间的关系或某个客户数据标签与某个商品间的关系，前者被称为P2P（Product to Product）分析，后者被称为P2C（Product to Customer）分析。回归分析与逻辑回归分析则被用于通过多个自变量来预测因变量结果的分析，自变量可以是多个客户标签，例如以性别、居住地、薪资、身份等多个因素来预测消费者的购买概率（因变量）。客户数据标签可能有着成百上千个，有时企业会将这些标签进行分类聚合，形成几个群体，然后分析各个群体（分群的算法会在聚类分析中详细说明）的购买概率差异，一旦确定各个群体将产生不同的购买结果，就可以根据这些条件筛选对象进行精准营销。

7.7 购物篮分析

购物篮分析（Market Basket Analysis）是一个应用极为广泛的大数据算法，其概念源于超市的购物车。统计学家发现，当一个客户进入超市买东西时，商品之间存在着一些关系。相关分析比较适合处理的是个别商品间的关系，例如，一个客户买了尿布，同时买奶粉的概率必然比较高，或某个属性客户与个别商品的关系，例如穿牛仔裤的男性更倾向买休闲品牌服装，这些都是一对一的关系（前文所述的 C2C 或 P2C 的应用）。但是在许多环境下企业可能还要考虑，一个客户买了某个商品后，有较高的概率会再买其他某个或某几个商品，当发现某些商品间的相关性较高时，企业就可以把这些商品放在一起做促销。

这种概念不只适用于快消品，在餐饮行业也非常重要。餐饮行业从业者希望用更少的菜品产生更多的销售额，因为菜品种类少就可以降低采购复杂度以及采购成本，因此也会降低运营成本并且提高上菜速度，增加客户的满意度。客户来餐厅吃饭，通常不会只点一道菜，这时服务员的精准推荐就非常重要。若服务员推荐的菜品被客户接受，客户的整体感觉就会比较舒适，也节省了点菜时间。如果连续推荐几道菜都被拒绝，客户就会产生被推销的感觉，索性拒绝再多点菜，这就会影响客单价。统计学者发现，消费者在点菜时，不同菜品之间也有相关性。例如在西餐厅，点了沙朗牛排的客户更倾向点牛尾汤或蔬菜汤；在中餐厅，点了咖喱炖牛肉的客人更容易点青菜或大白菜。如果掌握这个规律，企业就可以把相关性比较高的菜，在菜单上放在比较靠近的位置，或索性组合成一个套餐，这样就可以有效增加客户的消费总金额。

购物篮分析的逻辑与统计学方法比较起来相对简单也比较容易理解。图 7-4 上列出了 11 个商品，这些商品都是超市中常见的商品，到底哪两个或三个商品比较容易被一起购买呢？统计学家想出了一个点子，他们在超市找出大量顾客消费后的小票，列出每张小票上的所有商品以分析这些商品的并买关系（如图 7-4 所示）。例如，某个客户买了白酒又买了碳酸饮料，统计学家就在白酒与碳酸饮料之间画一条线，另外一个客户买了红酒又买了瓶装咖啡，统计学家又在红酒和瓶装咖啡之间画一条线。这些所有两两配对的商品组合，被称为品项组（Item Set）。

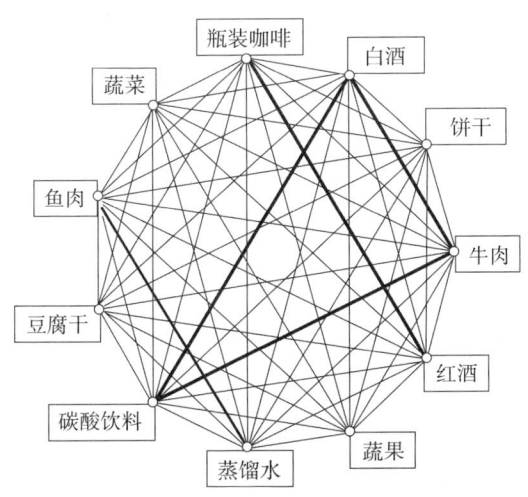

图 7-4 购物篮分析的概念

企业把每一个两两配对的连接线数进行加总，例如，买了白酒又买碳酸饮料的这条线出现了 1000 次，其他有的两两连接线则只出现了 100 次，这种结果就支持白酒和碳酸饮料的并买概率高于其他商品组合，所以这两个商品就可以被放在临近位置或做成捆绑销售，这样消费者一并购买这两个商品的概率就会大幅提升。

当两两连接测试做完以后，企业会再从当中找出每组三个商品的连接，这时就会发现某三个商品的并买概率更高。同样的道理，企业也可以把这三种商品做捆绑销售，也同样能够提高三个商品一并购买的概率，这样又进一步地提高了客单价。

7.8 贝叶斯定理的应用

通过上述统计分析算法，企业就可以知道产品与客户之间的相关程度，这样对于不同标签的客户，企业就可以采取不同的产品建议方案。有了这些数据作为基础，企业在面向个别客户时的应对策略就可以更为精准。如果你的推荐精准，客户就会认为"你懂我"，如果不够精准，你的推荐对于客户来说就是骚扰。

相较于盲目推荐，当一位客户已经购买了某个商品，企业再推荐某个分析所锁定的特定商品给这位客户，这时的购买率就会增加。我们再介绍一个较为深入的统计方法，它可以告诉企业这个推荐的精准度是多少，成交率会提高多少。这些问题很关键，因为它们直接影响了客单价以及客户满意度，在客户心里，"你懂我"还是"不懂我"就表现出来了。

例如，你是开餐厅的，想向客户推荐酸辣汤。如果你直接推荐，客户接受的概率可能只有20%。经过算法统计，当这位客户已经先点了另一道菜，例如红烧排骨，你再推荐酸辣汤，这时他接受的概率可能会大幅提升到60%。这时你就可以根据这名客户已经发生的行为，计算出下一步应该怎么推荐。同样，假设你是开运动用品店的，想推荐一件T恤衫给客户，为了提高成交率，你也可以用类似的方法来计算，当这个客户买了其他产品，例如运动鞋后，再推荐T恤衫，推荐被接受度可能也会提高。

企业也可以将个人标签作为已知事件，如果对所有人都推荐一个商品，可能就构成了骚扰，但是如果企业知道客户的特定标签，经过分析，就会知道符合某个属性条件的客户购买某商品概率较高。例如，假设客户是夜猫族，那么向他推荐某款啤酒的成交率就会大幅提升，此时，企业知道谁是夜猫族就很重要了。

上述描述方法在统计学上叫作贝叶斯定理（Bayes' Theory）。贝叶斯定理属于统计学上的进阶的方法论。贝叶斯定理就是在检验当某个行为发生后，另外一个行为发生的概率是否也会提高。具体描述这个定理需要用几个统计学上的符号：$P(A)$、$P(A, B)$、$P(B|A)$。

- $P(A)$：所有客户购买某一产品A的概率。

- $P(A,B)$：$P(A,B)$ 表示支持度，是某个客户同时选择购买 A、B 两个产品的概率。

企业可以从所有客户的购买记录中计算得出前两个数据，然后用来计算置信度与提升度。

- $P(B|A)$：$P(B|A)$ 表示置信度，就是客户购买 A 之后，还会再选择购买 B 的概率，$P(B|A)$ 的计算公式是 $P(B|A)=P(A,B)/P(A)$，等号右边的意思就是在购买 A 的情形发生的前提下，又同时买了 A 和 B 的概率。用一个生活上的例子来说明，$P(A)$ 是一个市场上消费者买鱼的概率，假设 100 人中有 30 个人，$P(B)$ 是市场上消费者买虾的概率，假设 100 人中有 40 人，$P(A,B)$ 就是市场上消费者既买鱼又买虾的概率，假设 100 人中有 15 人。那么买鱼的人中又会买虾的概率就是 15/30，也就是 50%。置信度的概念就是信心程度，让人们知道这种状况发生的概率大小。分母变小或分子变大都会使置信度都增加。如果买鱼的人数不变，即 $P(A)$ 不变，而同时买鱼虾的人数增加，即 $P(A,B)$ 增加，假设增加到 20 人，这时人们买了鱼会再买虾的概率就提高到 20/30 = 66.7%。置信度必然小于一，因为同时买鱼又买虾的人数，必然比只买鱼的人数少。

- 提升度：以 $P(B|A)/P(B)$ 来计算，是测量消费者购买某一产品 A 后，对另一产品 B 购买度的提升比例，所以当提升度大于 1 才需要把 AB 的组合列入考虑推荐。再从公式上来解释一下，提升度就是对比 $P(B|A)$ 与 $P(B)$ 的大小，以上述例子为例，$P(B)$ 是买虾的概率（20%），$P(B|A)$ 是人们买了鱼后会再买虾的概率（50%），所以提升度是 50%/20%= 2.5。也就是说在不知情的状况下向顾客推荐虾的成功概率是 20%，但是如果知道这个客人买了鱼，那么向他推荐虾的成功概率就是 50%，所以事先知道他是否买鱼再决定要不要推荐虾，可以提高推荐成交的概率。

上述的提升度大于1，表示接受推荐的概率会提高，但是概率会提高不一定就表示一定要做推荐，因为组合方案有很多，企业需要从中找出更优的方案，所以企业需要先列出所有可行方案，再从中择优推荐，推荐的优先次序如下。

- 首先，选出提升度大于1的所有组合（小于1就代表推荐没有提升）。
- 接着，再从这些大于1的组合中，按照置信度从大到小排列（置信度就是发生同时购买的概率），并以此为推荐次序。

贝叶斯定理在电子商务上已经被大量采用，而且为电商企业带来了很大的业务增量。例如亚马逊的个性化推荐以及千人千面型接触，就是根据这个原则制定的。

如果某个客户对儿童书包有兴趣，这时他购买毛绒玩具、文具等商品的概率就会比一般客户的概率高。这个推荐就是亚马逊用贝叶斯定理计算出来的。

7.9 聚类分析

用相关分析、逻辑回归分析可以解决什么人需要什么商品（C2P或P2C）的问题，用购物篮分析可以解决购买的产品与产品之间的关联度（P2P）的问题。这些问题都属于战术层面，但是在战略层面，企业还有一个重要的问题没有解决，就是客户到底是谁。

企业在开发出产品时经常会说，这个产品的目标客户是谁，但是经过一段时间销售，到底这些商品是不是卖给了这些人，则是评估商品定位或诉求是否准确的标准。在帮许多企业做咨询时，笔者经常听到企业家说："我们面向的客户群体是'80后''90后'或年轻白领。"笔者常常问他们一句话："你确定吗？在你的想象中希望能吸引到的客户（目标）和实际来购买的客户属性（实际）

一致吗?"这个问题对企业来说至关重要。

另外,即使你想象的目标群体是对的,这些所谓的白领或"80后""90后"里其实还有很多不同的次级群体,能否对这些群体再细分,掌握这个信息对于产品策略以及促销绩效至关重要,有没有统计或算法可以回答这个问题呢?

统计学上的聚类分析(Cluster Analysis)常被用来解决这个客户区隔的问题,聚类分析是选取多个变量,把这些变量值相近的客户分成一个群体,图7-5就是聚类分析的表现。

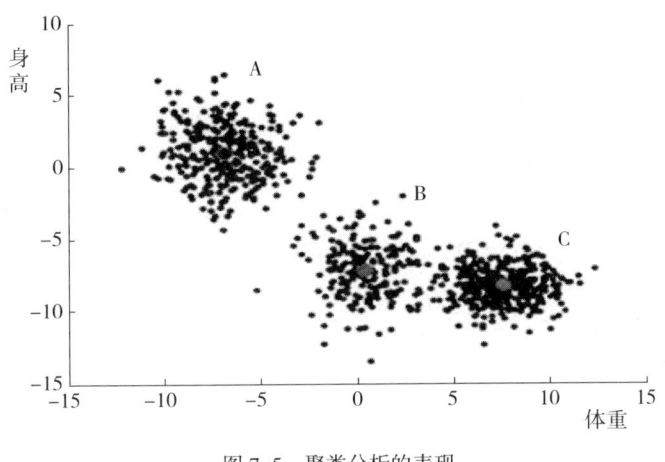

图 7-5　聚类分析的表现

图 7-5 是个聚类分析简化的模型,只取了两个维度进行客户区分,横坐标是体重,越往右边越重,纵坐标是身高,越往上越高。这时可以根据所有客户的身高体重,将之划分为 A、B、C 三组人群,A 组属于身高较高但体重较轻的人,C 组属于身高较矮但体重较重的人,B 组则是身高与体重居中的人。这样就很清楚地把客户区分出来了,如果你处于健身或减肥、塑身的行业,应该就会发现这种区分的价值。

分析时如果只有两个变量作为坐标,可以在二维坐标平面图上清楚地将所有客户进行区分,但是在实际工作中,可能需要三个、四个甚至十个维度的变量以做更精确的划分。例如我们可以在上述例子中再加上文化程度这个维度，这样就形成了三维空间，分群的视角可能就会发生改变。人的眼睛只能判断出三个维度的分布，如果有更多的维度就需要靠数学方法。聚类分析可以让营销人员任意选取 N 个维度进行客户分群，这就是聚类分析的用途。当然选择过多的维度不见得就更好，在统计学上，通常还会用因子分析（Factor Analysis）方法把 N 个维度的变量聚合成少数几个维度变量。

7.10　本章小结

本章对客户数据标签与精准联系两个部分的内容进行深入说明。

本章从大数据的角度来审视这个过程，在从客户数据标签制作到大数据的算法中应用这些客户数据标签，最后说明应用贝叶斯定理提高客户接触对策的精准度。无论是客户找上门来还是企业主动联系客户，掌握了这些信息，企业的客户稳定度提升与销售提升就是可期待的结果了。

营销 5.0

第3部分

移动营销

本部分将回到CIDR模型的入口端，讨论移动技术如何改变企业与客户的关系。第8章将讨论移动技术如何提升企业对客户的接触与辨识能力，第9章则会讨论移动营销六种关键的场景触发方式。

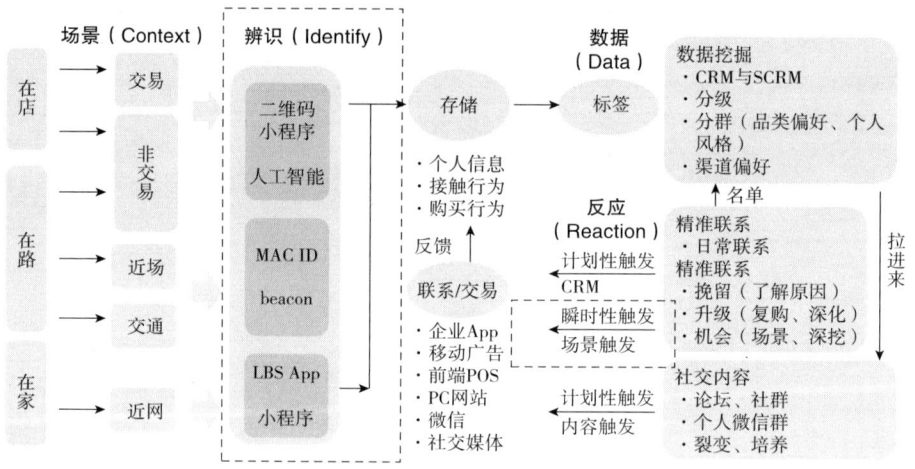

第8章
移动技术提高企业的客户接触与辨识能力

8.1 移动技术[①]的进步改变了营销思维

传统的营销观念因为缺乏及时辨认接触对象的能力,所以只会用广告排期的方法向消费者传达信息。虽然有短信这一渠道,但是企业在发送短信时并不知道消费者所处的地点,也就是说,企业过去的营销是一种盲目的营销。

随着移动技术逐渐成熟,用户使用手机的习惯发生改变,手机让消费者成为随时在线的移动目标,这使企业对客户行踪以及所处的场景有了更深入的掌握。当下的营销更追求即时、精准。

近年来,几个重要技术的发展对移动营销产生了巨大的影响。有些技术虽然早已存在,但是因为过去没有合适的应用机会,所以没有受到企业与技术研究者的关注。随着移动技术的发展以及应用环境的普及,这些技术逐渐受到重视,成为新一代营销的必备工具。此处盘点几个关键而且相对成熟、可以应用的技术,包括二维码、DSP 等。

- 二维码:企业可以根据不同需求,动态地产生二维码。因此企业可以通过二维码区分不同场景,让客户看到不同的内容,并且追溯客户来源、评估营销活动的效果。
- MAC ID:每个手机的身份辨识号码,后文会对此详细讨论。

[①] 下文提及的移动技术一定要在法律许可、用户知情并同意的情况下,才可被用于营销推广活动。——编者注

- LBS：通过人造卫星对移动中的个人进行定位，地图类、打车类、点餐外送类等应用都使用了这种技术，它已经是人们非常熟悉的日常工具。

- Beacon：一种蓝牙技术，后文会对此详细讨论。

- App：已经是人们现在每天都会接触的东西。

- 微信小程序：由于需要下载，App 在很多场景中都难以使用，所以微信推出了小程序服务。在移动环境下，通过小程序，用户不需要下载 App 也可以立刻获得接近于 App 的服务。

- 穿戴技术：例如蓝牙耳机、智能手环等，穿戴技术被应用于消费者日常生活中随身携带的设备。穿戴技术可以在不打扰用户的状况下，实时收集用户信息，对于客户数据的收集有重要影响。

- DSP：一种精准的广告投放模式，虽然 DSP 不属于移动技术，但是 DSP 可以让移动技术更快地产生商业价值，后文会对此详细说明。

各位一定都或多或少地接触过上述技术，或许对此也比较熟悉，此处不再赘述。后文将重点介绍 MAC ID、Beacon、DSP 这三项大部分人不熟悉的技术，尤其会关注如何将这些技术整合在一起并产生强大的移动营销效果。

8.2 MAC ID

手机和人一样，也有一个编号用于辨识。MAC ID 也叫 MAC address，是手机出厂时厂家给每只手机设定的一个编号，这个编号被称为 MAC ID。现在每个人都手机不离身，所以手机的位置就代表了这个人所在的位置。

根据 OSI（开放系统互联）数据链接定义，MAC ID 共有 48 位数（bit），前 24 位是用来区分厂家的代码，后 24 位是厂家给每一个设备的独特代码，这个唯一的代码就相当于手机的身份证号。联网设备就是依靠这个代码在网络上被区分的，代码像住家的门牌号码一样，让邮差或快递员能准确快速地找到你家。

MAC ID 并不是为了移动营销而研发，它在多年前就已经出现，在手机的连线与通信中扮演了重要角色。当一个手机用户开机以后，为了让用户能随时接听或拨打电话，企业必须保持网络畅通，所以手机需要不断地向基站发送信息，进行数据交换。手机因为不断与基站互相交换数据，所以在拨号时就直接把呼叫信息传到最近的基站，然后通过不同的基站的转接，最终连接到要接通的手机。基站其实就是运营商在各个网点与客户的手机互相接触的地方，所以在与基站接触时，手机就会把 MAC ID 发给基站进行辨识，这时这个基站就知道了手机持有者现在的位置。

MAC ID 其实不是一个新的技术，早在移动电话被创造出来以后，它就一直存在着，只是 MAC ID 一直只是被用于运营商的系统，没有被用于外界。当移动技术逐渐被营销人员关注以后，这个隐藏在背后的功能，就逐渐受到了业界以及专家学者们的关注。

8.3 Beacon 技术

1. Beacon 技术的概念

大部分的人对蓝牙技术已经不再陌生，它被广泛地应用在个人生活或工作中，例如蓝牙耳机、蓝牙智能音箱、手机遥控开关、无线打印机等。

蓝牙技术是一种短距离内使用的通信协定以及装置，连接距离一般近则几米，远则十几米，超出这一距离，一方就无法接收到另一方所发出的信息。Beacon 技术则是一种低能耗的蓝牙技术（Bluetooh Low Energy，BLE）。Beacon 技术采用低能耗的蓝牙技术是因为移动网络的蓝牙设备一般都在户外，例如购物中心的某个角落或马路边的商店门口，这些地方不一定有接通的电源线，而传统的蓝牙技术能耗较高，如果采用传统的蓝牙技术，这些设备在户外，可能很快就没电了。为了保证设备可以长时间在户外使用，移动设备需要采用能耗更低的技术。这是 Beacon 技术最重要的创新之处。

2. Beacon 技术如何产生效果

Beacon 技术利用了上文提到的 MAC ID 的概念，Beacon 检测设备会接收靠近的手机发出的信号，判读信号并取得手机 MAC ID。Beacon 检测设备会将接收的客户手机辨识码信息送往云端服务器，这些云端服务器可以记录已知的手机用户的 MAC ID，所以一旦 Beacon 侦测到的手机 MAC ID 被送过来，云端设备就会做进一步的比对判别，以便企业决定应该如何应对这名客户。

Beacon 是一种价格亲民的设备，在各购物平台上均可以直接找到标价几十元的 Beacon 设备。但是各位千万不要误以为有了 Beacon 设备就可以开展营销活动，误认为这些方案价格亲民，其实它还需要后端提供大量的用户数据支持，才能展现企业需要的营销效果。Beacon 仅仅是一个位于前端的辨识装置。

3. Beacon 的一些限制

通过上述介绍，有些读者可能会认为通过 MAC ID 以及 DSP，Beacon 技术在个性化营销方面是无所不能的。其实目前为止，Beacon 技术的应用还比较有限，这种限制主要由以下问题导致。

（1）可能侵犯个人隐私

过去，虽然企业利用 Wi-Fi 取得用户的位置以及个人手机信息的过程是经过用户的同意的，但有时 Wi-Fi 厂家不仅仅把信息提供给客户所在的商场，还会把客户信息转作他用，这常常使用户受到无端的骚扰，因此许多用户对于提供信息换取免费流量的做法逐渐采取不赞同的态度。再加上电信资费逐年下降，电信运营商又开始提供不限制流量的套餐，短信又常常被手机自动拦截，所以更多人将微信作为联系平台，逐渐放弃了短信。

Beacon 在应用时，需要截取手机发给基站的信号，这一行为到目前为止仍有争议。另外因为它可以追踪用户轨迹，所以这种技术的确对保护用户隐私造成了一些负面的影响。

（2）App 是否及时打开

企业在检测客户位置时，通常会希望与该客户产生联系，向他推送消息。随着短信的推送效果越来越差，更多企业选择用今日头条、抖音、微信等 App 平台推送内容，而使用这些平台进行联系的前提是用户已经开启而且正在使用这些 App。这个前提对于企业是否能实时有效地联系用户提出了很大的挑战。很多企业在使用 Beacon 技术时，并没有将其作为即时联系的工具，而仅用于店内流量统计以及综合的来店用户分析。如果企业能从运营商或 BAT 等企业处合法合规地获得数据标签，那么这些通过 Beacon 技术获得的客户信息就能产生更大的效果。

（3）用户更换手机

另外一个使得 Beacon 技术产生误差的原因是用户更换手机。无论是将手机转赠他人，还更换新的手机，都将使过去的客户联系记录失效，甚至会让企业"找错人"。这个问题在比较年轻的族群中特别明显，因为年轻人换手机的频率往往较高。

8.4 DSP

DSP 是一种平台式的广告公司，以精准营销著称。这类型的广告服务平台会在客户访问企业的网站或手机时，在客户的计算机或手机上做标记。也就是说，只要某人的计算机或手机浏览过某些使用 DSP 服务的企业网站，DSP 平台就会在某人的手机或计算机中种下一个标签号码，这个标签也是一种独特的身份辨识。当这个被标注标签的客户未来在其他网站登录时，这个新的网站就会启动一组程序来分辨登录者的身份,一旦发现了过去给这个登录人种植的编号,DSP 就能立刻做出判断。

假设你走进一家运动用品店,拿起了运动鞋,此时这家店的门口有个广告服务商派遣的人,他会给你"戴"上一顶标有特殊编号的"帽子",并在他的记事本里记上:某个编号的客户到过运动用品店,看过运动鞋。你的一位朋友也进到这家店里,看了看服装,那个广告服务商又会给你的这位朋友"戴"上另外一顶有着不同编号的"帽子"。每个人的帽子编号都是唯一的,并且这个带有编号的帽子是脱不掉的(消费者无法自行移除这个标记),他们以后不管到哪里都戴着这个帽子。有一天你和你的朋友都在这条街上走动,这一条街上有 10 个这家广告服务商买下的电子广告看板。你在这些看板附近停下,这些广告看板立即知道你来了,纷纷显示运动鞋的广告,而你的那位朋友走到这些地方,那些广告看板就会显示服装广告,这就是 DSP 的营销推广模式。很多 DSP 和数百万家网络平台签约,买下他们的广告位,所以在浏览这数百万家网站时,你都会看到 DSP 想让你看的广告,这就是 DSP 精准营销。

目前许多 DSP 除了为每一位客户做标签、记录其行为或偏好之外,也和许多拥有广告位的企业合作,例如今日头条、百度等。当你用手机浏览今日头条或百度时,DSP 就会让今日头条或百度在个性化的页面上,展示他们想让你看到的广告。这就是每个人在今日头条都会看到不同广告的原因。

8.5　移动技术的整合应用

上文介绍了几种比较前沿的移动技术,如果独立审视,这些技术对营销来说并没有什么意义,但是将之组合在一起,就能展现移动营销的强大能力。例如 MAC ID 其实是在移动环境中存在多年的技术,只是过去很长一段时间以来,企业都缺乏拦截 MAC ID 的工具,所以多年来只有电信运营商基站使用。虽然

Beacon 能接收 MAC ID 的数据，但是如果后端没有大数据支持客户信息匹配，Beacon 的意义也无法彰显。假设你在一个商场开店，即使你通过 Beacon 知道了走过来的那位消费者的 MAC ID 又能怎么样呢？如果没有 DSP 支持广告投放，那么再多的信息也是没用的。

通过上文对于这些前沿技术的科普介绍，现在各位读者应该具备整合应用移动技术的基础知识了。接下来就把这些技术串联在一起，展现移动营销的强大功能。图 8-1 描述了移动技术应用在客户的接触、分辨与反应各个阶段的情况。

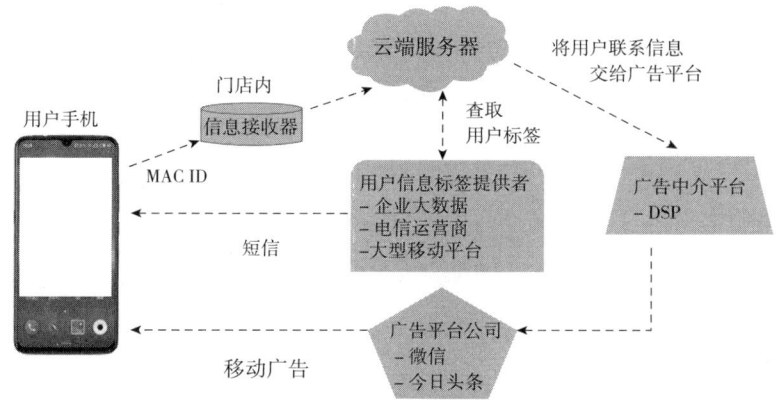

图 8-1 移动技术应用在客户的接触、分辨与反应阶段

8.6 本章小结

过去企业受限于移动技术，无法判断客户当下所处的场景，只能用广而告之的方法与客户沟通。随着移动技术的发展以及广大消费者对手机使用形成依赖，企业可以时时了解客户所处的场景，这改变了营销的范式。本章介绍了 MAC ID、Beacon、DSP 等几种前沿的移动技术，并且说明了如何整合这些技术，从而达到对客户进行时时侦测以及精准营销的效果。

这些技术的成本其实并不是很高，企业不需要有很大的数据量，这些技术也可以很有效地帮助门店引流并且实现个性化的销售与服务。

第 9 章
移动营销的六大触发因素

本章仍然依循着 CIDR 框架展开,我们将深入探索 CIDR 框架中的"反应"部分。我们界定了联系管理的四大类型:第一大类是通过 CRM 大数据进行分析,找出应该主动联系的客户,这是本书第 2 部分讨论的会员大数据营销。第三大类则是客户点击企业的门店或网站,企业做出的千人千面型的接触,这部分内容也在本书第 2 部分第 7 章中进行了说明。第四大类是通过社交媒体有计划地覆盖那些可能还停留在初级粉丝阶段尚未开始消费的客户,或加深已经购买过的客户的品牌黏性,本书第 4 部分将会对此进行讨论。第二大类则是本章的讨论重点——移动场景触发的客户接触,这是指客户进入企业划定的势力范围时所触发的联系,这种形式的联系主要基于移动营销的功能产生。过去,手机尚未成为消费者的随身宝,这种联系模式并不存在。直到近几年,企业能通过 MAC ID、Beacon 等移动技术了解客户的行为轨迹,并且通过短信、DSP 或其他移动广告平台,更直接、更精准地对客户发出定制化的信息,这种基于移动技术进行的联系才逐步受到大家的关注。

通过移动技术,企业可以掌握更多的客户实时行为轨迹数据。根据这些行为轨迹信息,企业可以采取不同的对策。至于如何掌握移动营销的关键瞬间,诸多学者探讨过不同场景的机会挖掘,以及如何利用这些场景做出更好的营销活动。我从数十篇相关研究中,总结出了六种掌握关键瞬间的模式,这些模式可以作为移动营销驱动业务的基础,这些瞬间包含了对场景、位置、时间、天气、轨迹、社会六大因素的追踪与发掘。在过去的咨询工作中，我们充分地运用了这些概念，证实了其效果，我们称其为"移动营销的六大触发因素"，本章会逐一深入讨论这六大因素。

9.1 场景触发

1. 什么是场景

场景这个名词，在新经济、新零售的领域中不断地被提及。这个名词最初来自戏剧的剧目，例如，提到戏剧中的几个场景，人们就会想到剧场工作人员关闭舞台的灯，几分钟后，剧场的灯光再次亮起时，所有的背景布置全部改变，一个不同的场景带着新的剧情出现了。这就是场景概念的雏形。

那么在移动环境下的场景是什么意思呢？简单地说，移动营销所讲的场景涉及四件事情。

- 客户在什么时间、为什么出现？
- 客户和谁在一起？
- 客户在当下有什么"感受"？
- 客户现在有什么需求？

移动场景和平常所说的戏剧场景显然有非常大的差别，戏剧场景的核心在于那些道具装饰与剧情，移动场景的核心则是"人所处的时间、空间与感受"，营销人员需要掌握这个人所处的时间、空间，同时还要考虑他周边的事物、人，以及此时他会产生的感受，还有基于这个环境、感受此时这名客户会有什么需求，他最容易对什么内容有更强的反应，移动营销就是要掌握这个瞬间并发起攻击。

2. 场景如何创造需求

心理学家指出，每个人在独处时和与其他人在一起时会展现不同的行为模式，和不同的人在一起时，人们的行为倾向也会发生改变。学者将这个概念延伸到营销领域进行研究后发现，消费者会根据和谁在一起以及当下的自身感受而改变自己的行为。当身边簇拥着人群时，人们的行为和感受也会发生改变，所以每个人在不同场景下会展现不同的"我是谁"。

在不同场景下，同一个人会变成不同的"谁"，这个概念与本书第 2 部分所讨论的对个别客户以及需求的定义方式有显著不同。

传统大数据营销认为，一个客户的标签能显示他的特性或特征，并能预测他的个人行为与需求，但并不考虑这种行为特征是否会因客户所处的场景而发生改变。如果一个客户标签属于白领，我们就假设白领有着特定的行为特色，例如，他们可能都受过比较好的教育、在企业里工作，这些行为特色并不考虑他在不同场景下的不同行为表现。但是一个白领身份的个人，难道真的在所有场景中都是一成不变的吗？我们设想一下，在以下场景，你可能分别会有什么不同的需求。

- 我在晚上独自挑灯夜战赶报告，这时我处于"加班工作模式"，在此情境下我会有什么心情，会有什么需求？或许我会觉得肚子饿，想吃点夜宵，这时我对方便速食或许会很有兴趣。

- 星期天我带女儿上芭蕾舞课，这时我是"家长模式"，这时我会有什么心情，会有什么需求？这时我可能会关注亲子教育相关的内容，或关心儿童学习音乐、舞蹈的内容。这时如果有个人给我一份儿童兴趣培训班的宣传文件，我可能会很关注这份文件，并且很有耐心地读完。

- 每周三下午和团队开会，检查工作进度时，我处于"日常工作模式"，这时我会有什么心情，会有什么需求？这时我可能会觉得开会比较沉闷、严肃，想买几杯星巴克咖啡或其他饮料来和同事们共享，缓解严肃的氛围。

- 我和家人出去度假，正在机场休息室里候机时，我处于"家庭模式"，这时我会有什么心情，会有什么需求？这时我可能会关注全家出游的目的地有哪些景点，有哪些特色的表演，有没有什么活动套餐。
- 周六下午和三五老友或老同学聚会，我处于"朋友模式"，这时我会有什么心情，会有什么需求？这时我可能想和老友好好聊一聊最近的生活，喝杯啤酒更容易让我们放松，开启各自的"话匣子"。

很显然，同样一个人，处在上述不同场景时，心态和心情会不一样，需求当然也会不一样。这时场景因素的影响甚至可能超过原来的客户标签，例如，原来这个人很爱喝啤酒，可是在办公室开会，你想喝啤酒还是喝咖啡呢？这就是场景对消费需求的影响。

3. "和上次一样"的场景，暗示着一样的需求

许多消费者在他们的心灵深处，其实隐藏了一种心理叫作"和上次一样"。许多人其实并不喜欢经常"被迫"做出选择，所以"和上次一样"就可以避免选择。

你走进了一个经常去吃午饭的购物中心，该购物中心如果有多个出入口，请问你会选择从哪一个入口进入？是不是会选择和上次相同的出入口？一项调查结果显示，大部分人会选择从与之前相同的出入口进入购物中心。因为在熟悉的环境中，消费者会觉得风险比较低，所以可以推论，这些人从相同入口进入商场后，所选择的行走路径也会和上次一样。如果你知道一个客户的行走路径将"和上次一样"经过你的门店附近，你是不是应该想想如何吸引他走进来。

再想一想，中午吃饭时，你走出办公室后会走哪一条路线？你会经常探索不同的路线、尝试不同的餐厅吗？或许有的人会说，我如果刚到一个新公司，面临新的环境，午饭时会尝试开发一些不同的餐厅，可是一段时间过去后，你是不是还是会经常走常走的路，去那几家经常去的餐厅吃饭？走进同一家餐厅，你是否也会点和上次一样的菜？再想想，走进一家常去的超市时，你会每次都走不同的通道、买不同的东西，还是大部分的采买其实"和上次一样"，都是走一样的通道、买一样的东西呢？

之所以特别强调"和上次一样"的概念，是因为这一概念是营销可以应用的一种特殊精准场景。试想，如果一个客户走进你的购物中心，他是一个陌生客户，你或许无法精准地猜到他会去哪家餐厅吃午饭，但是如果你知道这个客户上次光顾时进过某家餐厅，并且此时这个客户在午餐时间又出现了，他的内心其实也正在想着上次去过的那家店，那么如果他这时收到这家店的邀请并且发现店家提供了优惠，就会更容易欣然接受邀请。

除了应用在引流进店方面，"和上次一样"的概念也可以被应用于店内点餐。如果餐厅能通过某些技术知道某个顾客是熟客，如果点餐员能说出"和上次一样对吗"并且给顾客一个会心的微笑，几分钟后真的端上了这个客户上次到店时吃的东西，此时顾客是不是会备感亲切并有回家的感觉？下次这个客户再来购物中心吃午餐，是不是就会很自然地再次选择相同的餐厅？

记得早些年的时候，每逢周末，我都会带着妹妹和闺密到家附近的一家很不起眼的小店吃早餐。在我们进店的瞬间，那家店的老板娘每次都会说"和上次一样"这五个字，几分钟以后我习惯喝的牛奶、蛋糕还有妹妹喜欢喝的果汁以及三明治都会精准地送到我们面前，也正是这种"你懂我"的感觉，让我们几乎每个周末都会去这家早餐店。营销人员如果能掌握"和上次一样"的场景以及信息，向客户推荐产品的购买转化率一定能大幅提升。

9.2 位置触发

1. 位置是一种多维度的概念

在谈到位置时，人们通常都会想到 GPS 设备上的位置。因为 GPS 设备提供的经纬度坐标的误差范围可以控制在一两米之间，所以想掌握一个人的位置信息，GPS 是最佳的选择。但是在移动营销的世界里，仅仅有 GPS 还不完整，我们还需要用更多的内容来描述一个人的移动位置信息。

这时通常可以用"地标"进一步描述一个人的位置信息，也就是说这个人附近有什么参照物，例如"距离上海东方明珠塔 10 米"就是对一个人位置的描述。东方明珠塔其实还代表了很多其他信息，例如东方明珠塔是大家可以想象的坐标位置，它旁边的码头、海洋馆等建筑都是场景，如果只说出 GPS 的经纬度坐标，人们就无法获得坐标周边的直观信息了。

除了用 GPS 以及某参照物来描述位置以外，在移动营销的世界里，客户的"运动方向"也体现了他的意图。例如，两个人同样是在东方明珠塔附近 10 米，其中一个人是朝向东方明珠塔走，而另外一个人是背向东方明珠塔走，虽然在这一瞬间，二者的 GPS 定位相同，但是对东方明珠附近的商户而言却代表了完全不同的意义。

2. 距离对营销效果造成的影响以及对策

感知距离对消费者的选择而言很关键，彼得·帕尔·祖布切克等 3 位学者在 2016 年发表的一篇论文就研究了位置的效果。他们发现消费者在用手机查询住地附近的商家时，商家距离消费者越近，消费者就越容易点击商家的广告。他们也让商家以不同距离向消费者发送促销信息，研究结果发现，商家在消费者接近销售点时再向其推送优惠信息，营销成功概率会大幅上升。很显然，消费者对商家的感知距离对消费者的选择有显著影响。

基于这一结论，我们在管理一家大型便利店的会员 App 时，也标示了消费者附近门店与消费者的距离。我们确实发现，大多数用户都会选择查看距离近的门店。

3. 门店位置不好怎么补救

根据上文的结论，我们可以进一步推论，如果企业的门店在比较偏的地方，也就是说企业的门店和大多数消费者的距离比其他门店远时，消费者就会相对不愿意选择这些门店，这时企业该怎么办？或企业和竞争对手的门店在同一个购物中心，但是自身位置比较偏，这时企业又该怎么办？

有学者在 2016 年做了另外一项研究，该研究向实践工作中的营销人员提供了很有价值的建议。他们用 Beacon 技术在门店进行营销推广实验，研究结果发现，用户和商家之间的距离每增加 500 米，用户选择使用优惠券的可能性就降低 2%～4.7%，但是如果商家提高优惠幅度，就能在一定程度上扳回自己在距离上的劣势。他们反复地进行多种折扣实验，结果发现，折扣增加 1 个百分点的效果，等同于将用户和商家之间的距离减少 92 米～230 米。但是其研究也发现，如果店铺位置与消费者原来计划的移动方向相反，那么加大促销力度的方法就无效，所以掌握客户的移动方向是很重要的营销信息。

4. 三个移动营销中常用的位置名词

（1）地理定位

地理定位，即一般意义上的、基于实际物理空间的位置表示，通常就是 LBS 的定位。

（2）地理围栏

地理围栏又称势力范围的围栏，是指当潜在客户进入企业事先设定的范围时，企业就会对这些用户发出信息，这个事先设定的范围被称为地理围栏。通常企业可以将一个商圈或街区的一定范围设定为争取客户的区域，只要客户进入该区域，企业就向客户推送信息。依照经验，便利店的推送一般是在10米~20米启动，超市则将50米~100米设定为地理围栏范围。当消费者处于这个范围内时，企业就启动信息发送，这样做的效果比超出这个距离的盲目推送好得多。

（3）地理征地

当潜在客户接近竞争对手的门店时，企业主动发出联系信息，这就是地理征地。客户接近竞争对手门店，表示客户的需求已经较为明显，这时"主动出击"的营销推荐也会因为客户的需求已经存在而取得较好的效果。罗学明教授等人的研究发现，企业如果采取地理征地的概念，掌握客户接近竞争对手门店那一瞬间的时机并对这些客户发起联系，就可以有效地改变客户的行为，这种营销方式的成功率是不考虑距离或地理位置的促销活动的成功率的3倍多。

5. 客户在店内停留得越久买得越多

地理位置有空间与时间两个应用维度，上文主要讨论的是空间维度的地理位置，而学者们也针对另外一个位置的概念进行了研究。有学者在2013年研究发现，客户停留在门店内的时间长短与购物的金额大小有明显关系。在美国的零售市场，客户在超市内行走距离平均为1400英尺（约420米），而且行走距离平均每增加55英尺（约16米），消费者就会多花1美元。在这个过程中超市再向消费者发放移动优惠券会取得更好的效果，计划外消费金额可提升16%。也就是说，如果超市之前的平均客单价是13~21美元，通过发给客户移动优惠券，客单价可以增加2~3美元。不要小看这2~3美元的提升，从比例上看可是增加了15%~20%的购物客单价，这是大多数零售企业想尽办法要做到的事。

当消费者在店内时，如果企业用移动促销让他们在店内行走得更远，消费者就会购买更多商品。销售增加的主要原因是，客户在寻找促销商品以及行走的过程当中，可能还会看到其他之前没注意到的商品，因而产生更多的购买。

另外，2016 年，有学者以 Beacon 为引流工具进行的研究也发现，与控制组相比（控制组是与实验组原来店内客流量相似的店，未设置 Beacon 技术），基于 Beacon 技术推送的定位广告信息能提升 23% 的店内客流量。该实验包含 7 种促销产品（鞋、冰激凌、饮料、女士服饰、多媒体产品、手镯和化妆品），所以这个研究结果的价值也可以跨行业体现。

研究结果也显示，零售商只需要使用简单的欢迎信息，而不需要其他的产品折扣，就可以增加 60% 的消费者在店时间。当然，信息内容的不同会带来不同的结果，具有优惠券等经济性质的促销信息将客户带入店铺的有效性是仅提供欢迎信息的引流的 3 倍。根据这些研究结果，企业应该想尽各种方法，让消费者延长在店内的停留时间，这对增加销售绝对有帮助。

9.3 时间触发

1. 微小时间的概念

从时间的维度来看，传统营销考虑的是"季节性""时节性"的需求概念，例如金秋大促、周年庆、双十一等，这个时间通常是指一段时间，至少也有一天，而不会细分到一个小时甚至一分钟那么精准。但是，在移动营销环境下，因为企业能获得客户的实时场景信息，能更精准地定义客户当下的需求，所以企业应该要求营销人员学习如何掌握更精准的"瞬间"，抓住提升业绩的机会。

瞬间或微小时刻概念中的"时间"应该有多短呢？谷歌以搜索引擎闻名，

但它更是一个重要的广告平台,极为关注营销效果研究。谷歌提出,大多数人在一天中都会经历很多的微小时刻,因此谷歌提出一个概念,将一天中的不同时段进行切割,每一个时段就是所谓的"微小时刻"。这个所谓的微小时刻,并没有被指定为几分钟或几个小时,而是指"当下"这个时刻,也就是产生销售机会的那个时刻。

2. 时间不同,客户的心理状态不同,诉求方式也应该不同

研究指出,同一消费者在不同时间对促销信息的反应是不同的,例如在早上和下午,消费者所处环境不同、地点不同,当下的心境也不同,需求也就会有所变化。

除了考虑一天内的不同时间之外,如果再把时间轴拉长一点,研究者还发现在一星期中,周一到周五或周末,消费者在不同的时段的心理以及对营销活动的反应也会产生微妙的变化。

许多学者对一天中不同时刻的客户心理以及营销的有效性问题,进行了深入的探索。2014 年,布拉德利·詹姆斯·贝克等人对此开展了研究。他们把从早上 8 点到晚上 7 点的时段分为 12 个间隔,每个整点是一个间隔的开始。在实验中,每个间隔被分配了两组人,总共有 24 组人,研究人员对这些样本进行了移动营销有效性的实验。在每一个间隔时间内,对应间隔中的两组人会收到提示信息,其中一组人收到的是实用型商品的促销信息,而另一组人收到的则是享乐型商品的促销信息。

实验结果显示,实用型商品移动广告的回复率最高的时间是在早晨,其次是下午,接着是中午,傍晚最低。相对而言,享乐型商品移动广告回复率在早晨最低,中午和下午最高,傍晚一般。更精确地说,实用型商品移动广告的回复率最高的时段有两个,分别是在早上十点至中午之间以及下午,在此时段

发送实用型商品的移动广告，可以极大程度地提升客户购买的可能性。享乐型商品移动广告回复率也显示出类似的特征，但是高峰出现在中午至下午两点之间，此时发布广告提高购买的概率是其他时段的 7.1 倍。图 9-1 展示的正是不同时段的不同广告诉求的效果测试结果。

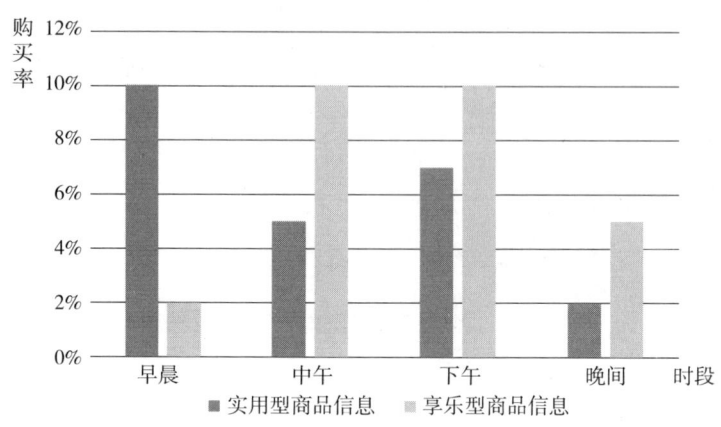

图 9-1　不同时段的不同广告诉求的效果测试结果

贝克等人进一步对这个结果背后的原因进行了分析，他们认为在早晨与上午，消费者大部分处于办公状态，因此习惯于就事论事，而到了下午或晚上，消费者回到家中，就会逐渐放松下来，这时更容易接受那些以感性、享乐为诉求的广告。

如果一大早你刚到办公室准备上班，就接到了向你推销度假行程的电话，你会很有耐心地听下去吗？如果对方还"死缠烂打"，你可能会直接把电话挂断。而如果是在下午，在小红书或抖音上看到一个度假休闲的景点的介绍，你可能就会比早上更愿意浏览页面上的内容。这就是在一天内的不同时段中，时间对消费者心理的影响。只有谨慎考虑这些因素，营销活动的效果才能提高。

3. 实用型商品与享乐型商品的区分

如何区分实用型商品与娱乐型商品呢？一般来说，具有工具性、功能性的商品属于实用型商品，如文具、处理工作的计算机、座机等，这些都属于实用型商品；而游戏、音乐、图画、红酒等则属于享乐型商品。

（1）实用型商品的诉求内容

实用型商品的诉求内容可以用如下的描述进行推广：

带给您在办公室更高效……

让你在短时间内解决……

3天内学会……

如何提升你的……能力

（2）享乐型商品的诉求内容

享乐型商品的诉求内容可以用如下的描述进行推广：

让你的心情……

让你感受到无比的……

放松你紧绷的神经……

远离尘世压力……

即使是功能性强的商品，也可能是享乐型商品，需要用享乐型商品的推荐内容向客户进行诉求，但是需要配合特殊场景。

4. 移动营销，优惠券有效期短，转化率高

过去，一些美国的营销教科书在介绍优惠券时，常常用一个画面来描述消费者的心理。画面上是一个普通的美国老太太，她满心喜悦地翻阅杂志或报纸，小心翼翼地把报纸上的优惠券一张一张地剪下来，放到一个纸袋子里。这个袋子里积累了一大堆优惠券。每次老太太要去超市购物时，就会把这个袋子

里的优惠券全部倒出来仔细盘点，接着把这次打算要去的那家超市的优惠券放进皮包，然后在去超市购物时使用这些优惠券。这就是之前的优惠券被使用的场景。传统的营销从业者在制定优惠券规则时，都会刻意把优惠券的有效期拉长，因为营销人员会考虑到，客户可能没有时间马上使用这个优惠券。

但是在如今移动营销的新环境下，这个原则却受到了根本性的挑战。杰弗里·英曼等人的研究表明，移动优惠券与传统优惠券相比有显著差异，用户不太会产生储存移动优惠券待以后使用的习惯。移动用户一旦收到优惠券，很快便会兑换使用，而且数据证明，这些优惠券兑换时间的中位数不超过20分钟。研究还发现，如果将优惠券的使用有效期缩短到一天，和一般提供几天有效期的优惠券相比，优惠券的兑换率将增加50%。

为什么移动营销和传统营销的优惠券使用习惯有如此大的差异呢？很简单，移动营销的成功关键是掌握微小时刻，就是那个消费者正好产生了这种消费需求的时刻，企业只要顺着消费者此时的心境提出建议，转化率自然就会提高。

举例来说，你在一个商场中购物，逛了几个小时后又饿又累，心里正盘算着午餐应该吃什么，如果这时你收到一条短信，或在打开App时弹出了一个商场内的餐厅的优惠券，你就会很容易被吸引过去。难道你会像上文提及的美国老太太一样，把这个优惠券收进袋子里以备下次再使用吗？这就是移动营销与传统营销的主要差异——场景化、实时、精准。

我们已经证实了在移动营销环境下，优惠券的有效期应该缩短，但是请各位注意，这一切的前提是在掌握了"当下"的情境之后，把优惠券的有效期缩短，如果不是处于"当下"的情境中，即使用短信或社群推送这种移动工具推广优惠券，其有效期还是要合理拉长一些。优惠券有效期的时长取决于行业特性以及促销内容的使用时机。举例来说，如果是连锁便利店行业，使用优惠券的高峰应该是客户收到优惠券的当天，可能在第2天与第3天还会有一些消费，但过了3天消费者再使用优惠券的概率就很低了。如果行业消费频次是一个月一两次，例如汽车养护行业，那么优惠券的有效期可以订在一个月以内，这样做的效果还比较好。可是如果是针对"当下"的情境发放的优惠券，那么不管是哪个行业，有效期短都更能让消费者产生"过了这个村就没这个店"的时间场景压力，这种压力会促使消费者立即使用收到的优惠券。

5. 时间 + 距离 = 更加精准

拉克什曼·克里希纳穆尔蒂等人的研究进一步指出，当消费者距离门店较近，同时与消费场景的对应时间也较接近时，有效期较短的折扣型促销将与这两个因素组合在一起成为黄金促销组合。当消费者距离门店的位置较远或距离消费时间较远时，企业更应该使用概念性的软性诉求；相反地，消费者距离门店较近并与消费时间比较接近时，企业则应该采取更为理性的诉求方式，也就是折扣价格诉求，这样做会更有效。

6. 解释水平理论在移动营销中的应用

接下来介绍一个非常重要的理论——解释水平理论（Construal Level Theory，CLT），它在移动营销中有着非常重要的意义，值得大家学习。

想象一下，如果你和家人正在考虑旅游度假，度假的时间在两天之后，是近在眼前的规划，那么这时你的心里会想到些什么？如果这个度假的时间是在两个月以后，这时提到这个度假，你心里又会想到些什么？因为时间不同，人们对同样一件事的反应会有很大不同。了解这个问题是很重要的，因为如果企业知道消费者心里关注的重点，企业的营销内容就必须遵循消费者关注的方向发展。

心理学上有一个很重要的理论叫作解释水平理论，它在许多领域都已经被广泛应用。这个理论指出，感知心理距离越近，个体越关注具体内容，感知心理距离越远，个体越关注抽象概念。

想一想刚才的问题，如果你告诉家人明天去三亚度假，你的家人会问你什么问题。这时家人必然会问，明天就到三亚，那么明天要坐几点的航班，晚上住哪个酒店，这些都属于非常具体的问题。如果你告诉家人两个月后去三亚度假，这时家人可能会问你，为什么选三亚，是要去亚龙湾还是三亚湾。他们不太可能问你搭乘哪趟航班，住哪家酒店，因为为时尚早。其中的区别就是解释水平理论所要解释的。

解释水平理论中还引用了另外一个心理学的名词，叫作"感知心理距离"。感知心理距离就是个体感觉另外一个个体或事件与自身的距离。心理学家认为，感知心理距离取决于一个人与另外一个个体或事件的三种距离——时间距离、空间距离、社会距离（如图9-2所示）。

下面用例子分别对这三种距离进行定义。

- 感知时间距离：某件事或某个人与你当下这一刻相隔多久，时间相隔越久，感知时间距离就越大。想象一下，昨天你看到的一条新闻和你在图书馆中看到20年前报纸上的一条类似的新闻相比，你觉得哪一条新闻和你在时间的感知上更为接近？显然是昨天在你周遭发生的新闻更近。

- 感知空间距离：你对不同物理距离的人的感知距离。想象一下，一个和你同城的网上卖家与另外一个远在一千千米以外的卖家，你觉得谁离你比较近？当然是同城的卖家。

- 感知社会距离：你感觉到的和另外一个人在社会身份上的差异，想象一下，如果你是一名大学生，你觉得你是和学校里的同学的社会距离更近，还是和学校外面忙碌事业的白领的社会距离更近？

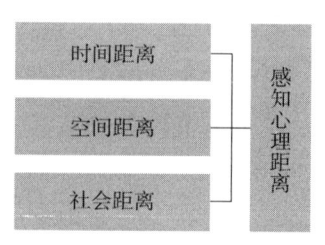

图9-2 解释水平理论对感知心理距离的定义

就是这三种感知距离构成了个体对其他个体或事物的感知心理距离。

解释水平理论到底和移动营销有什么关系呢？很简单，心理距离越近，消费者越关注具体的事；心理距离越远，消费者越关注抽象的事。移动营销既然要掌握当下消费者的心情与需求，那么基于解释水平理论，营销内容当然是越具体越好。具体主要是指产品能实现的功能与价格折扣。例如你开了一家餐厅，消费者接近你的门店时，你发出的促销短信就需要强调自己是什么餐厅，能提供多少折扣，而不是介绍餐厅的设计有多棒、有怎样的氛围。如果你处于汽车维修行业，消费者接近你的门店时，你应该发出的信息就要包括具体的服务内容、服务所花时间以及折扣，而不是门店的品牌定位。这样移动营销的效果才会更好。

9.4　天气触发

1. 天气如何影响消费心理

关于天气如何影响消费者的心理，各位可以想一想你自己的经验。每天起床时，如果天气晴朗、温度适中，你是不是觉得精神、心情都比较好？相反，如果一起床看到的就是天气阴霾或下着雨，你会不会觉得心情也受到了影响？

学者对这种现象进行了深入的实证研究，莱韦斯克等人在研究中发现，天气在一般人的心情变化中有 40% 的影响，同时他们还发现，心情好坏对人们的购物倾向也有重要的作用。

2. 天气如何影响购物心理

艾宁德亚·高斯等学者为了研究天气如何影响购物心理，以 1000 万人为样本进行了实证研究。研究发现，在阳光明媚时，顾客的购物可能性会上升，与一般的天气状况相比，阳光明媚时，顾客购物可能性会提高31%。在天气阴沉甚至下雨时，购物可能性会下降，与一般天气状况相比，此时人们购物的可能性会下降9%。

他们还研究了天气对购买决策的时间维度的影响，发现在阳光灿烂时，消费者从收到移动广告到产生购买行为的间隔时间，比一般天气情况下要短41.9%，在阴雨连绵时，这个时间则会比一般天气情况下长49.8%。

上面两项发现对营销人员的启示是，要尽可能在天气好时多做些促销，在天气较差时如果想通过促销达到同样的购买转化率，可能就需要付出更多的代价，给消费者更多的优惠。

3. 利用消费者在不同天气的商品需求

如何更好地抓住好天气带来的销售机会呢？1999年，可口可乐率先启动了对消费者的动态定价实验。他们引入了温度感应售货机，随着气温上升，售货机内可乐的价格也会上升，同时销售情况仍然比较乐观。当然可口可乐的价格上升策略并不完全由气温决定，也有可能是，气温上升容易使人们口干舌燥，所以尽管产品价格上升了，一般消费者对饮料的需求仍然比较大。

我曾经在为一家企业提供咨询服务时做了一项观察天气对价格弹性的影响的实验，我们把天气因素纳入订货以及价格的考量因素中。天气不好时，特别是下雨天，零售网点盒饭的销售量通常会上升。这时我们在一些实验店进行测试，发现把盒饭价格上调10%~20%并不会影响其销售量，大概是因为天气不好，人们懒得花时间冒着淋雨的风险去其他餐厅吃饭。

4. "预防性框架"信息

如前文所述，在天气不好时，营销活动促成消费者购买的可能性会下降，企业在此时可能需要提供较大的优惠，才能驱动消费者。除了这种方法以外，学者从心理学的视角提出了其他方案，即配合天气对心情的影响，对营销的诉求方式做出一些调整，这样做也能增加移动营销的购买转化率。这个概念被称为"预防性框架"。

人们对于风险的态度不同，有的人愿意承担风险，有的人则积极地规避风险，预防性框架就是属于那些喜欢规避风险的人群会采用的信息策略。珍妮弗·阿克尔等人在研究中提出，"预防性框架"就是让消费者感觉到，做一些事能避免失去什么。例如"不要错失交易的机会""买个保险以防万一"等都是常见的预防性框架信息的表述形式。

上文曾提及，恶劣天气会对消费者心理造成负面影响，消费者会更趋于保守并降低购买意向。而这种预防性框架的诉求正好符合消费者规避风险的心理，从而提高消费者的购买意向。

5. 受天气影响的消费者对不同信息的反应

高斯等学者研究了受天气影响的消费者对不同信息的反应，他们把消费者分为两组：实验组——消费者收到的短信以预防性框架信息为重点，例如有"不要错失交易的机会"这样的词语；控制组——消费者收到的短信只包括一般性的促销信息，没有预防性框架信息。他们在不同的天气情况下分别给这两组消费者发送促销信息。

实验结果显示，不同的环境状态，例如，温度、阳光和降水，都会影响消费者的心情，他们的研究有如下发现。

- 心情糟糕的人对于预防性框架信息的反应更为积极；而心情愉悦的人对预防性框架信息的反应却较为冷淡。
- 天气晴朗时，包含预防性词语的广告的购买转化率较低，然而在阴雨天气里，包含这种预防性词语的广告更加有效。

对于企业的营销人员来说，这个实验的结果是很重要的，营销人员应该学会利用场景因素，合理调整沟通内容。

9.5 轨迹触发

1.轨迹与位置的区别

移动轨迹不同于位置，它是指"一个人的空间轨迹与其他人或与自己过去的位置记录的相似度"，移动轨迹有四个维度：时间、路线、速度、语义学。轨迹与位置的主要区别在于，位置只强调在所处地点，轨迹还强调停留时间；轨迹强调的是过程，也就是从哪里到哪里，中间有没有在哪里停留，同时轨迹还强调方向，也就是靠近还是远离。

设想一下，当你进入一个购物中心，你心中已经打算购买特定商品和你只是想逛一逛商场时的心理状况有什么不同。当已经决定好要去购买特定商品时，你应该会直接走向商品柜台，而如果你只是想要逛一逛商场，可能就会在不同的商品柜台前驻足浏览，你的心理差异通过行动轨迹显现了出来，所以学者们提出"轨迹是行为的语义学[①]"。

2.区分专注型购物与探索型购物的轨迹

在分析消费者购物行为时，戴维·考特提出了两种类型的购物者：一种是专注型购物者；另外一种是探索型购物者。他们表现出的差异如下。

- 专注型购物者：进入商场，他们持续走进同类店铺。专注型购物者属于计划性购物的消费者，他们早已明确了消费目标。在这种购物情境下，消费

---

① 以语言学观点研究语言意义的学科。——编者注

者不容易产生冲动消费,即不容易被其他商品的促销信息吸引而购买计划外的商品。

- 探索型购物者:他们通常在进入商场后,会走进多种不同类型或品类的店铺、浏览不同类型的商品。这种人通常在购物时不太理性,经常没有明确的购物需求,也没有已知的购买计划,在商场到处闲逛,看到心动的商品就有可能购买。所以该类型的消费者比较容易受其他商品或不同品牌的促销信息的影响而发生改变。

3. 收入不同的消费者,购物时个人轨迹受促销影响的程度不同

一些学者研究了不同收入的消费者的移动购物倾向。高斯将广告分为基于轨迹的广告以及随机的广告两种。基于轨迹的广告是企业事先侦测、判断了这名目标客户的行为轨迹所显示的态度或倾向后发出的广告,例如企业在追踪到某个客户连续进入几家服装店后,再发给他某个品牌服饰的优惠券。随机广告则是没有对客户进行区分,向所有客户发出相同的广告内容,例如不管某位客户先前是否去过某家店铺,只要进了商场,就发给他一张某个服饰品牌的优惠券。具体研究结果如下。

- 高收入消费者更喜欢基于轨迹的广告(高收入消费者往往以理性目标为导向,不易受突发优惠的刺激)。
- 低收入消费者,对于随机广告和基于位置的广告的反应较高收入者更好(低收入消费者更在乎价格优惠,价格优惠可以引发消费冲动)。

有两种方法可以大致判断一个消费者是高收入消费者还是低收入消费者。第一种方法是利用客户数据标签,根据客户过去的消费习惯大致推测客户的收入状况。第二种方法是按照商场或门店类型对客户的收入进行区别,一般来说,商场或门店都有其不同的定位与调性,会吸引与其层次相近的消费者,可

以根据消费者常去的商场的定位与调性来推断消费者的收入情况，例如习惯在全球知名的品牌店里购物的消费者的收入很可能会比只在本地品牌店或10元店里购物的消费者更高。

9.6　社会触发

1. 个人行为如何受到其他人的影响

当企业想要推送广告时，应该是锁定"个人"还是锁定"群体中的个人"？西奥多·M. 米尔斯在研究中发现，社会场景影响了人们与其他人互动的方式，无论是在一群朋友中，还是和伴侣或家人在一起，人们都会有不同的心理以及相应的行为反应。人们在这些群体互动下产生的行为和自己一个人时的行为是完全不同的。高斯等人针对消费者在移动环境购物中如何受到社会性的影响进行了调研，研究结果如下。

- 10岁左右的孩子（8～12岁）在购物时更容易采纳朋友的建议，而不是家人的建议。
- 与和家人在一起购物时相比，他们与朋友一起购物时的花费更多。
- 和同辈人一起购物会增加购物冲动，而和家人一起购物时，购买的冲动会降低。
- 在陌生人中间购物会引发"旅鼠效应"，即在一些场景下，我们看见陌生人买东西，自己也会想买东西，甚至会想买和其他人相同的东西。

了解了上述社会性对购物心理的影响，各位就应该很容易理解为什么在某些航空公司的航班上，当某个乘客购买某件商品时，空乘员总会大声喊出"恭喜某某人买了某某限量商品"，这种宣传其实就是利用了社会性的心理影响。

2. 社会感知效果

消费者购物的社会性是如何产生的？有学者提出"社会感知"一词来解释这一点。社会感知是一个社会心理学名词，社会感知的概念指出，消费者在接触其他个人时，不一定需要认识或熟悉这个人，只要凭借"有人"的感觉，消费行为就会发生改变，因为人们不想做"唯一的购买者"。另外，社会感知也强调了消费者在门店中与人接触的感觉，也就是说，有没有店员或有没有其他客人在场，也会影响消费者的购买意愿。

3. 拥挤环境创造需求

米歇尔·安德鲁斯等人的研究指出，人们选择餐厅吃饭或走进哪一家店购物也会受到社会性的影响。人们倾向走进那些感觉比较有人气的地方购物。研究发现，企业如果向地铁内的乘客发送广告信息，平均的回复率是3.22%，但是如果在比较拥挤的地铁车厢内向乘客发送广告信息，乘客回复概率是乘客很少的车厢的2倍。

9.7 本章小结

本章介绍了许多关于移动营销的研究，发现场景、时间、位置、轨迹、天气、社会性这六个因素对消费者在移动环境下的购物行为都有显著的影响。这六个因素被独立地进行测试，并分别产生了一定的效果。对于营销人员来说，这些发现具有很大的价值。

值得注意的是，上述研究关注的都是单一因素的影响，而消费者其实生活在更复杂的环境中，在真实环境里，这六个因素可能会同时发生影响，这也让事情变得更复杂。经营者可以根据上述的六个因素进行不同的组合，实现营销的目标。

营销 5.0
第4部分

社交媒体营销

第 4 部分仍然依循着 CIDR 模型继续展开讨论，这一部分主要讨论与社交媒体营销相关的内容。

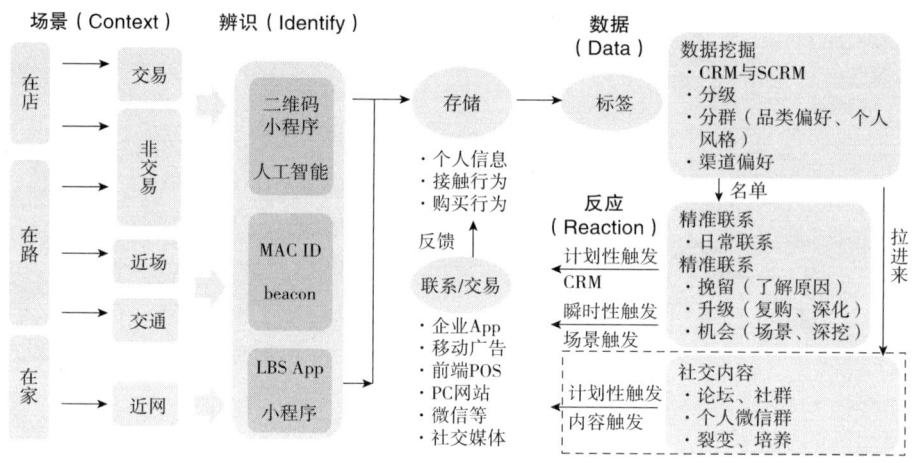

社交媒体营销在 CIDR 模型中一项很重要的工作就是给潜在客户或一般客户讲故事，让这些人成为品牌的深度粉丝。客户数据标签需要记录每个客户对社交媒体的渠道偏好作为后续联系的主要依据。在客户联系的特性方面，社交媒体属于计划性＋进入式的接触（见图 6-1）。所以社交媒体营销的主要做法是将客户分群，给不同群体以不同的信息内容，在计划的场景下，将客户引导至企业的私域流量当中，并且通过私域流量的平台引导客户在线上或线下产生购买行为。

第 10 章
社交媒体营销的战略框架

10.1 营销的迭代演变——社交媒体逐渐成为营销的核心

在进一步深入讨论社交媒体之前,我们再回顾一下营销的大背景以及发展趋势,从而以更全面的视角观察整个营销的沿革。

如图 10-1 所示,从 1960 年开始,欧美国家从战后的经济状态中逐渐复苏,各类大规模的企业也逐渐崭露头角。1960 年至今,大概可以被分为 5 个营销迭代的过程。1960—2000 年可以被归类为传统广告营销时代;2000—2010 年可以被称为早期互联网广告时代;2010—2014 年属于互联网电子商务时代;2014—2017 年可以被称为后电商 O2O 与移动商务时代,2017 年至今则可以被称为社群与社交电商时代。

图 10-1 营销观念与模式的迭代

迭代不是全盘推翻过去的基础,而是在过去的基础上进一步提升,也就是说,迭代是渐进地演化。所以即使是在社群与社交电商时代,传统广告也不会变得完全没有意义。在互联网时代,企业还是要考虑哪些传统方法仍然有效,需要保留,哪些新的能力需要考虑引进培植。所以新老营销观念和模式之间的关系不是"你死我活",而是关注重点的转移和预算的重新分配。在很多企业中，传统广告的预算至今仍然存在，只是因为它与主流消费群体的距离变远了，投放的效果不易衡量或投入产出效果较差，所以投放的预算逐年减少了。

1. 传统广告营销时代（1960—2000 年）

本书在最开始已经讨论了传统营销从 4P 时代演进到 4C 时代，再到 4R 时代的过程，此处不再赘述。本章直接从 2000 以后的早期互联网广告时代营销开始讨论。

2. 早期互联网广告时代（2000—2010 年）

许多著作将互联网时代的开端定在 2000 年，其实互联网时代的开端早于 2000 年，只是在 2000 年前后，互联网界遭遇了严峻的泡沫化挑战，只有少数大型互联网企业撑过了互联网的寒冬，例如雅虎、新浪等。

早期互联网广告时代的典型代表是雅虎这类门户网站上的投放广告。门户网站的优势在于页面有无限的展示空间并且没有印刷成本，发布新闻能保证极高的时效性，网站的强大的编辑团队将原来在电视、报纸、电台等传统媒体上发布的新闻都转移到了门户网站。当时的年轻一代逐渐把信息的主要来源从传统媒体变为门户网站，正如雅虎当时的品牌宣传口号"今天你雅虎了吗"（Did you Yahoo today），正意味着雅虎是消费者接触全球大事、当地社会新闻或周遭小事的最重要、最快速的媒体。门户网站上的新闻丰富性远远超过平面媒体与电视媒体。这时，企业的大量广告投放预算开始从传统电视、报纸逐步转移到电子媒体，这导致了传统媒体的萧条。许多报社、杂志社因此倒闭或不得不推出网络版。

这个时代虽然被称为互联网时代，但是广告公司仍然会告诉企业要在哪个门户网投放广告，每天会有多少人看到这条广告。其实这时企业重点关注的仍旧是曝光量。所以在这个时代，广告的营销效果仍然以 CPM 为衡量标准。

3. 互联网电子商务时代（2010—2014 年）

时间走到 2010 年，电子商务类企业开始逐渐崭露头角，当时美国的电子商务类企业以易贝网为最早期的代表，其次是亚马逊。电商时代，客户通过广告链接就可以直接打开电子商务网站浏览商品并下单，这时广告的焦点从品牌推广逐渐走向了流量。因此每个广告能产生的流量就成了重要的衡量标准。

此时，广告效果衡量标准从 CPM 转变为每次点击成本（Cost Per Click，CPC），CPC 按照用户在互联网广告平台中的页面点击次数收费。以谷歌为代表，每当页面展现企业的广告时，消费者点击这个广告链接就会从这个浏览页面跳转到企业的网站平台。CPC 受企业欢迎是因为它能精确地记录到底有多少人浏览了这个广告，而不仅仅是通过过去的覆盖量进行粗略的统计。覆盖量只是一个宏观的数据，消费者被覆盖了并不代表一定看到了这个广告，但是 CPC 则可以捕捉到消费者实实在在的主动点击，以及连接到企业的网站平台的频次。

CPC 流行了一段时间以后，企业提出了进一步的要求，因为仅仅让客户跳转至企业的网站平台还是不能代表这个客户就会购物，所以这意味着广告平台的客户质量受到了广告主的关注。因为许多广告主是电子商务网站，其衡量标准必然是网站产品的交易量，所以传统企业也逐渐开始要求以订单量为广告效果的衡量标准。企业开始提出每个订单成本（Cost Per Order，CPO）或每一元销售的成本（Cost Per Sales，CPS）的衡量标准[1]。一些广告平台在竞争压力下，开始接受这种衡量标准，即使强势如谷歌也推出了品牌保护的广告模式，这在某种程度上也是他们对 CPO 标准的妥协。但是因为产生订单转化的影响因素

---

[1] CPO 与 CPS 都是互联网广告收费方式，CPO 是根据互联网广告带来的订单数量，按照每一笔订单收取固定金额来计算广告费，CPS 是根据广告带来的销售金额抽取一定比例的广告费。

较多，所以绝大多数的广告平台，即使是以精准著称的搜索网站如谷歌、百度等，直到今天仍然不愿意完全接受以 CPO 或 CPS 为广告计费标准。随着网络广告成本不断上涨，新增流量来源渠道渐渐枯竭，人们又想到了要利用原有的线下门店资源，于是进入了后电商 O2O 与移动商务时代。

4. 后电商 O2O 与移动商务时代（2014—2017 年）

时间来到 2014 年左右，许多人感觉电子商务的发展开始进入成熟期，一些人希望为电子商务的下一步增长寻求新机会，于是产生了 O2O 的概念与商业模式。初期的 O2O 是指 "On Line to Off Line（从线上到线下）"，就是利用互联网把客户带到线下进行消费。采取这一做法的生活服务类外卖平台如饿了么、美团等，至今仍然很受消费者欢迎，这些领域是过去的电商无法触及的。线上与线下的结合使线下门店终于又迎来了生机。

由于网络流量成本逐年攀升，一些企业惊讶地发现，几年前被视为只会拉低企业估值的线下门店，每天还是会产生自然的客流。只要门店开在那里，企业无须做额外投资，自然有客人来，也就是说获得这些客人的边际成本为零，所以企业又开始注重传统线下流量，拥有大量门店的企业一夜翻红。近几年来，线下的连锁便利店、连锁汽车维修店等纷纷成为 BAT 投资的新热点。企业开始关注逆向的 O2O，希望把线下客户吸引到线上来，增加企业与客户接触的机会以及便捷性，并通过不断地交互加深客户与企业的关系。此时，企业营销的重点从品牌推广转到流量，又从流量走向了体验。

5. 社群与社交电商时代（2017 年至今）

时间来到最近几年，智能手机的功能创新使手机成了消费者除了睡觉时间以外随身携带的移动工具，而手机上的微信等社交软件的推出，也使手机成为人与人时时保持联系的最佳工具。微信平台也成为朋友间交换购物经验的最佳场所，许多微信用户养成了在朋友圈发布信息的习惯，朋友之间在购物前的咨询也开始在微信平台上越来越频繁地出现。许多人发现，只要在朋友圈里晒单就能得到不少的浏览或点赞，由此开始了微商时代。时至今日，微商又逐渐转化为微店、微商城等商业模式。

近两年来，短视频与线上直播又依赖移动互联网的逐渐成熟而大行其道。抖音每日流量达数亿，俨然成为新一代引流拉新的重要平台。社交媒体加上短视频与直播，再加上微信公众号或企业自建的社群，三者合流之下，使一个新名词——私域流量，在2019年的后半段出现了。

10.2 私域流量的发展路径

私域流量是一个新的名词，至今没有统一的定义，很多人认为它等同于通过社交媒体建立的粉丝圈。不过我认为私域流量并不是一个全新的概念，它其实是客户关系管理的迭代产物。

企业过去强调不断地开发新客户，忽略了企业客户留存率偏低的问题，以至于企业在不断地拉新又不断地流失客户中恶性循环，最终企业整体销售业绩仍然无法被有效提升，正是鉴于这一问题，客户关系管理的概念才得以提出。不管私域流量是不是CRM的迭代，在当前的市场环境下出现的以下几个现象值得关注：

- 无论是线上还是线下渠道，现有渠道的获客成本越来越高；
- 例如抖音、小红书平台等新媒体目前已积蓄了一定流量，但是其商业模式究竟是收广告费还是交易佣金至今尚不清晰，所以这些新渠道的流量费用具有一定的弹性；
- 社交裂变能产生的拉新效果已经毋庸置疑。

基于这几个现象，未来的营销模式应该朝以下几个方向变革。

1. 多渠道引流

尽管目前传统渠道引流成本居高不下，对新媒体的商业模式界定尚不清晰，但是企业追求效益最大化的目标绝对不会改变。所以企业引流的关注点不能只有传统渠道，也不能只聚焦于新媒体渠道，关键在于其如何选择效益最佳的渠道。对效益的判断可能因行业而异，但是基于创新与优化的原则，企业需要对外部的社交平台、短视频平台与直播平台等引流渠道不断进行尝试。

2. 建立私域流量

此处的建立私域流量是指经营粉丝或会员的过程，企业把这些人聚集在公众号或企业自建的社群中，并不断地使其深化、发生裂变，这是极为重要的。这种深度运营的概念其实还是源于 CRM，只是过去的 CRM 没有良好的"讲故事"和互动的平台。现在因为有了公众号、短视频以及社群所形成的粉丝群，企业能利用这些平台培养更高的客户黏性。

3. 让粉丝成为企业的销售员

易贝网或淘宝等平台依靠的是千军万马的小商户或个人带来庞大的销售量，这已经是不争的事实。在后电商时代，这些庞大的社会资源的效果将会更明显。在过去的电商时代，这些小商户或个人卖家为易贝网或淘宝等平台提供了非常丰富的商品种类，但是平台流量却是易贝网或淘宝自己慢慢累积起来的。而现在，以移动应用为基础的社交平台成为最新、最大的流量积蓄途径，因此这些个人和小商户的社会力量得以进一步发挥。随着个人和小商户的社会力量逐步突出，微商城将在未来扮演更重要的角色，它让这些个人或小商户能与企业紧密结合，使个人或小商户无须担心库存与物流等问题，只要在前端成功建立自己的社群与粉丝群，就能销售产品并获利。

多渠道引流、建立私域流量和让粉丝成为企业的销售员这三个发展方向，就构成了企业未来营销的发展框架（如图10-2所示）。

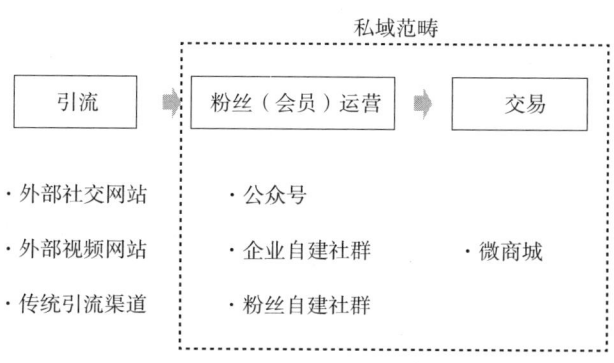

图10-2　企业未来营销的发展框架

10.3　品牌在新的营销模式中的位置

有一些笃信品牌影响力的企业家可能会提出疑问：在上述企业未来营销的发展框架中，应该如何做品牌推广呢？因此此处有必要多用些篇幅，仔细说明一些概念。

1. 品牌营销不等于传统大众媒体广告

不要因为该发展框架中没有电视广告、街边路牌、电梯广告等内容，就觉得这个营销框架里没有品牌营销的位置。按照过去的定义，品牌就是"消费者的心智定位"，也就是说，当消费者看到某个品类或消费场景时，就会联想到某个品牌，这就是品牌效应。这个概念在今天并没有改变，在企业未来营销的发展框架中，企业要实现的目的与过去是一样的，只是在方法的运用上有所不同。品牌营销不一定要在传统大众媒体上做广告。

2. 传统大众媒体的覆盖率不一定比新媒体更高

有一位企业家曾经提出,传统媒体的覆盖率较高,实际情况果真如此吗?如果电视、报纸等媒体的覆盖率还能像过去一样,广告公司与企业还会逐渐减少对这些传统渠道的使用吗?短视频媒体的用户人数难道比这些传统媒体少吗?一点也不!目前短视频媒体等平台的每日浏览用户数已经有数亿之多,各位可以想一下,自己有多久没看电视新闻了,但是自己是不是每天都会打开今日头条等App查看新闻呢?每天醒来的第一件事是不是打开微信看看朋友圈里有什么最新的消息或话题?另外,自己是不是已经很久没有打开电视,收看电视连续剧了,是不是都在爱奇艺、优酷等互联网视频平台上看连续剧和电影呢?所有人对这些生活方式的变化一定都会有深切的体会,因此企业在做品牌宣传时,也需要做出相应的改变。用户的媒体选择已经与过去大不相同,企业广告投资的重点不能再放在传统的主流媒体上,而应该转移到用户常用的互联网平台。

3. 品牌营销应该追求精准与体验

产品推出了电视广告,知名度就一定会变高吗?即使电视、报纸等传统媒体还有一些读者或观众,这些人还是企业的目标群体吗?这些问题是企业开展品牌营销的关键所在。企业的品牌营销应该追求精准地命中目标群体,而不是不考虑效果地乱撒广告。另外,过去的品牌营销非常重视"定位",例如上火就应该怎么样或送礼就应该怎么样,但是现在,这种模式的广告已经很难成功说服消费者。消费者现在更重视的是体验、口碑,而不是企业单方面的口号宣传。

现在短视频、社交媒体的覆盖更广,消费者更乐意在这些平台上取得信息、分享信息。绝大多数的企业在社交媒体或短视频平台做的推广就是品牌营销。企业家们需要认清大环境，不要再沉迷于几十年前的品牌营销做法，而要跟上市场趋势，做出改变。

10.4 社交媒体营销的战略思考模型：一个中心、四个要项

前文对环境趋势的发展做了十分详尽的介绍，相信大家已经清楚"社交媒体是企业营销必须要走的路"。尽管社交媒体不是企业营销唯一的渠道，但是绝对是最主要的渠道之一。

为了方便学习与实践上的应用，在深入探索社交媒体营销时，我们提出了一个社交媒体营销的战略思考模型，即"一个中心、四个要项"模型（如图10-3所示）。这"1+4"的模式构成了一套完整的社交营销方案，对此我们将在后面的章节中逐一深入探索。虽然各位可能并不需要实际操作社交媒体营销，但是掌握了这些前沿知识与概念，对管理营销团队是很有帮助的。

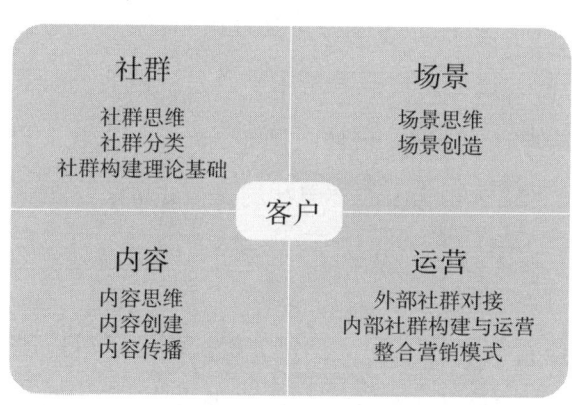

图 10-3 社交媒体营销的战略思考模型

1. 以客户为中心

前文在介绍私域流量模型时，已经用了几个章节的篇幅说明了以客户为中心的概念。不管在什么时候，以客户为中心的理念都是不会改变的。然而，社

交媒体中的以客户为中心，与大数据精准营销或移动营销中的以客户为中心还有一些区别。

精准营销或移动营销的以客户为中心，是关注到个人的。也就是说，数据的颗粒度会具体到对个人行为的分析，而且这个个人会被设定在特定的场景中。例如，某个人在购物中心连续走进几家服饰店，或者某个人在超市里逛了30分钟，这些不同场景下的个人都被称为客户。但是在社交媒体营销中，以客户为中心的颗粒度并没有细化到个人，例如，有一个产品适合广场舞阿姨这个群体，企业不需要了解具体适合哪一位阿姨，只要知道具体在哪里可以找到广场舞阿姨这个群体即可。社交媒体中的客户是指一群处在共同场景环境、有共同需求的人。此处的共同场景环境可以是虚拟的，例如正在一起打线上游戏的人；也可以是实体的，例如一群在候机室的人。

另外，需要注意的是，社交媒体营销中的以客户为中心的概念虽然强调客户群体，但是这个客户群体的概念与传统营销4C模式中的客户群体不同。传统营销4C模式下的"目标客户群"是用于产品定位的，即通过人口统计变量或生活风格变量具体定义的客户群体，例如，企业可以把上班族、银发族作为客户；而社交媒体的以客户为中心要寻找的是一些特定的社群。

2. 社群

分析社交媒体营销之前，一定要先分析社群。简单地说，社群就是一群有共同理想、有共同目标的人聚在一起所形成的团体。社群并不是一个新的概念，线下早已出现了社群。最常见的社群是由广场舞阿姨组成的团队，此外，早上打太极拳的老先生也是一个社群，在社区老人中心学书法、学画画的老人也是一个个社群，他们有共同的目标，即运动健身、打发时间。

线上社群在博客、线上论坛出现后才逐步受到重视。第11章将详细说明社群思维、社群的类型以及社群的构建,并且讨论一些具有实践价值的社群理论。

3. 场景

在阿里巴巴的马云谈到新零售后,场景开始经常被各行业、各阶层人士提及。在讨论移动营销时,我们也一再强调场景的重要性,它是移动营销六个重要的触发因素之一。

社交媒体营销中的场景和移动营销中的场景在定义上也有一些不同。移动营销中的场景强调个别消费者与哪些人在一起、出现在某个场合的心理状态以及需求。而社交媒体营销中的场景,则是一群人在什么环境状况下有共同的问题或需求。这些人不一定是聚集在一起的,他们只是在这个共同状况下,产生了共同的需求。第12章将详细介绍说明场景思维、如何抓住场景需求、如何创造场景。

4. 内容

内容是社交媒体营销专属的重要问题。传统营销领域通过品牌营销传递产品的定位价值,而品牌营销主要通过大众媒体传播。使用大众媒体进行传播的成本极高,例如电视广告以秒计算成本,因此传统营销领域的品牌营销的关键在于简明的定位,快速传递品牌的信念或价值。而移动营销的关键在于用几句简单的话术或标题,让消费者产生购买动机,并不需要考虑内容的问题。

社交媒体营销则属于讲故事的模式,因此内容对于社交媒体营销非常重要。不管是通过短视频还是公众号发布,不管内容是长是短,关键在于让消费者沉浸其中,逐步构建消费者对于品牌的认知或让消费者产生需求。第13章将说明如何创建一个具有传播力的内容。

5. 运营

在传统企业中，运营主要是指"门店日常工作管理"或"执行"等工作，而在互联网企业中，运营则是指网站平台的日常管理、网站内容更新、客户维系与管理。社交媒体中的运营与互联网企业的运营在概念上很相似，是指不断地创造内容与话题，保持粉丝的持续关注，以此进一步带动裂变。不过在社交媒体运营中，不同媒体与社群的运营方法也有很大的差异，一般分为以下两种：内部社群运营，例如企业公众号、微信群、微博等；外部社群的运营，例如抖音、小红书以及与企业相关的外部社区等。

基于构建私域流量的目标，企业通常很希望能将外部社群或媒体的粉丝转化为内部社群的粉丝。后文会重点介绍这些问题。

10.5 本章小结

作为第4部分社交媒体营销的开篇，本章首先介绍了1960年以后的营销思路发展过程，从传统广告营销时代，到早期互联网广告时代、互联网电子商务时代，再到2014—2017年的后电商O2O与移动商务时代，一直到最近几年的社群与社交电商时代。

我们提出了社交媒体营销的战略思考模型，即"一个中心、四个要项"。"一个中心"是以客户为中心，"四个要项"是社群营销需要考虑的4个基本维度，包含社群、场景、内容以及运营。在后续的四个章节将更详细地分别介绍这四个要项。

需要特别关注的是，社交媒体只是营销模式中的一种，企业最终还是要考虑自己的业态、规模，适当地组合不同的营销工具，以最少的投资得到最好的营销效果，因为这是一个整合营销的时代。

第 11 章
社群思维

第 10 章中提出了"一个中心、四个要项"的社交媒体营销的战略思考模型,本章开始介绍"四个要项"中的第一个要项——社群。

本章将介绍社群的定义、社群思维、社群的分类以及一些常见的典型社群,最后再说明社群思维在企业价值链中的应用范围。社群的定义与社群思维是社交营销最基础的概念,企业家们只有先弄清楚这些知识,才能对社交媒体的运用有更正确的认识,所以这一章属于非常重要的基础观念章。

11.1 社群的定义

在进一步探讨与社群相关的内容之前,我们要先了解什么是社群。一些学者对社群的定义是,社群是在某些边界范围内、地区领域内发生作用的一切社会关系。

首先需要指出的是,社群是"有边界范围"的,也就是说,社群是一个有事先定义的范围的人群,这一范围的边界可以是实体的地理区域,也可以是抽象的、概念上的边界。在企业的实际应用中,这一范围更多的是指抽象的、虚拟空间的人群组合。其次,"社会关系"是指这一群人在范围中彼此互动,产生信息分享、互信并成为伙伴关系。

吴晓波先生给社群下了一个更简单、直接的定义。他认为社群是"基于一个点,把一群志同道合的人,聚集在一起"。这个"点"应该是指共同的目的或共同的兴趣和追求。所以社群就是一群人聚在一起，追求共同的目的或兴趣。

在目前的社会环境中存在着许多社群。最常被拿来举例的应该是居民生活广场上那群热爱健身与交流的阿姨，她们为了健康、为了打发时间，定时定点地聚在一起，有共同的语言与话题。在我们居住的小区、街道里，也有很多类似的社群。老年大学也是一个典型的社群，老人聚在一起，他们的共同目的是学习书法、绘画等，拓展自己的业余爱好。另外，还有年轻朋友们时常聚集的虚拟空间，例如 A 站、B 站等，年轻人在这些虚拟空间里一起打游戏、看动漫卡通，他们也是有共同兴趣或共同虚拟偶像的一群人。

还有一些 IT 发烧友聚集的测评社群，参与社群的人都是对 IT 有兴趣的朋友，他们一起参与评论，分享新的电子产品信息，交流电子产品的使用体验。还有一些社群是企业自行建立的论坛，这些论坛也非常多样化，其中有些论坛以第三方的名义进行产品评测。例如，美国的新蛋网就是借力外部独立 IT 发烧友的社区，逐步拥有了大量的忠实粉丝，促进了电商平台的流量。海尔是国内比较著名的利用社区开发产品、宣传产品的企业，他们的很多产品都借助社区发烧友的大力支持，实现了产品功能创意以及产品问题的早期发现。

11.2　社群思维的定义

接下来讨论一个很重要的概念——社群思维。"思维"这个词在近年被谈论得比较多，也的确很重要。它不仅仅是指一种想法，更涉及一种逻辑或方法论。例如，大家常讨论"互联网思维"，并基于此引出了很多的操作方法或商业模式。

社群思维为什么越来越重要，营销人员必须意识到，如今的营销概念已经不再只是影响消费者"考虑"和"购买"过程的时代了，消费者对于社群的信赖已经彻底改变了他们在评估商品方面的信息来源，因此如何影响消费者对产品和品牌的"评价"和"拥护",成为影响购买环节的重要因素。

——尼阿萨·科斯廷（Neasa Costin），哈佛商学院

上面这句话是哈佛大学商学院学者科斯廷对社群思维的定义,他强调社群营销,强调企业家不应该仅仅想如何卖东西（这是传统营销的套路）,还应该考虑怎么得到粉丝对企业产品或品牌的支持。这就意味着,社群营销的目的是通过参与,把消费者从买家变为企业的公开支持者、推广者、推荐者。卖东西和建立忠实的粉丝群这两件事的目的不同,手法当然也不一样,而且后者往往更难实现,也就是说,不管这个人买不买商品,都要努力让他替你说好话。想让一个消费者公开支持或向朋友推荐某个品牌,首先这个消费者必须对该品牌感到满意,更重要的是要有足够的动机。

根据科斯廷教授提出的社群营销的目标,我们对社群思维给出一个侧重操作性的定义:"企业通过共同兴趣或关注,把一群人聚合在一起,持续地进行信息传递、分享、交换,从而满足社群内个体的目的以及企业的目的。"

上文的这个定义,既阐述了社群的定义,又说明了执行过程以及最终想要达成的目的。其强调的"持续"就是指社群思维是侧重运营的。这个定义后半部分的几句话尤为重要,其强调需要满足社群内个体的目的,就是指社群运营的信息传递要能满足个人需求。那种只想着卖东西而没有考虑所传递的信息对社群成员是否有价值的社群不可能存活太久。"考虑对社群成员是否有价值"是最重要的社群思维或心态,也是社群能持续发展壮大的基本条件。

另外,这一定义还强调,社群思维要能满足企业的目的。企业是营利机构,企业的最终目的可能是实现销售,中间目的可能是增加品牌知名度。在衡量社群思维的优劣时,"能否满足企业的目的"也是一个很重要的方面。营销人员在梳理社群思维时,一定要关注社群的目标设定与达成的考核。刻意强调

这件事，是因为我接触过的很多社群代运营服务商的商业模式，如同过去的4A广告公司，他们会不断地告诉企业，发布的帖子会达到多少浏览量，但从来不会替企业考虑营销的实际效果。

我在咨询工作中，认识了一位在大型服务企业担任社群负责人的朋友，他每次都会告诉大家，自己在哪些知名的公司负责过社群运营，他的KPI就是每天发一篇推送文章。当我问他有没有关注这些文章每天的阅读量时，他很惊讶地表示这不是他需要关注的问题，他认为那是流量部门的工作，与他无关。

通过这位朋友的回答，我才惊讶地发现，原来这位负责社群运营的人根本不认为为企业创造价值是他的事，他认为自己的工作就是发文章，至于文章有没有人看、有没有人转发、有没有引起关注、有没有吸引更多的人持续浏览、对收入有没有影响，都不是他的事。怀着这样的心态运营社群，当然不可能为企业达成商业目的。在带领社群营销团队时，一定要记得告诉团队成员，企业期望的商业目的是什么，而且对这个目的的描述要具体、量化。例如，每篇文章或每天的浏览量、涨粉数、转发量甚至交易转化量。

我们再给社群思维下一个比较轻松、活泼的定义："社群思维，就是如何玩转圈子。如何通过这个圈子，创造粉丝、维系粉丝，最终达到粉丝变现的目的。"

这个定义比较容易懂，它的关键在于如何"变现"，社群运营部门最终的考核重点还是在于社群对企业的贡献，其中变现就是最重要的贡献成果。

11.3 常见的社交媒体分类方式

明确了社交媒体的分类，才能按照不同类型的社交媒体进行更深入的、分门别类的讨论。社交媒体的分类有许多不同的标准，国内外比较通用的标准是分为三种类型（如图11-1所示）。

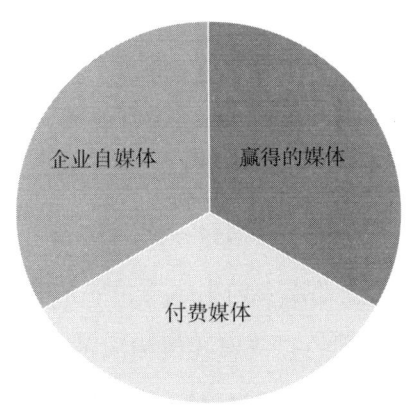

图 11-1 社交媒体的分类

1. 企业自媒体

企业自媒体是指那些由企业自己掌控、自己经营，有较大影响力的社交媒体。它是构成私域流量的主要部分，因为不管企业从哪里引流，最终都是希望在企业的自媒体内将粉丝留住、养好，让粉丝慢慢听企业讲故事。最常看到的企业自媒体包括企业的微博、微信公众号、微信社群等，比较有实力的企业还可能会自己建立一个第三方的社区，通过掌握这个社区的话语权，对消费者产生更直接的影响。

2. 付费媒体

付费媒体是指企业付费才能使用的媒体，例如爱奇艺、优酷等，企业在这些平台上发广告需要支付一定的费用。另外还有很多媒体的收费是在深度使用时才会触发的，例如抖音、小红书。如果个人觉得好玩，在平台上发内容是不收费的。这如同在淘宝平台开店，原则上个人开店是不花钱的，可是如果以企业的名义开店，那就需要花钱。抖音、小红书这类平台的收费方式和淘宝天猫类似，有开通企业账号的费用、内容优先展示的费用等。例如很多朋友都会在抖音发布一些内容，初期确实是免费的，但是如果你想成为企业号，在比较短的时间内制造些"声音"，让企业能在这类社交媒体或短视频平台上直接卖东西，平台就会要求企业自身有比较大的粉丝量。这时，如果企业希望赶快达到这一层次，就需要花钱买粉丝或者通过一系列福利活动招揽粉丝了。除了这些宣传招募的支出之外，企业还需要向平台支付一定的管理费用（具体收费模式和企业在淘宝天猫平台开店的收费模式很相似），例如，对企业用户的身份收费、跳出画面的广告费、页面位置费用等。

3. 赢得的媒体

赢得的媒体一般是指收费的媒体，企业在这些媒体平台经过一段时间的粉丝积累后，粉丝展现出了裂变力量，这使企业在这个媒体平台做宣传时，不需要再投入那么高的成本，也能达到一定的效果。因为这个媒体渠道没什么投入，好像是赢来的，所以被称为赢得的媒体。企业在淘宝天猫平台开店，经过一段时间，逐渐有了一些客户积累，就体现了这个概念。

从上述定义来看，自媒体比较容易被识别，但是付费媒体与赢得的媒体之间的界限则不那么清晰。在通常情况下，某个社交媒体平台在初期可能是要花钱的付费媒体，但是经营到一定水平以后，粉丝积累得足够多，裂变力量也很强大，企业在这个媒体上宣传的时候就无须投入太多，付费媒体就成了赢得的媒体。

11.4 按照控制权的归属对社交媒体分类

上文介绍的社交媒体分类是目前国内外学术界讨论社交媒体时常用的分类方法。对营销人员而言，在需要向领导汇报社交媒体运营情况时，说明哪些社交媒体花钱、哪些社交媒体不花钱，也是很实用的方法。但是在开展运营工作时，这种分类的意义就不大了，用控制权的归属来对社交媒体进行分类，对于运营而言可能价值更大、更有意义。按照控制权的归属来区分，可以把它分为自主社群和参与社群两大类。这两种类型的媒体关注的维度不一样，所以运营的重点也不同（如图 11-2 所示）。

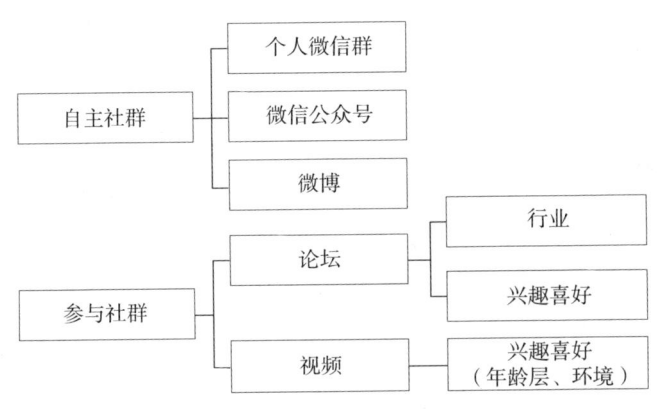

图 11-2　按照控制权的社群分类

1. 自主社群

自主社群是指那些企业可以完全控制内容发布、展示的社群，也就是说，这些社群是企业自己拥有的，发什么内容、什么时候发、在哪个位置露出都是企业自己可以决定的。例如，公众号就是典型的自主社群，企业自己经营的论坛也属于这类社群。

企业在建立自主社群时需要考虑如何选择平台，比如是自己开发平台还是借用外界公开平台。如果是自己开发社群平台，企业需要考虑平台的搭建、组织、用户活跃度、引爆、裂变等问题。

2. 参与社群

顾名思义，参与社群的前提是这个社群不属于企业自身，而属于别人，这类社群通常是另外一家独立的公司所拥有的社群。这类社群的数量极为庞大，企业在建立参与社群时，需要考虑如何在众多社群中选择值得参与介入的社群。因为这类社群的控制权不属于企业本身，所以企业在运营方面要考虑如何潜伏、如何引爆，如何利用这一外部社群的力量，在该社群内先扩大自己的粉丝群体，再通过其他手段把这些粉丝拉进企业自己的社群平台。这类社群包含行业论坛、地区性论坛、特定兴趣爱好的论坛、短视频网站等。

11.5 其他社群分类方式

我们还可以从行业特性以及社群目的这两个维度对社群进行区分。

1. 从行业特性维度，可以将社群分为快消品社群与耐久财社群

第一个维度是，思考行业的特性。人们日常在超市购买的水、方便面、清洁用品、酒类等就属于快消品，家电、家具、汽车等物品则属于耐久财。这两类物品的社群内容策略以及推广方式截然不同。

快消品社群更多的是要从商品消费本身与生活的关系出发。例如，可以在这类社群中介绍与朋友聚餐的经验，讲讲哪些餐厅有什么特色，适合与哪一类型的朋友聚餐；可以分享一下喝酒的故事，或哪一种酒的口感体验如何，也可以讲讲家庭清洁的小妙招。

耐久财社群则需要讲技术、讲文化，要从原材料讲到使用再讲到保养维护。耐久财因为本身购买频次低，所以不能只介绍某个商品本身，而需要扩大、提升内容。例如，一位做红木家具的企业家曾咨询，他们这个行业怎么做社群，应该谈什么，总不能老是在群里进行团购吧。我的建议是，可以谈一谈文化，讲一下红木的分类、不同材质有什么不一样的特点；可以讲一下故宫或其他景点里关于红木的故事，用这些故事衬托红木的文化底蕴和价值，另外再

延伸出一些红木的装饰品，这样才有机会让这类商品的社群更活跃。

2. 从社群目的维度，可以将社群分为兴趣社群和品牌推广社群

第二个维度是，考虑粉丝加入社群的目的是满足兴趣还是支持品牌。兴趣和品牌推广是两个被普遍接受的社群目的区分维度。不同维度在运营上的差异十分显著，兴趣导向的社群，传播的是共同的兴趣、理念和内容；品牌推广导向的社群，则偏重于对特定品牌的宣传，建立品牌的粉丝群，创造品牌的价值（如图 11-3 所示）。

分类	快消品社群	耐久财社群
兴趣社群	优兔网、脸书、小红书、抖音、美食天下	金属加工、领英
品牌推广社群	小米、江小白、亨氏、维多利亚的秘密	海尔雷神、戴尔、哈雷摩托车

图 11-3　社群的两维度分类

11.6　品牌社群

品牌社群即"建立在共同使用某一品牌的消费者之间的，以一整套社会关系为基础的一种专门化的、非地理意义上的社区"。从产品或品牌角度出发的社群思维，是现代企业塑造企业价值的重要路径。

品牌社群的成员通常是特定品牌产品的爱好者或发烧友，这些人基于对品牌的支持，会非常积极地参与该产品线上和线下的话题讨论与活动，iPhone 和小米就是非常典型的例子。也正是因为这些粉丝对品牌有高度的认同，所以品牌社群的粉丝黏性极高、变现能力强。例如，新款苹果手机发布前，粉丝们会互相交换情报，猜测新款手机推出时间、外观及首发地。真正发布的前一天，"果粉"们又开始不眠不休地大排长龙。小米手机的粉丝也不遑多让，"米粉"

常常创造出几分钟内把几万部首发新款手机购买一空的情况,这就是品牌社群高度变现能力的体现。

接下来介绍几个不同行业的比较知名的品牌创建社群的案例,大家可以从这些品牌社群中归纳出一些线索,作为建立企业社群以及后续运营的经验。

1. 维多利亚的秘密:抓热点专家

在互联网时代,一个企业如果没有话题、没人讨论,那么就无法引人关注,当然很难形成品牌效应。所以想经营品牌,很重要的一点就是让用户开始关注、认同并且积极地讨论这个企业。知名内衣品牌维多利亚的秘密,就是行业的抓热点专家。

全世界的内衣品牌数不胜数,但很少有品牌能像维多利亚的秘密这样全球知名。维多利亚的秘密是抓热点的个中高手,能巧妙地引起诸多关注。维多利亚的秘密通过对人物以及活动的话题进行讨论,一直居于推特的口碑和热度榜榜首,而且经久不衰。维多利亚的秘密所采取的提升其知名度的手法主要就是不断地制造名模效应,这些名模都是年薪数千万美元的模特,她们被打造为年度热点人物,大量粉丝都在讨论某个模特的身材以及她们的生活点滴。有一段时间,维多利亚的秘密想要打入肥胖人群的市场,还专门构思了一个胖女郎的故事,在社群的推波助澜下,维多利亚的秘密打造了胖女郎充满自信的形象。这种宣传推广会给身材较胖的女性带来令人欣喜的希望。

维多利亚秘密推出了大量的线下活动,并且不断地变换活动主题,为活动造势。维多利亚的秘密还经常发表有关设计师的消息,让品牌在消费者心目中成为帮助设计师与群众展开对话的鲜活话题,使品牌社群话题多变,持续发烧。上述这些都是围绕维多利亚的秘密这个品牌进行的社群营销,这些营销手段使这个"老牌"在新一代客户群体中,仍然保持年轻、活力、时尚、历久不衰的形象。

2. 江小白：含酒精的"情绪饮料"

另外一个截然不同的行业品牌也很值得借鉴——江小白。提到白酒你能想起什么画面？不外乎是老友相聚，喝酒才够交情，或者某老窖珍藏的故事。不同白酒品牌的宣传推广故事都大同小异。因此，很多品牌的白酒都很难跨地区销售，更难走进年轻人的市场。但江小白就是一个例外。

与传统白酒的宣传模式相比，江小白提出了一个完全不一样的概念，它发布的第一条微博是"我是江小白，生活很简单"，这条微博将这个品牌定调为"情绪饮料"。它通过大量的线下演唱会活动，聚拢了一群生活在城市里的苦闷、需要发泄的年轻人，把这个品牌与年轻人的生活情绪连在一起。

在饮用方式上，江小白把自己定义为有酒精浓度的情绪饮料，鼓励消费者在白酒中加入酸奶、脉动、红牛、果汁、柠檬茶等材料，调成鸡尾酒饮用，这意味着它有可能出现在更广泛的生活场景里，参与年轻人的社交。

江小白对于品牌、外观、口味进行了调整。在营销手段上，江小白借鉴快消品的营销方法；在价格定位上，江小白按照产品的场景定位决定产品容量以及酒精浓度，有容量为2000毫升的"必胜"，其定位是团队（10人）畅饮，酒精浓度25度；有突显街头文化的、酒精浓度为40度的纯高粱酒，容量为750毫升；有适合女性饮用的容量为300毫升、酒精浓度为6度的米酒。

江小白和维多利亚的秘密一样，频繁地举办年轻人演唱会，在摇滚音乐的带动下融入年轻人的生活，让人们找到知己，让城市年轻人的苦闷、压力得以在群体之中发泄。江小白彻底摆脱了白酒通常只适合年纪比较大的人们相聚吃饭时饮用的定位，成了让年轻人生活得更多彩的伙伴。

3. 亨氏：教粉丝过上丰富又美好的美食生活

市场上许多生产调味品的企业都受困于商品小、难以被消费者关注的市场环境。一家生产番茄酱的企业可能在开展社交媒体营销时会感觉到困惑，番茄酱哪里有什么故事，企业可能都与社交媒体绝缘了。亨氏作为一个专营餐饮调味品的厂家，其社群运营很值得中小型企业借鉴。

生产调味品的厂家首先应该认清一件事，那就是人们购买调味品不会为了只吃调味品，企业必须从消费者需求的源头探索营销的机会。基于这个逻辑，亨氏在脸书创建了美食论坛。注意，他们创建的不是调味品论坛，而是美食论坛，在微博上则是以"亨氏先生的食光机"为品牌名开展宣传。厨师们为了展现自己的厨艺，热衷于在这些平台发布作品。还有一些烹饪经验较丰富的家庭主妇，也乐于在论坛中晒出自制的美食成品，而大部分家庭主妇则乐于通过这些平台学习如何烹饪美食。所以，大家对美食制作的普遍热爱和关注很自然地形成了一个很好的社群，这就是建立社群的最基础条件——共同的兴趣或目的。

除了教家庭主妇如何烹饪以外，为了加强品牌的体验，亨氏也邀请了文身艺术家参与新品设计。亨氏在适当的时机进行社群裂变，选在流感大肆入侵的季节，发起了一次名为"早日康复（Get Well）"的宣传攻势。任何消费者只要在脸书加入亨氏品牌社群，成为亨氏的粉丝，并将亨氏的链接发送给一位正在生病的好友，这位消费者就可以用3美元的价格，买到亨氏的招牌鸡汤。亨氏还会以这位消费者的名义，将鸡汤寄给处于感冒困扰中的好友。这就是一个典型的亲情或朋友社交裂变模式。

11.7 品牌社群对于产品研发的意义

从产品或品牌出发的社群思维，不仅可以成为企业重塑品牌价值的重要途径，同时也对企业的产品研发、营销、销售、售后等多个领域的创新具有重要的价值。

海尔雷神笔记本计算机的营销团队在京东平台上搜集了 3 万条有关笔记本计算机的差评，并把这 3 万条的差评归结为 13 类问题。随后基于这些消费者的痛点，研发团队开始设计新产品。在产品研发阶段，雷神团队通过社交平台和社群与用户进行沟通、交流。他们更关注用户体验，并以互联网为与广大消费者沟通的平台，拥抱粉丝。

在雷神笔记本计算机被开发出来后，海尔还通过该粉丝群对笔记本进行营销，海尔还经常在全国各地举办"雷神粉丝同城会"，让粉丝们聚在一起，彼此交流。

11.8 兴趣类型的社群

与品牌社群相对应的另一种社群类型，是源于某些共同兴趣和爱好的群体组合。群体之间的交流主题在于他们共同的兴趣与相关的知识分享，这就是典型的"人以群分"的概念，具有同样爱好的人喜欢凑在一起。这种对某些事物产生特殊偏好的特性，使与特殊偏好相关的一些事物，成了这些人的共同关注点。但是其他人则对这些事物不甚关注。例如，有时我们在街上会看到一群骑着重型机车的人，他们打扮得与众不同，在街上呼啸而过。对这些人来说，重型机车就是他们共同关注的事，但是对其他人来说，重型机车不但无法引起他们的兴趣，甚至有时还会让他们觉得很危险，想要远离。

例如，许多城市一大早会有一群人在小区广场里跳舞，对许多还在睡觉的人来说，在广场上放音乐简直就是在扰人清梦，但是对于那些每天都在广场上跳舞的阿姨来说，那可是一天中最重要的活动安排，甚至在活动结束后这群人还会聚在一起谈天说地，这也是典型的"人以群分"。

1. 美国新蛋网：如何从强大的亚马逊手里分一杯羹

亚马逊已经被公认是全世界最优秀的电商企业之一，要在亚马逊这么强大的巨人所占领的市场中硬生生地分一杯羹，是一件困难又不可思议的事。而美国新蛋网利用社区运营，做到了这件不可思议的事。

在传统电子商务时代，有一个常被提起的说法，"要做电商先做社区"。作为曾经的美国第二大B2C电商平台的新蛋网，其规模在电商发展早期仅次于亚马逊，因为专注于IT数码产品，新蛋网的论坛就是美国IT专业人士经常发表意见、提出问题的平台。

这个社区的成功运营，使新蛋网在IT产品领域的话语权极强，领先于亚马逊，这就是一个很好的将爱好与企业商品巧妙结合的案例。

2. 宝宝树：在母婴类垂直领域获得成功的社群平台

宝宝树是一个非常成功的垂直领域的论坛以及社群。这一社群汇集了各类母婴相关的专家以及有经验的母亲。他们在社群中发表的内容，将在经过适当的分类后，帮助宝妈们解决从孕前到孕后不同阶段的困惑。在积累了大量的会员后，宝宝树也开始建立品牌商城，并且和其他行业合作，为其引流，以变现自身庞大的流量。

人们因兴趣聚在一起时，会变得更易沟通、更易参加讨论，信任感也会加强。现在有一句话叫"引流在抖音，成交在淘宝"，通过短视频引起关注、吸粉，再连接到交易平台，就是这类社群的一种变现模式。接下来再看看一些知名的兴趣型社群平台，分析他们的变现模式的可行性。

3. 领英：帮白领维系朋友圈的社交平台

白领上班族都希望与朋友保持比较好的联系，每个人在特定的时间内比较

第11章 社群思维

亲近的朋友、同事可能有5～10人，而曾经共事、一起学习的人或在一些商业场合认识的人加在一起可能就有成百上千人了。如何与这些人保持联系，一直是白领阶层的痛点，领英建构社群就是为了解决这个问题。

一个人如果希望和朋友保持联系，可以在领英社群中发布自己的工作、生活近况或一些职场上的感悟。领英设计了一个功能，只要你同意领英调取你的手机电话簿，领英就可以通过手机号搜索那些还没有在领英社群内关注你的老朋友，邀请他们关注你。这样，你会突然找到几十年没见面的老同学、老朋友，你可以通过领英随时关注这些原本已经多年不再联系的朋友。领英的连接是全球性的，我曾经通过领英找到了失联10多年、硕士留学时关系非常好的朋友，领英把这位朋友的信息推荐给我，并且让我看到了这位朋友的信息，很快我们又恢复了联系。

领英也会邀请一些名人，让他们在社群里发布一些信息。例如，前通用电气的总裁杰克·韦尔奇、前微软总裁比尔·盖茨，他们都是白领人士崇拜的对象。虽然这两位都已经退出了原来的工作舞台，但是仍然有很多白领想知道他们的近况，也想从这些偶像级的人物身上学到一些东西。

另外，领英还会要求会员在个人页面展示学历、经历、工作性质、职位等信息并进行智能匹配，向你推荐一些你可能感兴趣的同行，问你是否有兴趣关注对方。

因为在领英平台上，每个会员都提供了自己详细的个人信息，所以当某些企业想要寻找具有某些特定经验或学术背景的专才时，领英的信息匹配功能便会非常有效，这也是领英的重要变现模式。领英很幸运地从这些信息中，找到了变现的模式，但是并不是每一个兴趣社群都这么幸运，我们再看看其他两个非常知名，但是盈利模式尚不清晰的社群平台。

4. 小红书：盈利模式尚不清晰的知名兴趣型社群平台

小红书目前在国内是相当知名的兴趣型社群平台，早在2013年就已经出现。那时小红书的名称还是"小红书购物攻略"，当时其定位是一款指引出境购物的社群App。为了扩大流量，小红书不断地扩大兴趣覆盖面，逐渐演变为多种兴趣的发表园地，包含旅游、健身、家居生活、美食、服饰、宠物等。

许多企业想借用小红书的庞大流量与粉丝群，于是将自己在旅游、健身、居家生活方面的经验分享到小红书的平台，吸引粉丝的关注。由于用户量的大幅增加，小红书也从个人秀平台，逐渐演变为企业推广产品与服务的内容平台。

我曾经亲身领教过这种短视频社交媒体的推销能力。即使是我这样从事电商营销多年的人，也很容易被社交短视频的内容说服。

因此，厂家运用短视频社交媒体其实是有一定效果的。短视频社交媒体就如同电视购物，会让消费者在非常短的时间内相信内容。但是，在这样的运作中，短视频平台又从中得到了什么利益呢？短视频平台促成了这笔交易，又应该如何收费呢？这是很多短视频社交媒体平台目前的困惑。

短视频社交媒体平台可以参考电商平台的收费模式，通常有以下四种收费模式：

- 个人开店免费，但向企业收取开店费；
- 收取成交费；
- 收取广告费（在App启动时的广告）；
- 收取推荐位费（视频排位的前后）。

但是，这几种收费方式还存在一定的问题。消费者对这些短视频网站的期望与电商平台不同，消费者打开电商平台也许就是为了购物，卖家的诚信和产品质量最重要。如果卖家是一个被认证的企业号，这对消费者来说代表着这个卖家的信誉度一定会更高。但是消费者打开短视频平台的心理预期与打开电商平台完全不同，他们不是为了买东西而来，而是为了好玩、为了打发时间，而且短视频的商品搜索功能非常弱，很难让消费者精准地找到自己想买的东西。所以平台想向企业收取开店费有一定难度。

另外，这种短视频平台的交易功能很弱，所以交易还需要在淘宝等电商平台完成，这也使得收取成交费的模式出现了如何认定交易的困难。而 App 页面开启时的广告位又只有一个，如果一直播放广告又会影响娱乐型用户的体验。所以前三种收费模式都不太可行。目前可行的收费方式只有收取推荐位费了，不过推荐位价格的设定也不能太高，另外如果有太多被平台推荐的短视频重复出现在页面前端位置，也可能会使用户的体验不佳。所以类似短视频平台虽然流量动辄数亿，但是收费模式仍然是个大问题。这些平台为了维持流量，仍然需要不断地进行广告投入，没有收入又要投入很多，这就是兴趣型社交平台的变现困境。

当然，从另外一个角度来看，如果短视频社交平台能把自己当成一个广告平台，或许也可以找出一些变现的可能。短视频社交平台应该基于自己的优势决定收费模式，也就是说，短视频社交平台可以把自己的两大优势——流量以及会员数作为收费的基础。短视频社交平台可以以 CPC 为收费基础，按照企业发出的内容在短视频平台上被点击的总次数收取费用；也可以按照为企业增加的粉丝数量收费。需要特别注意的是，短视频的会员可以无限次地"卖"给不同企业，帮助企业达成积累用户的目的，这或许是比较容易被接受的双赢收费策略。

5. 美食天下：教你煮菜的社群平台

家庭主妇在市场上是个巨大的可开发消费群体，她们共同的痛点就是有时不知道一日三餐为家人准备些什么。家庭主妇对于三餐如何能搭配得不过于重复、又吃出营养、吃出好口味，有强烈的需求。既然有这样的痛点，企业就应该思考解决方案。美食天下就是这样的平台，汇集了大量的菜谱，教家庭主妇做菜。各位想一想，这些菜谱从何而来？由平台自己编辑绝对不可行，因为这样做的边际成本过于巨大，如果能让那些会做菜的人提供内容，平台的负担就会小很多。

美食天下让那些会做菜的个人开设店铺，并凭借他们所提供的菜谱吸引粉丝关注。一些人持续地发布内容，甚至积攒了上百万的粉丝。

美食天下的内容依照季节、菜系进行分类，用户也可以按照食材名称进行搜索。例如你可以按照牛肉、猪肉、虾、蟹、大白菜、橄榄菜等食材的名称，搜索这些食材能做出怎么样的菜肴；你也可以以随意浏览的方式看看当季有什么适合的菜肴。例如，夏季有什么菜肴比较清新爽口，冬季有什么菜肴比较滋补。

美食天下还在这些菜肴的详情页面展示食材明细以及烹饪步骤。这么方便的平台确实吸引了大量的美食专家发帖，也吸引了大量的粉丝浏览注册，但是它的商业模式似乎还在不断地寻求突破。目前在平台上只有个人可以开店，可是这些店还无法销售产品。这又是一个兴趣型社群努力寻求变现方案的案例。

其实这些比较优质的平台，应该可以通过提供更多的服务，让这些平台的投资变现。举例来说，这些平台可以销售食材，例如牛肉、猪肉、青菜等，还可以销售一些比较受欢迎的食材包。因为人们仅对照食谱做菜，其实很难做出同样完美的口味，比如要做一个土豆炖牛腩，只有土豆和牛腩是不够的，还需要一些调料、酱汁等。所以很多人都会说，烹饪这件事，准备食材所花的时间远比烹煮的时间更多。都市上班族往往会花钱买时间，通过购买食材包，得到美食的享受以及家人的赞许。所以半成品的食材包有很好的市场空间。兴趣社群不一定是无法变现的,一个好的兴趣平台想要在为企业带来大量的用户以及粉丝的同时也带来利润,关键在于使用结合用户痛点与商品销售的商业模式。

11.9 社群在现代企业中其他的应用范围与应用价值

大多数人在讨论社群时,都会着重探讨它在营销上的应用,其实社群对企业的价值远远不止于营销功能,它可以涵盖企业的整个价值链(如图11-4所示)。

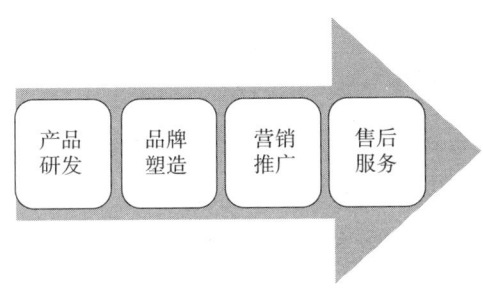

图 11-4 社群应用在企业价值链的不同环节

1. 海尔雷神笔记本计算机

海尔雷神笔记本计算机是专门为游戏玩家打造的一款产品,其客户群体具有显著的共同特征。雷神的开发团队在京东平台上搜集了3万条有关各品牌游戏笔记本计算机的差评,并把这3万条的差评归结为13项问题。随后基于这些痛点开始设计产品。在产品研发阶段,团队通过社交平台和社群与消费者进行沟通和交流。

2. 立邦漆

油漆被认为是非常专业的产品,只有油漆师傅知道如何调色、使用,而且房屋装修属于耐久财,一旦装修结束,用户通常只会在5~7年后,墙壁出现问题时才会有再次粉刷的需求。作为房屋装修涂料大厂,立邦漆也通过社群聚拢粉丝的关注，强调生活里的色彩使用，以及如何让生活多姿多彩。设计师、画家可以在社群中发表作品，传递改变生活的意识，这使低频用户保持了一定的黏性，也缩短了用户再装修的时间周期。

3. 车享家

作为国内领先的大型汽车集团，上汽集团成立了汽车生活O2O的平台——车享家，以覆盖购车以后的服务市场。一般人认为汽车消费是个低频次的消费市场，客户买车以后要等5～7年才会有换新的机会，这样客户买完车，过了质保期，就是客户与企业分手道别的时候。

但上汽集团不这么认为，通过车享家，企业对汽车用户的车辆使用信息掌握得更为精准，并能向客户提供汽车的保养、维护、修理、保险、二手销售、购新车等服务，也加深了购车后对消费者的持续覆盖。车享家不只是单纯地在卖硬产品、硬服务，更是在通过社群传达"车生活"的概念。

11.10 本章小结

本章讨论了社群以及社群思维，其中社群思维的概念尤为重要。社群思维的定义是如何玩转圈子，其关键就是怎么吸粉，从哪里吸粉，怎么通过运营的手段深化粉丝与企业的关系，让粉丝乐于在整个平台甚至个人生活中不断地支持企业的品牌与产品。企业家们更应该关注的是，企业到底在社交平台上向粉丝传递了什么价值，让粉丝持续不断地点击、裂变，才是社交媒体营销的重点。

第 12 章

场景思维赋予产品新生命

本章将介绍社交媒体营销"一个中心,四个要项"中的第二个要项——场景。我们将从场景的定义展开,说明场景思维是什么,如何利用场景进行营销。我们将对场景这个多维度的概念进行分析:可以从产品本身中,创造出场景,可以根据时间来区分场景,也可以通过一些事件的发生来掌握场景。当然,最关键的是如何利用环境,创造场景,发展社群营销,并且发掘变现的可能性。

12.1 场景的定义

1. 场景的传统定义

场景并不是一个新鲜的名词,戏剧里常常会用此描绘演员们在什么地方出现。例如,如果是在家里,那么演员周围的环境展现的就是居室内部的样子,还会有桌子、椅子、床等道具;如果描绘的是一个在田间工作的农民的生活,那么这时候背景道具展现的可能是一片稻田和一些农具。这些背景道具所构建的环境就是场景。可以说,传统的场景定义就是故事的可视化背景,它让观众能很快地进入剧情。

了解了传统的定义后,接下来从移动营销的视角解释一下场景。在 App 的设计中,场景又有了不同的定义,正如移动营销部分内容所述,在 App 设计中，场景是指用户在什么时间、什么地点、什么情况下，想用 App 做什么、解决什么问题。

2. 社交媒体中的场景定义

社交媒体营销中的场景定义与传统的场景定义也有很大的不同。在社交媒体中，场景被定义为"哪一些人""什么时候""在什么地方""会产生什么共同的情绪"以及"导致什么共同的需求"。

社交媒体营销与移动营销的场景在定义上是接近的，两者最大的区别在于移动营销针对的是"个人"，而社交媒体营销针对的是"一些人"，这里强调的是"群体"，而不是"个人"。社交媒体营销的场景要找到的是一个群体的共同需求。而且社交媒体营销强调特定时间，也就是说该场景可能存在较长的一段时间，也可能只存在很短的时间。例如，流行性感冒爆发就是会持续一段时间的场景，流行性感冒对一个班级而言，是一群人（班级中的全体学生）在一定空间（教室）与时间（上课期间）内遭遇的共同事件。

12.2　场景思维

遵循前文对场景的定义，接下来进一步分析"场景思维"。场景思维是指企业在做营销策划时，关注的是"场景"，这时除了需要考虑某些消费者处于哪些典型的场景，企业也需要关注那些场景中事件发生的时间，思考如何抓住这个瞬间或一段时间的机会，通过社交媒体对这些消费者进行营销。场景思维关注的是这一群人在这个特殊时间与地点的心理反应，他们的共同想法是什么，会因为这样的情景产生什么心理，产生什么共同需求。

在一个场景下发生的"共同需求"，是指一群人处在同样的虚拟或实际环境中，因为这些环境条件所产生的需求，并且这种需求在这群人中，是有共性的。比如，航班延误就是一个场景，因为某种原因航班在深夜被取消，同一个班机的乘客被迫滞留机场，要熬过这个漫长的夜晚。在这一瞬间，不管是男是女、是年轻人还是老人，这群素不相识的人在这种场景下都会产生共同需求，那就是找个最近的酒店，梳洗、睡觉，在飞机下次起飞之前再回到机场登机。这就是场景创造的共同需求。

上述场景和大数据里的客户标签没有关系，飞机延误导致旅客滞留机场，这种心情与需求不会因为这名旅客是男是女，是收入高还是收入低，是月光族还是勤俭一族而有所不同。航班延误是已知的、很容易识别的事件。如果我们是机场附近的酒店从业者，就会很容易知道今天晚上又有航班取消了，这时如果能通过社交媒体，说明班机延误原因，并推荐一些附近的酒店，乘客就会觉得比较心安，这时你再推出酒店特惠价信息，生意就来了，这便是抓住当下的共同需求。

12.3 社交媒体营销、移动营销与传统营销对客户与场景定义的差异

传统营销理论首先在讲客户区隔，当营销人员需要对一个群体的客户进行描述和定义时，营销专家们常常以人口统计变量，例如以性别、身高、体重、性别、居住地区、职业等条件区分客户。有些营销人员可能会以生活风格对客户进行区分，例如，每天朝九晚五、中规中矩地上班，坚持两点一线生活的人属于同一个客户区隔；夜猫族、晚上不睡觉，喜欢上夜店、泡吧的人又属于另外一个客户区隔。一旦一名消费者的标签被设定，他的需求基本上也就被决定了。

与社交营销的不同之处在于，这些旧式营销思维忽略了同一个人在不同场景下，想法不同，心理状态也会不同，进而需求也会不同。反过来说，即使是不同区隔的客户，如果处在同一场景下，需求也可能是相同的。例如上文提及

的,在航班延误时,客户的共同愿望就是得到航空公司的妥善安排,不管人们的年龄、性别、收入、生活习惯有什么区别,此时的需求都是一样的。

另外,移动营销与社交媒体营销对客户与场景的定义也不同。移动营销锁定个别客户,所以强调的客户是一个人,而不是一群人。移动营销也强调不同场景会有不同需求,只是移动营销强调的是个体,而不是群体;移动营销强调的是瞬间,而不是一段时间。

在社交媒体营销中,每个人都会面临多种场景,而且在不同场景下,每个人的心境、需求、想法都会产生不同变化。社交媒体营销并没有假设同一个场景中的个人化差异,也就是说,它假设在同样的场景下,一群人具有共同的想法以及需求。基于这个假设,只要能区分场景,这些状况相同的消费者就有同样的需求,这个现象甚至可能在多个地点同时存在。例如某城市上午还天气晴朗,下午下班时突然下起了倾盆大雨,这时不管你身处该城市的任何地方,买一把伞的需求是一致的。在传统营销中,我们假设"这群人"只要是白领,就会喜欢什么、对什么有需求;在移动营销中,我们假设一个"个人",处在某个情景下会有什么需求;而在社交媒体营销中,我们假设在特定环境下,"这群人"会有什么共同需求。

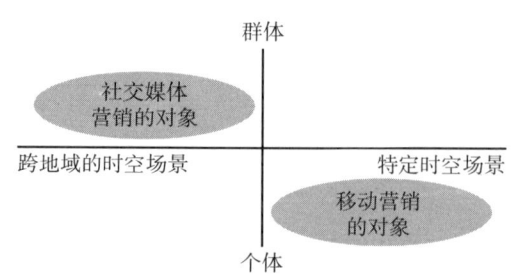

图 12-1 社交营销与移动营销的客户与场景的定义差异

图 12-1 展示了社交媒体营销与移动营销的客户和场景的定义差异,看了这幅图,读者们可能会问,这幅图标示了社交媒体营销和移动营销的定位有所

不同，但是传统的 4P 营销和 4C 营销应该在哪个位置呢？正常来说，传统营销也是分析群体的，但是二者对群体的定义与社交媒体营销和移动营销都不同，如果要表示在上图中，应该是横跨左右两边的上半部区域。

12.4 社交媒体营销的场景思维

社交媒体营销的场景思维是指每一个人在不同时间都可能处于多种不同的场景，同一个人因为所处的场景不同，心态会发生各种变化，也会产生不同的需求。比如某企业的一位管理层人员，他在不同时间可能处于以下不同的场景。

- 每个星期日都带女儿上芭蕾舞课，这时处于家长模式。
- 每周三下午开会，检查工作进度，这时处于工作模式。
- 和家人在机场休息室等待登机，这时处于家庭休闲模式。
- 周六下午和三五老友聚会，这时处于朋友聚会模式。

当这个人处在第一种场景时，他的心里想的可能是多鼓励女儿，让女儿学习跳芭蕾舞、锻炼身体，多学习一种能力。当女儿在芭蕾舞房学习时，作为家长，他可能会在附近找个地方打发时间等女儿下课。例如，此时如果附近有一家星巴克，应该很容易就能吸引这位家长，他可以在星巴克里一边喝咖啡，一边等女儿的芭蕾舞课结束。这时，在星巴克喝咖啡打发时间的需求，是一群人的共同需求。只要是等孩子的家长，在那时都可能有这个需求，因此企业可以用社交媒体联系"这群人"。只要芭蕾舞教室没搬家，这群人就会不断地出现在芭蕾舞教室附近，所以此时的社交媒体营销可以在芭蕾舞教室周边，在上课的时间针对这一群人开展营销。而移动营销则是侦测一个"个人"的需求，移动营销需要关注的是"个人"在什么时间出现，这就是做法上的不同。

12.5 场景带给营销人员新的机会与挑战

在社交媒体营销中,我们关注的是一群顾客在场景上的共同性、因此产生的群体共同的情绪及状态,以及进而集中出现的大量需求。例如,一群人刚下班走出写字楼,发现外面下着倾盆大雨,通常每个人都会需要一把雨伞。这时如果写字楼附近有家便利店,店家把店内的雨伞拿到店门口销售,一定能产生较好的业绩。社交媒体场景化的思维,确实能让企业产生更多的商机。

1. 传统营销思维中客户是稳定的,不会因为场景变化而产生差异

传统营销思维中的产品定位以及目标客户都是静态的概念,也就是说,一旦确定了一个产品的定位或目标客户的身份,那么在整个营销过程中,这个概念就不会动摇。传统营销思维认为,不管客户在哪里、想要去哪里、在什么环境下,需求都是不变的。例如,一旦定义某个客户属于上班族,那么不管他是晚上在家吃饭还是在与朋友聚会,都会被定义为上班族,他的需求都是依照"上班族"这个属性定义得出的,企业在营销时不考虑场景。

2. 社交媒体营销的客户需求是随着场景动态改变的

社交媒体的场景是由"时""空""人""需求"等内容组合而成的世界。也就是说,可以认为场景是环境及相关因素的总和,场景既是客户需求的发生背景,也是营销的发起时间。这种机会常常是一闪而逝的,这种商机对营销人员的敏感度是很大的挑战。在传统的 4P 营销环境下,营销人员可以慢慢冷静地思考各类不同的产品定位,有较为充裕的时间策划一些促销活动,但在社交媒体环境营销中的营销人员需要在更短的时间内、更有创意地捕捉商机。

3. 营销人员应该从流量思维转变为场景思维

从上文的例子中可以发现，社交媒体营销与传统营销有很大的差异。传统营销思维的目的是为门店或网站创造流量，营销人员常常思考的是线下地推、互联网广告等多渠道的线上线下引流，因为有流量才有转化，有转化才有订单。过去互联网营销在分析流量入口时，会假设客户场景不变，例如，将门户网站、SEM①作为从多渠道引流消费者的方式。

社群营销的思维则完全不同。首先社群营销的思维并不假设企业拥有并了解这些客户数据，企业可能根本不认识这些客户，他们可能在不同的场景中出现。例如这些客户可能是还在跳广场舞的阿姨，可能是在研究书法的老先生，也可能是在打游戏的学生，这些人都还不在企业的数据库中。

一旦引进社群营销的方法，营销人员首先要关注的是企业的目标客户会在哪里聚集，他们当下有怎样的心情，如何挖掘这些群体当下的需求，或当某个外部现象发生时，这些外部现象与客户群有什么关系。假设企业的目标群体是那些爱跳广场舞的阿姨，当气温骤降时，这些阿姨会有什么样的心境或需求？营销人员需要考虑的是如何在当下，引爆这群客户的需求。又例如从事汽车养护行业的企业，天气变化与客户用车有什么关系，产生这些思考，就代表企业已经开始从传统营销向社群营销转变了。

12.6 多维度的场景定义

既然场景思维这么神奇，那么到底应如何发掘场景化的需求呢？实际上，场景的表现是多维度的，场景可以由单个因素驱动，也可能由多种因素共同影响。一般可以把影响场景的维度区分为产品使用维度、时间维度、地理位置维

---

① Search Engine Marketing 的缩写，也称搜索引擎营销，就是在谷歌、百度等平台进行关键字投放。

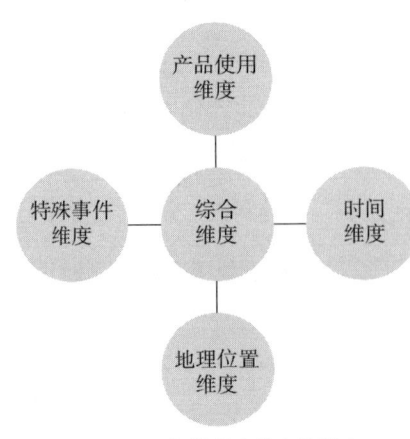

图 12-2 场景是多维度的概念

度、特殊事件维度这四个维度（如图 12-2 所示）。

这四种维度的组合是动态的，有时一个维度就足以定义一种明确的场景需求，有时则需要多个维度组合在一起，才能使某个场景的需求更加清晰。这种动态的概念对营销人员而言又是一种新挑战，因为这些维度的组合有时是可以预先知道的，例如时间维度，季节变化是必然发生的，季节变化时人们会产生场景化的需求；有时这些维度又是很难预知的，比如气温骤降 10 摄氏度，就属于突发事件，一般只能在 24 小时以前，甚至在更短时间内才能准确预判，又或者突然下暴雨，哪些地方会积水是很难预判的。营销人员需要对这些现象保持较高的敏感度，才能抓住关键时机。

12.7　围绕产品维度的场景洞察

1. 深入洞察产品与用户的生活关系，了解客户场景信息与需求

最有效的场景应用便是，一群用户在特定时间或地点、有特定的需求或欲望时，营销人员能成功洞察这一点，并向这群用户提供合适的信息内容，进而达到目的。

对用户群在特定场景下的动机、需求以及可能出现的行为进行搜集和分析，就可以找到产品与服务在其中的嵌入点，通过将产品嵌入场景，企业就能更精确地锁定某个客户群体。

场景的洞察应该如何深入？很简单，就是设身处地、现场观察。设身处地

就是将自己放在消费者所处的场景中思考,现场观察就是营销人员亲自去场景的现场观察一段时间,这时营销人员就会和消费者产生同理心。深度观察客户的现场对于社交营销极为重要。

除了现场观察,团队还可以使用两种方法来发掘场景需求。

(1)头脑风暴

头脑风暴即不受限制地解放思想,每个人都假设自己是消费者,提出在某个状况下自己会有什么心情、可能会怎么想、可能产生什么需求等。头脑风暴最忌讳的就是只有领导者自己一直说,或者领导者直接不允许某些参与头脑风暴的成员发表意见。在头脑风暴的过程中,应该让提议者先陈述,等待所有意见都被提出并且申述后,再由团队来表决。

(2)沙盘推演

沙盘推演即根据已知场景,推演可能产生的结果,并从这些结果中找到最可能出现的结果,再定义需求。

2. 通过场景,赋予你的产品完全不同于对手的价值

创造场景不仅仅属于战术营销这种操作层级的思维,更是企业在战略层级的思维。因为创造独特而有价值的场景,可以让企业展现与竞争对手截然不同的价值。接下来用一些例子来说明这一点。

(1)星巴克卖的不是咖啡,而是社交与商务洽谈的场景

同样是卖咖啡,为什么星巴克的咖啡一杯可以卖到30元左右,而很多其他品牌的咖啡价格只能卖到星巴克的一半价格?根本原因是,星巴克通过营造环境,塑造出了不同的需求场景,使自己成为朋友、同事、合作伙伴相约谈事情的最佳场所。星巴克既不过于奢华、也不显得寒酸,反而让会谈双方觉得这个场所更专业、没有压力,这种商务洽谈空间的价值被包含在30元的咖啡之

中，所以即使比一般的咖啡更贵一些，消费者也更加倾向于选择这个场景。

（2）茶馆不只是喝茶的场所，更是聚会、社交、打牌的场所

在一些比较好的茶馆，一壶茶动辄百元，甚至数百元，这些茶叶如果放在茶叶店里零卖，可能也就只要几元钱，茶馆把茶水卖得这么贵，看起来简直是暴利。可是为什么好的茶馆还常常客满？因为茶馆卖的不仅是茶叶，还有朋友聚会、社交，是打发时间的场所以及这个场所的氛围。几个人整个下午都聚在一起，花两三百元还是觉得值的。

（3）全家便利店

全家便利店是我曾经工作过的企业集团旗下的一个品牌，它有两个场景塑造得很成功，很值得介绍。

- 全家湃客咖啡：在瑟瑟寒风中，全家温暖你的心。这个诉求更适合在都市生活的白领，慰藉他们在寒冷天气里的孤独。在你等车或前往某个地方的过程中，这杯咖啡的价值是"带给你温暖"，这就是一种生活场景。

- 全家就是你家：24小时的温暖空间，家人般的亲切照应。"全家就是你家"给消费者无限的想象空间，这个场景的需求群体就是小白领或小家庭，由于人口少，准备食材不方便，"全家就是你家"表达了"应有尽有、随时来取"的亲切与方便，这也是一种生活场景。

如果星巴克只谈咖啡口味，茶馆只谈茶叶好坏，全家只谈方便面、牛奶，那么他们还能创造出与对手不同的感觉吗？这些场景一旦被创造出来，就会成为企业对消费者讲故事的一连串素材，围绕这个场景，企业的社交媒体故事就会源源不断。

3.场景赋予商品新的意义

场景不仅仅可以创造企业与竞争对手之间的差异，也可以刷新产品在消费

者心中的印象，来看看以下几个案例。

（1）营养快线

大部分消费者对营养快线的印象可能是牛奶的替代品，这种定位会引起你的特别关注吗？它会让你在什么时候觉得应该喝营养快线呢？如果营养快线只是牛奶替代品，为什么不喝牛奶呢？目前大多数便利店都卖牛奶，牛奶是很易购买的，根本不需要替代品。

通过"来不及吃早餐，来瓶营养快线"的场景植入，把营养快线直接打入消费者的生活场景。来不及吃早餐是很多人面临的共同问题，所以这个场景是很清晰的，如果营养快线能从这个角度切入，传达营养快线的营养更全面，而且更健康的特点，就有说不完的故事了。

（2）王老吉

王老吉是一个全国知名的饮料品牌，如果只说王老吉清热去火的功效，人们实在很难想象出什么时候需要它。王老吉在做宣传时选用了消费者日常生活中最易上火的几个场景：吃火锅、通宵看球、吃油炸食品、吃烧烤等，并把王老吉植入这几个场景，消费者只要处在这些"生活中最容易上火的场景"中，就会联想到王老吉，一个产品的生命力就更容易发挥出来了。

（3）亚历山大亚爵健身会馆

说到健身会馆，你首先会想到什么？运动器材、游泳池，还是健身教练？这些是每个健身会馆都有的，如果一个健身会馆的销售人员告诉你，自己的健身设备最好、最完善，教练最专业，可是收费是普通健身会馆的两三倍，你会选择这个会馆吗？这是绝大部分健身会馆在营销时出现的问题，他们并没有用场景化的思维来定义消费者。

亚历山大亚爵健身会馆的定位是高端健身会馆，除了具有完善的设备、专业的教练以外，整体环境也非常高端，因此收费也是其他健身会所的数倍。当时作为上市公司的董事长，我每天都非常忙碌，如果健身之后还有重要事情和其他人见面会谈，就需要抓紧时间收拾东西赶过去。而这个高端会所提供了非常好的商业洽谈环境，置身其中宛如在五星级酒店的餐厅吃饭，实在很适合商务洽谈，选择这里，健身、公务一举两得。于是我立刻就在诸多竞争对手中选择了这家健身会馆，这就是场景的力量。

12.8 围绕时间维度的场景洞察

时间是一个非常自然而且通常能被预测的场景维度，时间本身就可以再细分为几个维度，例如时点、时间、时节，这些都是场景思维的源头。我们可以观察一年内有哪些场景会出现，也可以观察一星期内消费者所处的场景与心情，还可以再细分到一天中，消费者处于哪些不同的场景，这些信息都可以被企业利用。

1. 一年中的时间场景

一年中主要有两种时间场景的变化，第一种是自然环境的变化；第二种是人造时间场景的变化。

（1）自然环境的变化

自然环境的变化，也指节气的变化，即不同季节人们所处的环境产生的变化以及春夏秋冬四季的变化。在中国，这个维度的观察是更为重要的，因为我们有独特的历法，大致总结了一年四季的天气变化规律。不管是餐饮、快消品、便利店、超市、购物中心、家电、家居，还是汽车行业，季节的变化都会使消费者对商品或服务产生不同需求。中国人非常熟悉农历的节气说法，所以节气变化带来的需求改变，是很容易让消费者融入其中的。

（2）人造时间场景的变化

不仅在中国，世界各地都有人造的时间场景。例如，中国春节、中秋节、端午节、劳动节、国庆节,甚至近几年创造的双十一,西方的圣诞节、情人节、黑色星期五等,这些节日都是人们创造的时间场景。各位可以想一想,这些人造节日对行业有什么影响,人们在不同时间的需求有什么变化。

2. 一周内的每一天如何分别与产品发生关联

一周内的时间变化是指周一到周五以及周六周日的时间变化,这种时间上的变化对每个人的心理都有很微妙的影响。例如,周一早上一般人上班时的心情是怎样的,是期待未来一周新的挑战,还是开始等候周末的再度来临?周二与周四的心情相对稳定,周三通常会让人产生小周末的心情,当然心情变化最大的还是周五下午时放假前的心情以及周六日的假日心情。这么多时间段,每个人的心情也随之起伏,企业家们可以好好想想,每天的心情变化是否可以让产品讲出不同的故事。

3. 一天之中的时间场景如何与产品发生关联

时间维度最短可以切分为一天内在不同时段的心情变化。例如,早上7时是吃早餐或准备出门的时间,7~8时是上班通勤的时间,8~18时是特定的工作时间,晚上7时是晚餐时间以及晚餐后的休闲时间等。这些时间的变化也会给每个人的心理带来变化,不同的心理变化也会让人们产生不同的需求,这时企业的诉求也应依此作出调整。移动营销的部分也已经说明,通常人们在早上精神好,注意力集中,根据人们的理性诉求推荐实用型产品效果更佳。下午与晚间属于较放松或注意力比较不集中的时间,根据感性诉求推荐享乐型产品则效果较佳。

掌握了这些时间影响个人心理的奥秘后,企业从场景的角度开展社交营销时也能有说不完的故事,而且这些故事都很容易在关键时刻触动消费者的需求。

12.9　围绕特殊事件维度的场景洞察

1.特殊事件背后存在大量需求

这里的特殊事件是指消费者生活周边发生的各类事件。这些事件可大可小，小到可能只是一个社区、城市的热点新闻，大到可能是整个社会共同关注的事。虽然这些事并不是每天都会发生，但是都能引人关注。

特殊事件背后常常隐藏了大量的需求，关键在于企业能否找到特殊事件与产品消费的关联性，或能否敏锐地将助长品牌印象的连接点发掘出来。这对营销人员而言是一个重大的挑战。

有一个"随机事件的直接关联法"可以开发营销人员的创意能力。这个方法就是让几个人（不一定都是营销部门的人）每周随机地从各类媒体中找出几个新闻，然后开始头脑风暴，必须说出一个让事件与商品发生关联的故事。参与的人在初期常常会觉得这些故事编得有些牵强，但是经过一段时间的练习，这些人就会变得富有创意，能编造生动合理的场景故事。各位企业家，不论你从事什么行业，不妨让自己的团队试试能不能发挥创意，把以下几个场景事件与自己的产品关联起来。

假如你从事：美容行业、零售行业、汽车后行业、餐饮行业、烘焙行业……

- 高考结束和你有什么关系？
- 学校开学和你有什么关系？
- 新的网红剧推出、某明星爆红跟你有什么关系？

2.最近的社会热点事件和你的企业有什么关系

除了在生活中碰到的临时性事件可以成为社交营销的场景题材之外，各类新闻也常常是开展社交营销的很好的素材。生活中碰到的事件、国际事件和社会事件三者有一个共同特点，那就是这些事件是大家都关注的热点话题，这样的话题在搜索时比较容易被发现，所以适合成为场景设计的材料，但在具体应用时注意不要涉及敏感话题，不要恶意炒作。

12.10　围绕地理位置维度的场景洞察

1. 百度糯米发现的关联需求

在移动营销中，地理位置是很重要的影响因素，在社交营销中，地理位置的重要性也很强。但是二者唯一的差异在于，移动营销关注的是个人，社交营销关注的是一群人。百度糯米是一个涵盖外卖、旅游、美食、电影、酒店、休闲娱乐、购物、生活服务、本地生活等内容的生活服务平台，因为使用人数多，百度糯米发现了一些与位置相关的现象。

- 每 4 个看电影的用户中，就有 1 个人在 2 小时内会就近用餐。
- 用户在美食、电影、酒店、KTV 等生活服务方面进行消费时，有明显的联动购物倾向。

百度糯米把这一概率称为"连接效率"，百度糯米通过"位置""时间""人群"三个维度，构建了场景生态，打造了到店推荐功能。这个现象不仅可以被用在移动营销中，也可以被用在社交媒体营销中，对着一群人讲故事。

2. 考虑在家、在店、在途三种场景，扩大需求

在介绍 CIDR 模型时，本书提出了三种场景——在家、在途、在店，介绍移动营销时，说明过这三个场景都是触发移动营销时应该考虑的因素。在社交媒体营销中，将三种场景作为故事情节也是适用的。

同样是星巴克咖啡，可以选择以"在家"为背景展开故事，比如消费者在家悠闲地享受一杯星巴克咖啡，与别人分享感受；也可以选择以"在店"为背景展开故事，这也是星巴克惯用的宣传手法，消费者可以在粉丝群里分享他在星巴克的信息，比如他在哪家店，正在喝什么口味的咖啡，现在的心情如何；"在途"的故事背景则可能是消费者在开会时或在图书馆学习时，突然想喝一杯咖啡，于是通过App下单，不一会儿星巴克的送餐员就会送来咖啡，让人心情好转。这就是说，同样一个品牌，在不同的场景下，可以激发不同的故事，引导消费者之间的互动，扩大购买。

12.11 本章小结

在结束本章之前，我们再用一个框架来解释场景营销的多维度概念（如图12-3所示）。

如果建立了场景思维，企业就可以更精准地锁定客户，在营销时也更有说不完的故事。

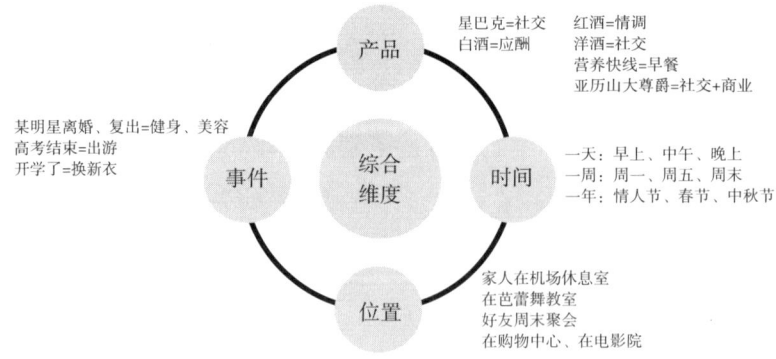

图 12-3　四个场景思维的维度

第 13 章
如何做好内容营销

本章内容不仅适合于文字、图片的内容创作,也适合用在抖音、小红书这类短视频社交媒体上。大家可以先阅读学习,然后在实践工作中要求团队反复尝试练习这些建议策略。这样,企业一定能够取得很好的品牌传播效果甚至销售效果。

13.1 什么是内容营销

1. 内容营销的定义

营销是一种沟通过程,企业通过这种沟通,达成预期的目的。上文提及的传统营销、品牌营销、移动营销、大数据营销、社交营销都属于不同的沟通过程,而内容营销就是"企业通过精心设计内容、发布方式、传播方式等方面,向用户传递有价值的信息,从而实现营销目的"。

不同于传统广告具有的推销性质与内涵,内容营销是一种企业向用户提供有价值的信息并进一步促进信息的交流与传播的营销方式。这个概念的重点在于"有价值",在学术研究上,大多数学者从四个方面来解释对消费者有价值的内容。

(1)有用

有用是指该信息对接收者有实际的用途。大到对知识的探求,小到生活的智慧,都可以被称为"有用"。例如知识的分享、信息的分享、生活经验的分享等,具体包括告诉大家如何使用一些设施,如何最经济地设计一个充实的旅游行程,如何快速而有效地去除衣服上的污渍,等等;也包括可以带来个人知识增长的内容,例如,教你如何做管理,如何制定企业战略等。

(2)有趣

该信息能让收到信息的人感到喜悦,让人莞尔一笑或笑中带泪。

(3)有利

有利和有用有不同之处。有用是指可以作为参考、可以应用的信息,这些信息不会涉及金钱,例如,告诉你怎么清洁地板最有效。而有利的内容一般强调"经济利益",最常见的是分享与优惠,例如滴滴快车分享的打车折价券,餐厅向用户提供的免费品尝菜或特殊节日折扣,还有知识付费平台可以免费听取的课程,只要是可以免费得到的或少花钱的,都属于有利的信息。

(4)有情

有情就是让读者产生情感连接。这种"情"的范围很广泛,可以是亲情、爱情、友情、对于社会大众仁爱又慈善的情、对国家大爱的情,有情的重点在于感动,在于让收到信息的人产生共情与感动。

上述四种类型的内容,可以通过文字、图片、动画、视频的形式传播。

随着社交媒体的流行以及移动应用的普及与生活化,内容营销已经成了新时代营销的重要载体。有研究报告显示,83%的品牌营销人员把"内容分享"视为社交媒体最重要的优势,另外有70%的消费者更愿意根据朋友在社交媒体中推荐的内容购买相关产品。所以内容可以用来包装场景中的故事,让这些场景故事深入人心,直接加深消费者对品牌的印象,甚至让消费者产生购买意图。

2. 内容营销对于营销人员的能力要求更加严苛

以前通过电视或报纸广告进行营销时，企业可以委托广告公司设计剧情并拍摄，企业只要在电视或报纸上购买时段、版面，就能执行品牌的营销方案。在传统互联网营销时代，电子商务公司大多只需要将静态的图片与文字做成横幅广告就可以执行促销活动。

但是，在社交媒体营销中，随着人们碎片化阅读习惯的养成和多媒体传播时代的来临，消费者需要被更多信息不断地深化渗透，这样营销才能达到以前的效果。所以企业需要不断传播垂直化、大批量的短信息，让消费者愿意关注企业品牌，这样企业才能抢占消费者的心智以及碎片化时间。

3. 设计短视频和直播已经成为营销人员的重要技能

充满大量信息的各类平台使观众的"口味越来越刁钻"。所以，图片、语音、视频处理技能将成为现代企业和个人从事营销工作时的必备技能。正如过去通过微博进行宣传时，营销人员需要提炼宣传内容，在140个字以内把所有信息都表达清楚一样，在短视频的设计和编辑中，营销人员也需要具备设计和提炼的技能，传递有效信息。短视频一般要求在30秒内达到传递情感、打动消费者的目的，这就需要营销人员磨炼自身的技巧。

除了短视频，直播是一个更具有高度技巧要求与挑战的内容营销方法。直播与电视购物有些相似，但是相比电视购物，直播的困难之处在于主播如何吸引粉丝，塑造自己在某个领域的专业形象，这就要求"主播就是内容本身"，主播要能引起用户的喜爱或信任，这样直播活动才算成功。

此外，直播也是一种UGC，它让用户的参与度被最大化了。

13.2　创造高效内容的三个步骤

许多新手对于内容制作的态度比较随意，我在协助企业开展内容营销咨询时常常发现，营销人员最常进入的误区，就是在没有构思的状况下直接做内容，这种在内容制作方面随性的态度是绝对不可取的。正如在设计传统电视广告时绝对不是一接手项目就直接开始拍摄广告一样，专业的内容营销首先需要从商业目的着手，利用分镜头①使内容剧情可视化，进而才能进行有效的绩效评估与修正。高效的内容制作应该分为三个阶段（如图13-1所示），即任务规划、内容创意、评估与学习。

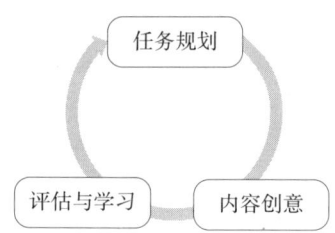

图 13-1　高效内容制作的三个步骤

1. 任务规划阶段

（1）定义目标客户群体或说话的"对象"

一篇内容不可能适用于所有客户，在设计不同内容时，需要先弄清目标客户是谁，针对哪个族群，这些人能接受怎样的内容与呈现方式。

---

① 即 Story Board，过去媒体工作者常用的一种内容设计方法，编辑人员设计整个剧情的概要，如同漫画或小说一样；设计人员逐一画上图案与文字表达，在故事情节上，每一幅图的内容和相临那幅图是连贯的；读者从第一幅图依序看到最后一幅图，就能了解整个故事剧情的发展。

（2）确定环境背景与场景

这个步骤要考虑的是，这次内容发布针对的目标群体处于什么环境背景以及场景。例如，白领的工作环境、年轻家庭主妇的家庭生活环境以及日常休闲环境等。明确了环境背景，就比较容易推演出场景，即具体确定是什么样的一群人，在什么时间、地点，正在做什么事情、有什么心情、产生什么共同的需求。

故事场景常常不是单一的，目前许多有效的内容营销都采取了系列故事的叙述手法，如同电视连续剧。这种连续剧剧情式的内容，只要前面开场做得好，后续在引发消费者的好奇、等待、相互讨论方面的效果是非常好的。

（3）确认商业目的

这是任务规划阶段最重要的步骤，也是最常被忽略的，更可能是引发内容营销活动失败的最大原因。营销人员需要事前沟通清楚内容营销的目的，到底是品牌推广、用户裂变还是销售促进。三者通常很难兼具，只有明确了营销目的，才能设计出正确而且有效的内容策略。

品牌推广、用户裂变、促进销售，完成这三种目的的内容在方法设计上是截然不同的。如果是为了品牌推广，那么内容要有激发情感的故事，一般更多是有情、有趣、偏柔性的内容；如果是为了用户裂变，那么有用、有情、有利都可能是很好的切入点，但是营销人员需要设计一个合理的推荐理由；如果是为了促进销售，则需要有用或有利的内容设计，才能有效驱动购买。

百雀羚曾经用一篇名为《一九三一》的推文为其在母亲节推出的月光宝盒系列产品做推广，这篇推文以20世纪30~50年代的上海为背景，描述一位作为侦探的百雀羚女士的故事。这篇推文引起了大量的转发，在局部气候调查组的公众号中，这篇《一九三一》获得了超过10万的阅读量和超过4000个的点赞数，在微博上获得了15万以上的阅读量。据一些专家估计，如果包含其他公众号的转载，阅读量可能破亿。营销人员在一片掌声中雀跃，但事后评估发现，这篇推文对销售的作用非常有限，引发了很多人对内容营销的质疑。它是否又走了品牌营销的老路，即大家都看到了这篇文案，可是它却没有带来实际的销售结果，这件事甚至引来了人们对品牌的争议，有的人说怀旧在一些品类中可能是好事，例如仿古家具、家饰品类，但是在生物科技与生产工艺日新月异的保养品行业，竞争对手都宣传各种抵抗皮肤老化的先进手段，如果你还在谈七八十年前的东西，年轻人就不会想购买你的产品。

上述三个要素：目标对象、场景、目的在内容营销的策划上是缺一不可的，通常可以依循两种思路来构建它们之间的关联（如图13-2所示）。

我们用两条路径来描述内容营销的策划，第一条路径是实线，用1.1和1.2来连接，第二条路径是虚线，用2.1和2.2来连接，这两条路径根据不同的创意来源进行区分，前者是偶发性的创意，后者是计划性的创意。

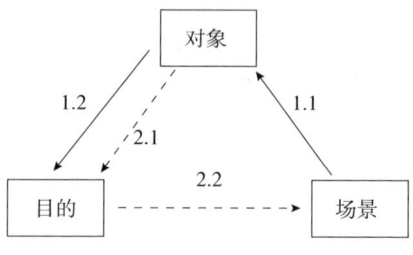

图13-2　对象、场景、目的三者的关联性

第一条路径由场景触发，例如以突然的倾盆大雨为场景，需要考虑这场倾盆大雨对哪一群人的影响比较大，这就是由场景推知对象；接着考虑希望达成什么目的，例如希望卖更多的雨伞。因为很多场景无法事先预测何时发生，所以这个创意逻辑路径适合策划偶发的意外事件。

第二条路径在大部分时候是事前规划的，其流程是从确定对象、明确目标开始到设计场景。例如，假设企业希望针对"90后"白领群体创造一些话题，这时先决定"对象"是"90后"白领，那么目的可能是销售或裂变。接着，基于这个目的，企业需要思考在哪些场景适合写出对的故事，这时就要考虑这些"90后"白领的生活圈子在哪里。例如"90后"白领中的很多人都喜欢线上游戏，那么这个故事的剧情可能就要从一款流行的游戏着手，以此设计一个故事进行裂变或促进销售。

我在自己的企业营销团队中多次采用这两种思路来训练营销人员的营销敏感度与讲故事的能力，训练的结果证明了它的有效性，各位不妨让你的营销团队也试试这套方法。

（4）设定目标

营销人员完成了前面三项工作，理清了内容营销的对象、场景以及目的后，就可以清楚地设定这次内容营销需要达成的目标。例如某些便利店打算发布一系列"雨天的故事"，"对象"是白领上班族，"场景"是突然下大雨，"目的"是增加粉丝对品牌的关注以及卖更多的雨伞。这时内容营销需要达成的目标就可以设定为在这个城市具体有多少人点击这个故事、有多少人转发、卖出了多少把雨伞等。需要清楚目的与目标的区别，目的是为什么要做这件事，目标是做了这件事之后具体的结果要达到什么程度。

2. 内容创意阶段

（1）锁定诉求模式，用分镜头勾勒内容故事大纲

如前文所述，内容营销离不开四种内容诉求策略——有用、有趣、有利、有情。这四个标准也是学术界许多研究一再确认有效的内容策略模式。确定了诉求模式，再根据目标对象、场景、目的这三项元素，营销人员应该很快就能想好怎么讲故事，之后就要写下故事大纲，再通过每一段内容具体表达故事。这时过去在广告设计中使用的分镜头就派上用场了。

（2）完善标题、图标，吸引人们关注

标题与图标是内容营销的画龙点睛之处，有些营销人员习惯于先确定标题再写内容，这是错误的。因为在编辑内容时，营销人员自身的思维逻辑才会真正得以展开，这时常常会有更好的标题出现。营销人员可以先用一个概念性的

标题把握内容的方向，等内容完成后，再仔细打磨标题和图标。而且标题是用户看到一篇文章后，决定是否立即打开的关键，具体怎么写标题，本章后续内容会详细说明。

（3）评估内容对用户的价值与用户的转发动机

你应该站在用户的角度逆向思考，用户为什么会因为你的活动对品牌产生印象、购买产品或积极转发内容。这个步骤是营销人员最常忽略的一个步骤。这件事做起来其实很简单，营销人员在完成编写以后，试着暂时抛开自我的立场，站在用户的角度再看一遍内容或方案，想一下"我作为用户看了这个内容或方案有什么感觉，会不会激起我做某件事的冲动"。营销人员也可以找一些不相关的第三方，调研他们看完内容后的感觉，这样就可以验证内容或方案是否有效。

我所在的团队曾帮助一家大型汽车维修企业设计一个服务套餐卡。公司的商品部门与会员部门的同事花了几天时间，提出一个套餐方案，我们希望这个套餐方案能让消费者觉得实用，并设置了推荐奖励，希望客户推荐朋友使用这个服务套餐卡。工作团队提交了这个套餐后，觉得很满意，而且从财务的角度来看，预期利润也不错。此时，我问他们，有没有请一些与业务不相关的部门同事试用这套方案，看看如果他们是消费者，是否愿意推荐这个套餐，是否能说出推荐的原因。于是这些设计活动的同事把方案拿给10位其他部门同事试用，结果才发现自己的设计存在很多问题，并没有达到预期效果。

（4）针对不同平台调整内容

在传统媒体广告营销领域，由于成本的限制，品牌广告通常只能做一个版本。在不同的渠道或媒体投放广告时，最多也只是做页面尺寸调整或时间长度的删减。这是因为传统的品牌营销以覆盖为目标，无法做到精准，更没有办法加入场景的背景因素。

但是在社交媒体营销领域，状况截然不同。如上文所述，一个故事不可能打遍天下，因为每个社群的属性都不同，社群中的用户也不相同，所以营销人员制作内容的第一步，就是要先想清楚受众是谁。社交媒体营销需要考虑每个投放渠道的特性，必要时甚至需要在不同的渠道投放完全不同的内容，这也是前文曾提及的应当采用不同内容对用户分群，逐步孵化。

例如，抖音和小红书都是短视频平台，但是二者的定位不同，吸引的群体也不同。人们在小红书上会发现一些比较感人的柔性故事，或者一些年轻女孩的街头秀；而在抖音则更可能看到比较直截了当的诉求，比如减肥、健身、家庭 DIY 等。

3. 评估与学习阶段

许多内容营销人员整天忙于准备内容，却没有总结效果，然而总结效果也是非常重要的步骤。营销人员需要了解：什么内容、发给谁，什么时间发，什么样的内容更容易得到回应。

企业需要建立数据库来储存这些经验与结果，特别是关于哪些人更喜欢什么类型的内容，以及通过什么沟通渠道传递更有效等的信息，这会对后续开展内容营销提供非常重要的帮助。

13.3　六种常用的内容策略

一些学者曾对内容营销的诉求策略进行分析分类，结果发现，内容营销的诉求策略基本上都可以归入有用、有趣、有利、有情这四种类型。另外，一些学者根据内容营销的实质内容做了不同模式的效果研究，书中整理总结了六种比较具有代表性的有效模式，为各位提供实践方面的参考。这六种内容策略也可以用上述四种诉求概括（有用、有趣、有利、有情），只是这种分类方法更具实践方面的操作指导作用。

1. 制作热点性内容

热点性内容即某段时间内大家都在关注的热门信息。制作热点性内容之所以可以成为内容策略，主要因热点性内容备受关注，而且在各种分类搜索中也会被认为是相关话题，比较容易被排在相对靠前的位置。热点性内容涵盖面很广，按照事件本身涉及的层级，一般又可以被分为国际事件、国内大事、社会事件、时令新闻。

（1）国际事件

国际事件通常不可能对个别企业产生直接的影响，但是企业可以以这些事件为关联的背景，以这些国际事件为内容宣传的起始点，延伸出事件对客户的影响，该注意的重点等内容。

（2）国内大事

根据企业属性的不同，国内大事有可能与某些行业直接相关，但是也有可能没有直接的联系。企业可以在符合国家政策与法令的原则下，从正面适当地进行提醒或关联。

（3）社会事件

社会事件通常会引起较多民众的关注，也常常成为大众搜索的内容。

（4）时令新闻

例如，入夏避免中暑，入秋避免干燥上火，入冬注意大雪的影响，等等。这种新闻常常更能引起民众的关注，企业可以以这种新闻为文章开头的背景介绍，再延展到与企业相关的内容宣传。

2. 制作即时性内容

热点性内容通常是指持续地发生与受到关注的事情。而即时性内容则是指短时间内的、当下正在发生或刚刚发生的事情。

热点性内容与即时性内容的场景与应用时机不同。即时性内容是指与这个时刻所发生的事物相关的内容，当事件过去几分钟或几个小时后，这类内容就会失去被关注的价值。热点性内容则会产生几天甚至几个月的持续影响。所以宣传即时性内容时，更需要掌握时效性。此处举两个例子以说明这一点。

- 午后某城市大雨导致路面大量积水：这件事描述的可能是一小时以前的大雨，造成的瞬间路面积水，影响的是未来一到两小时的交通情况，再过几小时，水退去后，就没有影响了。
- 交通事故导致某路段爆堵：和上面的例子一样，一个交通事故可能造成了道路拥堵，这个拥堵也只会在未来一两小时产生影响，所以在这段时间内，这件事很容易引起关注，但过了这两小时，交通事故这件事也就没影响了。

3. 制作生活故事性内容

生活故事性内容是指与人们生活周遭发生的感人事件有关的内容，例如有关慈善、仁爱，照顾老人、小孩、弱势群体等事件的内容。这类内容通常属于有情的内容类型。

4. 制作方案或学习性内容

方案或学习性内容包含多种不同层级的方案与知识，小到生活小贴士，大到对企业管理的一些建议，发布这些内容的主要目的是让用户觉得有用。此处举一个例子以说明这一点。

- 米拉博酿酒厂

这个有趣、有用的案例算是国外短视频内容营销的经典案例，国内甚至有在同样场景下的翻版自拍的作品。

史蒂芬·科隆克是一名英国人，他从伦敦辞职后举家迁到法国的普罗旺斯，决定开一个酒庄，享受田园生活。在经济不景气、自身也没有任何酿酒经验的情况下，他创办了一家名为米拉博的酿酒厂，他的竞争对手都是百年老牌红酒庄园，仅是在普罗旺斯，这样的庄园就超过600家。

科隆克的酒庄采取分销模式，由于是新酒庄，他的红酒在当地很难引起分销商的关注。他的营销策略是尽力打造红酒粉丝群，通过大量的粉丝聚集在众多对手中脱颖而出，让分销商乐于把订单给他。在发出了222个视频后，一个标题为"如何用鞋子开红酒瓶盖"的短视频创造了超过9000万次点击量的好成绩。

这个案例兼具有用和有趣两个因素。有用是因为许多人在外用餐想要开一瓶红酒来助兴时，常常会遇上没有开瓶器的窘境，这个短视频为喝酒的人带来了方便；有趣是因为视频中主人公的动作，以及以鞋子为道具敲打几下就真的把红酒的软木塞瓶盖打开的事情，让人觉得太不可思议。

这个视频有9000多万的点击量，不过这样令人瞩目的成绩是史蒂芬·科隆克花了几年的时间制作了数百个短视频才达成的。各位不要期望学完内容营销的方法后，很快就能创造奇迹，内容营销的创作需要时间来学习、打磨，有时候还要配合时机以及运气，当然还要依靠合适的发布渠道。关于如何选择发布渠道，下一章会进行介绍。

5. 制作持续性连载内容

持续性连载内容是指持续发布的一系列相关的内容，这些相关内容的质量不会因时间改变而降低，并且无论在哪个时间段都会保持稳定的风格，这种内容通常也可以被归类为有用的内容类型。

持续性连载内容应成为内容营销的中流砥柱，让品牌可以对粉丝进行长期的宣传，并通过这种长期而持久的影响，逐渐在消费者心里树立品牌形象。

麦德龙是德国知名的定位于 B2B 的大型量贩超市，其目标客户被称为"HORECA"，即 Hotel、Restaurant、Café 的缩写，意为酒店、大型餐饮、小型餐厅。该公司对于产品的质量把控要求比较严格，有时因此增加了成本，所以商品价格较一般的量贩超市也高一些。

为了让消费者了解麦德龙的商品到底好在哪里，让消费者理解它的价格策略，麦德龙创建了一个用于食品溯源的食品管理机制与品牌，称为"Star Farm"。

就三文鱼这一商品，麦德龙以连续性的内容分别讲述了三文鱼的来源、三文鱼的营养、三文鱼可以制作的各式餐点等内容；也介绍了供给羊肉的牧场环境是多么的天然、环保与卫生，并延伸介绍了烤羊肉的方法；还介绍了国外奶源牧场环境、牛奶如何带来健康、国内蔬菜的农场与蔬菜在种植过程中的管理等。这些故事虽然不断地更换话题，但其实中心思想就是，"我们很重视产品的来源管理，所以能够保证产品的质量"。传达的内容变多了，同时也让消费者看到了现场实际的视频，消费者对麦德龙的印象就此建立。

6. 制作促销性内容

促销性内容是指商家在特定时间内进行促销活动所产生的营销内容。这种内容在传播上有一定的阅读量，因为企业在社交媒体中的粉丝通常都是热爱企业品牌的消费者，这些品牌一旦发布促销信息，很容易促使消费者产生购买行为。

13.4 七种吸引点击的标题

前文讨论的是总体的内容策略，在完成了内容的主体文字后，营销人员需要再回头为文案拟定一个吸引人的标题，这样才能达到画龙点睛的效果。需要特别注意的是，此处所说的标题，在文字内容中是指标题上的文字本身，在短视频内容中是指画面展开时一开始出现的大字、配合第一个画面的文字或语音说明。

综合不同学者提出的观点，我们发现通常有七种类型的标题最能吸引用户点击。

类型一：承诺文章价值和意义的标题

承诺文章价值和意义的标题常会在标题中提到某些群体的痛点问题，如获客、朋友圈销售、操作订阅号、转化率低等。标题直白地告诉读者，文章内容的主题就是解决这些痛点问题，而有这些痛点的用户，就会比较关注这一类型的文章，也会有比较强的点击意愿。具体标题比如"新时代企业的获客降龙十八掌""揭秘微信朋友圈销售的18个秘密""如何成功建立一个微信订阅号""解决电子商务转化率低的5个关键方法"等。

类型二：提出疑问的标题

这种带有诉求的标题与承诺文章价值和意义的标题正好相反，其关键是通过设置疑问，挑起大家对某个事物的不同看法。标题中的关键词通常不是群体的"痛点"，而是社会的热点内容，这类标题能引起大多数用户的好奇心，让人愿意点开一探究竟。例如"褚时健的橙子卖的是什么""靠每天的购买流量，电商企业能走多远"等。

类型三：结合时事创建的标题

上文已经阐述过内容应结合时事，这种策略的优点主要是容易引起关注，同时容易被搜索到。这个技巧在分析如何撰写热点性内容时已经具体解释过，这也可以用于撰写标题，选取时事的基本标准是，要选取社会上有许多人关注的事。企业可以把这个议题和自己的企业或商品进行关联，以此展开内容。例如"像小米手机一样卖你的生鲜网站""京东上市，垂直电商有出路吗"等。小米模式、京东上市都是被热议的话题，标题中涵盖这些内容，可以吸引用户点击。

类型四：融入了"为什么""如何""理由"等关键字的标题

这种标题适合与目标群体关注的事、企业的产品功能或解决方案相联系的内容。这个方法与"提出疑问"的标题命名方式有所不同，提出疑问的标题命名方式只是把某个议题抛出来，并不提供答案，而含有"为什么""如何""理由"这些关键字的标题则是在暗示，内容中会提供答案。所以只要这个议题能引人注意，这些人就会想知道答案，会更加关注内容。例如"为什么电商转化率低得吓人""互联网思维引领企业变革的7个理由""如何判断市场走势""如何推出移动互联网新产品"等。

类型五：承诺快速见效的标题

这种标题是在告诉读者，内容可以很快地帮你解决某个问题。现代人的生活节奏较快，读者在遇到问题时更希望能有立刻见效的"特效药"，希望企业的产品能有"速成"的效果，否则用户就会找其他的方案。所以这类承诺快速见效的标题，也比较容易引起消费者的兴趣。不过应用这个方法时要特别注意，因为这些标题属于比较夸张的营销手法，所以在使用时最好能提出一些案例证明或可信赖的出处，否则有可能违反广告法的相关规定，使用时需要谨慎。

类型六：专家建议类标题

在自媒体时代，"专家说法"被称为专家产生内容（Professional Generated Contents，PGC）。由专家来介绍商品，对用户的说服力更强。以文字内容为主的时代只能用引述的方法介绍这些专家；但在新媒体时代，有了视频、直播等工具，通过专家进行宣传更容易得到更好的效果。在各种专家中，教师、技师更经常被提及。教师通常会宣传与课程相关的内容，例如试题解析、学习方法等，这些内容对于学生和家长来说很有吸引力；技师的宣传内容则涵盖面广泛，例如汽车维修保养、身体理疗、日常家用电器的维护等，这些都涉及特定专业领域。

类型七：生活小贴士类标题

除了专家建议类标题外，另外一种"类专家"的标题类型是生活小贴士。这是一种典型的UGC，与前者的差异在于：PGC是以专业人士的形象，出面呈现内容或亲自编写内容，UGC则是以一般人的形象进行内容编辑。生活小贴士更像是KOL发出的内容，在某个领域发布的内容越多，在群众的心目中，个人的形象就越接近这方面的专家。

例如怎么美白，怎么去渍，怎么保持居家洁净，如何保持玻璃干净，等等，这些都是消费者日常生活中费时费力还可能处理不好的小问题。因此这类话题对大多数家庭主妇类消费者来说，就具有很强的吸引力。

实证研究发现，这七种标题的策略确实能增加点击量。但是有两点非常重要，必须提醒各位注意。

第一，这些策略的目的往往是吸引粉丝关注，所以并非发一次这类内容，粉丝就会钟情于你，同一类型的内容必须常态化、有规律地发出，才能建立自己在消费者心目中的形象。

第二，这些方法虽然能快速地吸引眼球，但是必须注意不要过于短视，不考虑实际效果。如果推荐的商品无法达到承诺的效果，就会让消费者感到失望，那么这种内容不仅成了双刃剑，而且还可能触犯广告法。前文中的例子主要都是以个人的身份分享生活小贴士的操作方法，企业在套用这些方法时，需要考虑企业产品本身的真实状况，适度的夸大是可以接受的，但是过于离谱的内容就是欺骗，是错误的，就会产生负面结果，所以采取这些策略时需要慎重。

13.5 检查标题好坏的五项原则

前文从最宏观的视角提出了内容的四种诉求策略——有用、有趣、有利、有情，同时提出六种可以落地的内容策略模式。接着又列出七种最容易让消费者点击的标题，现在从审核的角度来分析，有吸引力的标题应该满足哪几项原则。企业家们可以通过以下的标准来审查营销团队准备的文案标题是否恰当。

此处介绍的是由美国宾夕法尼亚大学教授乔纳·伯杰（Jonah Berger）在其著作《疯传：让你的产品、思想、行为像病毒一样入侵》中所介绍的几项检查标题好坏的原则，这些原则经过实践验证，确实有效。

- 不超过 8 个字的简短标题，分享量比长标题高 21%。
- 具有描述性且准确，不误导读者。
- 有创造性，更能从众多标题中脱颖而出。
- 应该加上数字，因为数字能够增加 50% 的社交传播量。比如"从×××中学到的 6 个不可思议的经验"。在使用数字的呈现技巧时，最好用阿拉伯数字，因为阿拉伯数字的辨识度更高。
- 可包含关键词或短语，并通过搜索引擎确定文章的主题，优化搜索结果。

13.6 消费者转发分享内容的四种动机

企业进行内容营销的目的不仅仅是吸引现有用户和粉丝的关注与阅读，更重要的是使用户产生裂变，对裂变的关注程度的不同也是新时代营销与传统营销之间的主要差异。正如科斯廷提出的概念：

"营销人员必须意识到，如今已不是只考虑购买的时代了，消费者对产品和品牌的评价与拥护已成为影响购买环节的重要因素。"

科斯廷认为，消费者是否产生"拥护"态度的具体衡量标准就是消费者是否愿意主动把企业的内容分享给他的朋友。只有高效的分享裂变才能让企业以最低的成本，快速打造属于自己的私域流量。想要有更高的分享传播率，我们先要了解消费者转发分享内容的四种动机。

1. 被感动（共情分享）

被感动即消费者在看完内容后，相信其中的故事，而且产生了情感或情绪上的变化。心理学中有一个名词最适合解释这种现象——共情。共情这一概念由爱德华·铁钦纳（Edward Titchener）提出，多年来在儿童心理学以及消费者心理学领域被广泛接受并应用。企业营销人员在制作内容时，最重要的就是激发消费者的"被感动"，所以了解共情是怎么产生的并掌握这个技巧也变得很重要。

共情的概念已发展多年，一些学者认为共情是"一种能深入他人主观世界，了解他人感受的能力"；也有一些学者认为共情是"个人理解或想象他人的情绪，而引发出与之一致或相似的情绪体验"。美国心理学家丹尼丝·戴维斯（Denise Davis）认为共情是一个多维度的概念，其中包含了观点采纳、幻想、同情关怀、个人痛苦四种更具体的概念。观点采纳就是一个人看见某个事物，并对这个事物进行判断后所获得的观点。幻想就是看到某件事物后，自己设身处地的深入其中所产生的感受。同情关怀是看到某个事物以后，内心产生的对这个事物的关心与感动。个人痛苦则是在心理上受到的更深的影响。

营销人员不要只把上述四个概念看作纯理论，而应该基于这几项标准有所作为。把这些标准当作内容策划的策略指导以及内容完成后的审核测试标准，依照这些标准创造文案，相信一定能产生很好的效果。这四个标准的测度问卷在戴维斯的文献中有详细的建议，有兴趣的营销人员可以在网上找到这些相关文献。

2. 自我效能感

自我效能感就是"个体对于自己是否能完成某一行为所进行的推断与判断"。心理学家阿尔伯特·班杜拉（Albert Bandura）指出，自我效能不具有全面性，通常只应用于个别领域或范畴。举例而言，一位学生觉得他自己的数学特别好，那么这时自我效能感只涉及数学这个领域，不会让人认为自己是掌握所有知识的专家。自我效能感可以让你感觉自己在某个领域看起来像是一个专家，常常使你在做自我评价时，认知到其他人的肯定，其他人会觉得你更酷、更有智慧、更风趣或更重要，这会让你在心理上获得满足。

自我效能代表了一种成就感。例如，某个新闻内容中提及了某个人的名字、毕业的学校、曾经任职的公司等，这个人看到后在心理上就会觉得，这种提及是一种肯定，这会让他的自我感觉更良好，从而愿意转发这种内容。基于自我效能的概念，一个人愿意转发此类内容在很大程度上是因为希望其他人知道自己是某方面的专家或自己的信息丰富，这也是营销人员需要掌握的情感因素要点。例如，某些内容暗示了只有内部人士才会得到这些信息，这也会让个人的自我效能感被激发，从而使他乐于转发这些内容，以彰显自己身份或资源。

3. 强实用性

在分析内容策略时曾提及，实用性也是增加阅读意愿的重要方法之一。我在这一部分内容中将进一步分析实用性对内容转发量的影响。研究统计，近90%的人在看到信息时，会出于亲情、友谊或自己的身份（例如你是某些人的朋友、同学、老师、领导）等因素，考虑这个信息对哪些人有用并进行分享。朋友圈中的很多信息都属于这一类型。

例如，宝妈个人的微信好友里一定有很多宝妈，她们可能通过某些与母婴相关的活动认识了彼此，她们共同关注的信息应该是育儿、产后恢复等。当某个宝妈收到一个她觉得很有价值的信息时，基于对一些信息的共同关注，她也会乐于在宝妈群里分享这个信息。每个人的朋友圈或微信群里都存在一些有相同关注点或者爱好的朋友，当这些人看到其他人发布的共同关注的内容时，也会很乐意在群里或者朋友圈里转发分享。

4. 表达支持

内容营销方面的专家们常常会说，点赞只是认同，分享则表达了更进一步的支持，而且也是在清楚地向大家表明个人的态度。所以营销人员在设计内容时可以考虑这种心理：如何激起一位读者积极表达对你的支持，进而让他帮你转发。人们通常乐于转发社会公益活动以及国家政策方面的内容，例如树立环保意识、垃圾分类处理、公共安全的新规定等内容。如果内容强调不遵守垃圾分类标准会对整个社会造成危害，那么许多有正义感的人就会乐于转发；在表达对国家政策的支持方面，如果内容能激起人们普遍的爱国心、民族认同感，就会有一大群人乐于表态支持，这就是人们转发的动机。

13.7 精准选择最佳发布时间

准备内容固然重要，但是抓住合理的发布时间也是不可忽略的问题。一般在选择内容发布时间时，需要考虑两方面：一是内容的时效性；二是时间与事件的属性关系。

1. 根据内容的时效性决定发布时间

内容本身涉及的主题是决定发布时间最重要的因素。例如，前文提及的市区大雨造成民众交通不便的案例，这个信息当然是在积水发生的那个时刻发布最能让接收信息的人感同身受，若是过了几天时间再发，可能就不会产生效果了。当然也有些内容并不涉及时效性，这种内容就需要依据其属性，决定在一周中的哪一天或一天中的什么时间发出，效果较好。

2. 根据时间与事件的属性关系决定发布时间

一项针对脸书的调查统计显示，不同垂直领域（每一个不同行业即为垂直领域）的文章分享量达到峰值的时间都不同，大致规律如下。

- 与食物相关的文章在周一的分享量最多。
- 一般的商业文章在周二的分享量最多。
- 健康行业的文章在周二和周五的分享量会达到顶峰。
- 汽车领域的文章分享量在周三达到峰值。
- 所有领域的文章在周末的分享量都比较低，很少能获得超过9%的分享量。

虽然脸书并没有针对个别行业进行更深入的研究和比较，也并没有进一步探索这些现象的内在逻辑，但是根据脸书从用户大数据中得出的结果，发文时间对内容营销效果的重要性是显而易见的。企业家们可以针对自己的行业属性，要求营销团队对不同的内容发出时间进行效果测试，从而总结出自身所处的行业最适合在什么时间发出内容，这样也能提升企业内容营销的效果。

13.8 发布渠道的选择

另外一个与内容发布密不可分因素的是渠道的选择。前文曾提及，每个渠道的特性可能有所不同，不要期望用同一个内容打遍天下，营销人员需要根据渠道的属性，调整或更换整个内容。例如，某些短视频平台虽然也可以发布静态文章与图片，但是在这种平台上，用户更熟悉的是长度在 30 秒左右的动态短视频，而静态照片配上一些文字解释可能并不符合这个平台的受众口味。

而在一些偏重讨论与咨询的社交平台，用户更愿意深度学习、探讨问题，这时一个 30 秒左右的短视频就不足以把信息完全展开，因此图文并茂的静态文章，可能更适合在这些平台上发布。例如，宝宝树的用户都是想学习育儿知识与他人经验的宝妈们，她们更愿意为了孩子的健康成长深入学习，而这种平台就需要信息量大的静态文章。还有一些社区是综合性的，内容量巨大，如果将销售意图过于明显的内容发布在这些平台，账号可能就会因被平台管理者列为捣乱分子而被清理掉，销售型的内容比较适合发布到抖音等叫卖式平台。

所以在设计内容时，需要先想清楚这类内容适合在哪些平台出现，如果我们很希望在某些平台发布内容，而现有内容不适合，就需要考虑调整内容，让它适合不同平台。

13.9 重发的效果不容忽视

很多人认为一个内容在同一个渠道只能使用一次，其实不需要这么严格，因为没有办法确定一个内容在某个渠道发出后，这个渠道的所有用户都看到了这个内容，因此适当地重发同一内容也有助于扩大阅读量。但是营销人员还应该避免让用户意识到重复，这时比较值得采用的方法是适当修改内容的标题以及附图，这样即使有些用户之前已经看过相同的内容，也不会马上察觉。

13.10 本章小结

本章首先界定了内容营销，接着提出了制作内容的三个步骤，说明了策划阶段的目标对象、目的、场景如何匹配，接着从内容的策略、内容的标题这些落地性问题的角度对内容营销进行说明。在内容策略方面，我们提出了四个基础形式的内容——有用、有趣、有利、有情。接着提出了六种常见且有效的内容策略以及七种最能引发点击阅读的标题。最后从转发的角度，讨论什么样的内容最容易被转发。

本章从策略到理论再到实践，对内容营销知识进行了完整的说明，按照本章介绍的方法多做练习，能有效提升内容的传播能力，进而助力内容营销的工作。

第 14 章
社群的构建与运营

本章将讨论社交媒体营销的最后一个要项——社群的构建与运营。在对理论和战略层面的问题进行讨论后，再落实到具体的实践工作上。

14.1 社群的结构

本书第 11 章也涉及了社群方面的内容，但是第 11 章中讨论的社群与本章要讨论的社群有着完全不同的视角。第 11 章中的社群从社群的属性、分类来说明，涉及发展社群的策略方向，例如应当建立产品性社群还是兴趣型社群。本章则从社群的结构着手，讨论如何打造属于企业自己的社群，如何调整社群的组成结构以及如何有效运营社群，等等。

1. 社群的结构

简单而言，探究社群的结构，就要知道"社群的组成部分以及社群成员之间的关系"。组成部分是指社群中的个体成员有哪些不同性质的人群以及各个人群的数量。通常，在了解社群成员属性后，从 3 个不同维度进行观察，就可以清楚掌握这个社群是否能健康、持续地发展。

（1）成员对社群提供的价值的需求程度

成员对社群所提供的价值的需求越迫切，其他同质外部社群的数量越少，社群就越稳定。如果成员对社群的需求是可有可无的，或外部有很多类似社群，那么社群的稳定度就会降低。

例如，哈雷摩托车爱好者社群，其外部同质社群几乎不存在，哈雷摩托车的爱好者们只能在这个群体里才能找到志同道合的伙伴，因此这种社群就表现得相对稳定。

（2）成员之间的亲疏关系

成员之间的关系越亲近，群体自然就越稳定，否则这个群体就会表现得相对松散。但是所有成员之间都关系紧密也是不可能的，这将限制社群规模的发展。除了成员之间的关系，成员和群主之间的关系也是影响社群结构稳定性的重要因素，成员和群主之间的关系越直接、越亲近，整个社群的稳定度也会越高。

（3）成员之间的价值关系

这里的价值并不一定是指经济价值，也可能是指其他价值。在经济价值型的社群中，成员间或成员与群主之间追求的是经济利益；而在非经济价值型的社群中，成员间或成员与群主之间追求的可能是共同的爱好、共同的学习目标等。

利益价值型社群在短期内的活动性较强，可是当成员之间无法获取价值时，社群就容易解散；如果成员之间的价值关系是非利益性的，社群相对就会更稳定。例如，一些社会公益团体的参与者之间并没有任何经济利益关系，这种关系就会表现得较为长久且稳定。

上文对这些群体关系的分析基本都源于学术理论中的群体动力学，有了这些基本理论基础，我们在观察或运营一个社群时，就知道了需要考虑的一些维度。掌握了这几个重点，社群就会相对稳定、活络。例如，上文提到的成员对社群提供的价值的需求迫切性，社群提供的内容具有稀有性，成员在其他地方难以获得，社群能经常性地提供非经济性的价值反馈，社群成员能经常聚会并保持较紧密的关系,等等,这些都是构建与运营社群的关键因素。

2. 强关系与弱关系

社会学家马克·格兰诺维特(Mark Granovetter)在其论文《弱关系的力量》(the Strength of Weak Ties)中指出,人与人之间的关系可以区分为强连接关系和弱连接关系两种(如图14-1所示)。

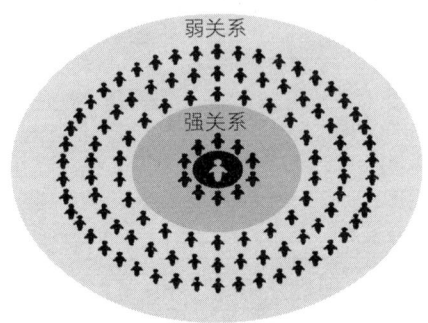

图14-1 社会学家格兰诺维特定义的强弱关系的力量分布

(1)强连接关系

强连接关系是指每个人与最频繁接触的亲人、同学、朋友等之间的关系。在这些十分稳定但范围有限的社会交往中,彼此之间通常会高度互动,强连接所产生的信息在较多情况下是重复的,所以很容易形成一个封闭的系统。

(2)弱连接关系

弱连接关系是指更为广泛的关系,大多出现在相对比较浅层的社会交往中。但是在这种结构关系下,信息能在不同的团体间传递,使网络中的成员拥有更多修正原先观点的机会。

格兰诺维特指出,强连接关系虽然紧密,但是作为封闭系统,外人很难介入,例如家庭中父子、夫妻、兄弟之间的关系,这些都是无可替代的。拥有这种关系的群体虽然非常稳定,但是无法成长,也很难拥有开放式的信息交流,因此如果社群内有过多的成员属于这种类型关系，反而不利于社群的健康发展。相反，弱连接关系正因为更浅层、疏远，所以比较容易扩大，成员之间的信息传播量会更大，多样化的信息也比较多，这反而有利于社群的健康发展。

3. 社会交往中的强弱连接关系是多维度的

格兰诺维特指出，强弱连接关系是一种多维度的概念，即使是亲戚，也分为远亲、近亲，以及经常来往或没有经常走动的亲戚。虽然邻居不具有血缘关系，但是近邻却往往具有比远亲更强的连接关系。如果将强弱关系用在企业营销中，强关系就不能仅仅是指亲戚、邻居，这将限制强关系的用途，所以在营销中，需要对强关系与弱关系的定义做出调整，这两种关系将不再单纯强调血缘或住处，而是更强调情感与互动的亲疏远近。还有另外一个重要的问题是，这种关系要能测量，否则只能流于概念层次，缺乏实践上的价值。

格兰诺维特提出从以下四个维度进行衡量，以此确认人与人之间的关系属于强连接还是弱连接。

- 互动时间：双方越勤于联系，互动时间越多，双方的关系连接越强。
- 情感强度：双方有共同理想，彼此之间的共情感强，能产生设身处地的感受、理解对方的心情或感受。
- 亲密程度：双方心理距离感的远近。心理距离本身是多维度的，取决于时间距离、空间距离以及社会距离。
- 互惠行动：乐于相互协助，考虑对方的利益。

格兰诺维特提出的四个维度，为营销人员测量自己社群的人际关系给出了非常实际、可衡量的标准。

4. 企业构建社群的理想结构

社群不是自然形成的，很多人认为，让社群的成员可以自发地在一个社区平台上进行交互分享、讨论，就完成了社群的构建。其实这和理想的社群的差距还很大。正如你买了一个毛坯房，其实它离家的感觉还很远。营销人员还必须妥善地从几个层面着手管理社群——追求共同价值、调整社群结构、加强日常运营等，才能让社群有"家"的感觉。此处先分析如何调整社群结构，后续章节将继续讨论如何追求共同价值以及加强日常运营。

一个良好的社群结构应该类似于金字塔结构（如图 14-2 所示），分为顶层、组织层、粉丝层和底座。金字塔中组成分子间的关系有以下特点。

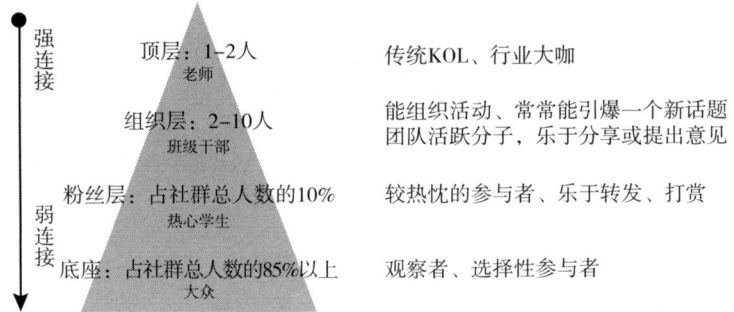

图 14-2　健康的社群层级结构

（1）包含强连接与弱连接的人际关系

一个社群中如果全部是强连接关系，那么这个社群的关系结构确实稳定，但是社群也会不易扩大，同时也可能产生"近亲繁殖"的问题，导致社群讨论话题时缺乏更完整的观点或成为"一言堂"。

（2）越在顶层连接越强，越在下层连接越弱

社群中的金字塔结构是自然形成的，顶层一定是发起人或初始成员，下层则是新发展的成员。初始成员之间的人际关系就是强连接，而新成员之间因为来往较少，就是弱连接。

（3）成员之间的关系是会改变的

在社会交往中，人与人之间的关系并不是不变的，有时会随着时间或其他因素的改变而改变。同样地，一个人在群体中与其他人的关系也会发生改变，群主应该密切关注群体中的人员的角色变化。

（4）关系结构分级

一个健康稳定的社群结构可以分为以下四级（如图14-2所示）。

顶层（1~2人），属于发起者或标志性人物，通常是发起者或发起者邀请的代言人。这些人可能是社会名人、行业大咖。用一个班级类比，顶层中的人物就是班级中的老师。

组织层（2~10人），是社群结构中的核心成员，这些人负责组织、带领社群活动，也有可能是社群中的积极分子，具有高度的热忱，会积极参与活动。用一个班级类比，组织层中的人物就是班级干部。

粉丝层（占社群总人数的10%），这些人在活动中积极参与、积极回应、乐于打赏。粉丝层是社群的主要贡献者，高度认同社群的价值提议，他们中的一部分人会被发掘出来，加入组织层。用一个班级类比，粉丝层就是班级中成绩较好的前10名学生。

底座（占社群总人数的85%以上），这些人认为社群的提议是有价值的，但并未达到高度认同社群提议的程度。他们不定期参加活动，有时积极参与群内的活动，有时不积极。属于静静的观察者，遇到符合自己期待的时机才会参与。用一个班级类比，底座就是班级中的大多数学生。

社群运营人员在掌握了上述社群的层级结构比例关系后，在维护和运营社群时，必须时时关注社群中人员的角色变化，找出那些有成长倾向的人员，挖掘他们，这样才能让社群稳定发展。

14.2 加入社群的四种动机

如何创建一个健康、活跃、可持续的社群？价值是一个社群存在以及吸引成员加入社群、参与活动的基本驱动因素，群主在创建社群时一定要对社群的价值有清楚的定义和认知，并且确保社群成员都能识别该价值信息，认同该价值提议。社群成员追求的价值，一般可以分为以下四种类型。

1. 寻找自我

在介绍社群的概念时就曾提及，社群是由一些有着共同目标、理念或兴趣的人结合在一起所形成的。社群需要清楚地告诉外界自己是什么样的，从而实现对同类型人群的召集。例如，书法社群的主要成员是那些追求书法与艺术学习、想要相互交流的人，宝妈社群的主要成员是那些刚生育或即将生育的女性，大家在社群里交换经验、相互学习。加入社群并与一群有共同追求的人相互交流学习，可以让这个人确定自我身份，实现自我。

- 哈雷车主会

哈雷摩托车的车主通常更追求自我，并不太在意其他人对他们的看法。也正是这样的生活态度，让这些摩托车车主愿意聚集在共同的社群团体里。

通过哈雷公司赞助成立的哈雷车主会，摩托车车主之间产生情谊并分享骑行的乐趣。在很多国家，无论下雨天还是晴天，每逢周日，车主会会员们都会集体骑行，这表明车主对哈雷公司有很高的品牌忠诚度。为了增强用户黏性，车主会除了定期举办骑行活动以外，还会举办慈善赞助活动，并且在新车发布时邀请车主参加。

哈雷车主会的骑士会员们通常都穿着十分炫酷的黑色皮衣，他们蓄发、扎头巾，这种打扮在一般人的眼里可能有些怪异，但骑士会员们却乐于这样穿着以表明自己与其他骑士会员是同类人。

2. 社交需要

所有人都需要朋友，需要了解自己、欣赏自己的同类人，很多人加入社群的主要目的也是找到有相似之处的知己或同路人。例如年轻人一同打游戏的社群、名品牌汽车的车友会，以及银发族在老年大学里的书法社、棋艺社，等等。如果构建社群是为了满足一批人的社交需求，那么在构建社群时就需要深入了解这些人的文化、语言以及喜好等。

3. 接近偶像

无论年龄、无论性别，每个人心目中都有尊敬或仰慕的对象。正在创业的人可能崇拜知名企业家，学习管理的人可能敬仰德鲁克，从事科学研究的人可能很敬仰行业相关领域的专家院士。

一个人为什么会有贴近偶像的欲望？学者们在研究后给出如下理由：一是敬仰、钦慕偶像，所以觉得只要是关于偶像的事都对，都想要知道；二是这些人的朋友也有类似的崇拜对象，这些人想要贴近偶像是为了体现自己和某位偶像认识并且熟悉，从而让朋友们羡慕；三是想收集关于偶像的谈资。

不管是出于哪一种动机，追星者都希望能与自己的偶像拉近距离，但是这些偶像并不是普通人随时可以接触到的，所以人们希望能从公司社群或者其他平台获取关于偶像的信息，得到一手消息。例如杰克·韦尔奇以及比尔·盖茨入驻领英并持续在领英上面发布消息或文章的行为，就吸引了大量的粉丝。

4. 学习与成长

近几年来，国内知识付费领域发展得如火如荼，这些知识付费平台提供的价值，就是让上班族在离开学校后，仍旧能保持自我学习与成长。例如樊登读书、吴晓波频道等，二者虽然都是知识付费平台，面向的客群可能有些重叠，但是二者提供的内容价值有很大差异。樊登读书提供的价值以个人心灵成长为主，所以其客户群体较广；吴晓波频道则偏重对财经以及社会趋势的分析，因此其客户群体可能具有一定的专业性。

虽然学习与成长通常是个人行为，但是在实际上，社群也在其中扮演了极重要的角色。因为个人学习时常常会产生惰性，而群体学习是一种很重要的学习方式，可以在社群中通过互动增加学员的积极性。

14.3 企业社交媒体的选择

社交媒体种类繁多，不仅仅是上文列举的这些平台，还有更多具有特定目的的社群。一家企业不可能经营所有社群，只需要抓住几个比较重要的社群即可。为了方便企业家学习并掌握这些不同平台的属性与管理方法，此处将这些平台进行了分类（如图14-3所示）。

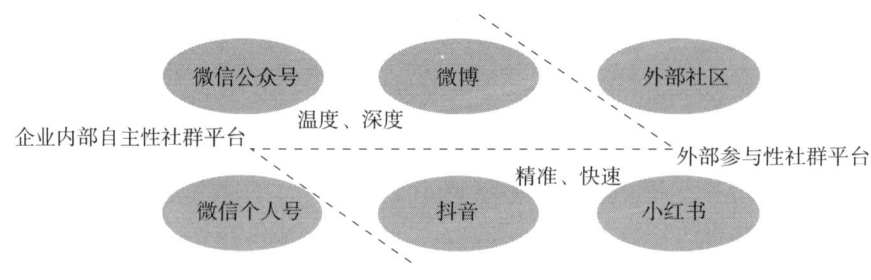

图14-3 各种社交平台的分类

社交平台可以被分为企业自己可以完全掌控内容的自主性社群平台以及企业无法掌控所有内容的参与性社群平台。

1. 企业内部自主性社群平台

自主性社群平台通常指企业自己创建运营的平台，也就是完全的私有平台,可以被称为完全的私域流量社交平台。

自主性社群平台能圈定粉丝,慢慢地传递信息,加深这些粉丝对企业的认同度,并且协助企业进行朋友圈的裂变以实现"维持温度与深度"的目标。

维持温度有三个重要的标准:第一,让用户感到被关怀,不能只站在销售的角度构建客户关系,更要把这些用户当作朋友,进行节日的问候、季节变化的关怀;第二,要像与人交往时一样,在客户遇到问题时,热心地帮客户解决问题;第三,要进行持续的信息交流,要定期地发声并创作内容,让客户觉得这个平台很活跃,有人在专心管理。不仅仅是发布文章内容,还需要不定期发起主题讨论并回复评论。

要做到有温度、有深度,企业能利用的最典型的平台就是公众号、微博以及个人微信号。公众号与微博的属性比较接近,是主要的连续性内容发布平台,但是其交互能力比微信社群弱。所以这三者又可以进一步被区分。

(1)信息发布与浅层交互平台:微信公众号、微博

微信公众号和微博都属于信息发布与浅层交互平台,因为信息内容格式较为完整,所以非常适合定期发布内容,让粉丝养成定期接收信息的习惯。在进行大活动时,它们也是最好的活动信息发布平台。除了发布信息以外,公众号与微博的运营还需要承担浅层交互的任务,也就是回答用户的问题以及组织一般性的交互讨论。

(2)深度交互平台:个人的微信群

深度交互平台通常是指企业的微信群或个人的微信群。一个微信账号可以设置大量的微信群,在每个群里面发布的信息只有那个群里的粉丝看得到,微信群不仅仅是发布信息的渠道,因为微信群会显示在群中用户个人微信的信息列表里,可以直接展示,所以基本上微信群中发布的内容粉丝一定看得到,而且可以立即回应交互。很多行业利用微信群的语音功能进行直播,进行在线培

训,这些语音还可以通过微信的辅助功能转为文字。所以微信群非常适合需要时时进行线上交流的深度运营。而且每个微信账号又可以将不同的关注好友设置到不同的组别,完全符合分群的要求。

企业自主平台虽然很重要,也方便操作,但是最大的问题是初期的流量有限,就像是一家新开的豪华五星级酒店,所有设施都很好,但可能由于客流量较少,别人并不知道这个酒店的情况所以无人光顾,这时就需要外部平台的参与。

2. 企业外部的参与性社群平台

相较于上文所述的、属于企业内部可以完全由企业决定内容以及版面的平台,还有另外一种属于企业外部的社群平台。在这类平台中,企业对于内容与版面没有太大的决定权,但是这种社群平台有非常大的流量,便于企业实现精准、快速的目标。这也是经营外部社群的两个重要原则。

企业想做到精准,要考虑以下三方面的精准性。

第一,平台客户的精准性。许多外部社群平台的流量的确很大,但是别人的流量再大也不一定和企业相关,这就是客群的精准度问题。例如,抖音确实有很大的流量,但是抖音中有很多用户可能是非常浅层的用户,并且其中可能还潜伏着海量的只喜欢打折产品的用户。企业在利用这个平台时要谨慎,不一定流量大就适合企业。

第二,内容的精准性。即使选择了对的平台,企业仍要关注"对不同类型的用户采用不同的宣传方式",一套说法不可能打遍全天下。除了要选对目标群体,精准还有另外一层意义,是要找对真正的客户,不要找了一堆只喜欢打折比价的用户,这时又涉及另外一个标准——"快"。

第三,时间的精准性。时间的精准性就是要快,时机要对,拖得太久就会失去价值。要做到快，就是要提高企业获客拉粉的效率，做到既精准又快速。就如同过去做电商一样，企业会选择在淘宝、京东等所有外部电商平台都开店，然后在每个店铺中慢慢拓展生意吗？当然不会，一家店开得太久却没生意，就会让人觉得这个店有问题，更严重的是开那么多店分散了团队的力量，成本也被垫高了。

如果你只有三个优秀员工，你会选择同时在上海五个区域开店，然后每家店生意都很惨淡，还是选择集中火力开一家店，先开好这一家店，再去开其他的店？在线下环境中，这个逻辑很容易想通，但是到了线上环境，很多企业就容易走入误区：所有的平台都要开店，结果每个店铺都业绩平平，最终线上业绩难有起色，但也投入了很多。外部社群的经营也是一样，不要贪多，要聚焦。先把重点放在一两个最重要的平台，在做出一定效果或确定了这个渠道不适合后，再发展其他渠道。

外部社群平台又可以分为两大类，一类是大而全，另一类是小而精，这个逻辑与电商相同。虽然天猫、淘宝的客流量大，但是企业要从中赢得一些客户并不是那么简单的事情，反之，一些小而精的平台所能提供的精准客户数量不一定比较少。大而全的外部社群平台即时下的主流短视频平台，例如抖音；小而精的外部社群平台即不同垂直领域里的社交平台，这些平台更多地以论坛的形式存在。

（1）跨行业热门社交短视频

在国内目前主要的短视频平台中，我们曾详细分析了抖音与小红书。这两个平台的区域性以及客层有一些差异，企业需要针对自己的目标客户决定优先在哪个平台露出。从企业的角度来看，这两个平台的主要用途就是拉新、吸粉、品牌推广。短视频平台的内容更新极快，所以在这类外部平台经营账号的成功关键是，内容要新、速度要快。

经营这些外部大平台的企业账号时,应该让企业的品牌与知名度在短时间内快速拉升,有时候支付一些平台费用是不可避免的,对外提供一些好的商品、好的优惠也是必不可少的。这些外部社交平台其实和淘宝的商业模式逻辑很相似,也有企业用户的开店成本以及广告位费用,企业想要首屏位置也需要花钱。企业如果想要在这些平台有些"水花",还是需要审慎地进行商品选择并制定一系列的内容规划和曝光计划。

经营这些大平台时还需要考虑两个关键问题。第一个问题是如何把从外部平台引进的粉丝转移到企业的自有平台;第二个问题是如何确保交易的连贯性,因为无论是抖音还是小红书,其商城功能相较于消费者更熟悉的淘宝、京东商城,还处于初期阶段,许多功能并不完善,为了让消费者有更完善的购物体验以及售后信心,交易与服务的连贯性还是很重要的。至于如何整合营销、销售与服务的问题,则是本书第5部分的重点,此处暂时不过多着墨。

(2)行业或区域的论坛及社区

行业或区域的论坛及社区也是企业的必争之地,这些平台极为分散。国内比较大的论坛及社区很多。其中许多论坛都是基于早期门户网或新闻网站建立的,例如,新浪、搜狐、Tom、网易、中华网、凤凰网。另外还有一些比较有行业或兴趣特色的论坛,例如铁血论坛是军事话题粉丝聚集的社区,泡泡俱乐部属于数码类论坛。

14.4 不同社交媒体的整合

上文已将社交媒体划为两大类,第一类是企业自己控制或建立的社交平台,第二类是企业参与外部的社交平台。考虑到客户质量与成本问题,企业在拉新时需要关注粉丝的质量,小心吸引来的粉丝大部分是羊毛党。

这里所说的有质量的粉丝,是根据企业的目的来判断的。某个有质量的粉丝，不会在任何社群里都是有质量的粉丝，关键是要看他在群里的活跃度，他是否对企业社群所提供的内容感兴趣并愿意参与活动、转发推荐。有些人为了拿到免费赠品而加入社群，他们自注册后再也没关注过企业的社群，这样的粉丝被就称为所谓的"僵尸粉"。依照经验，许多打折论坛、试用社群吸引的大多粉丝都是如此，这些人更关注价格，甚至只因为想要免费的试用产品才加入社群，并不关心企业后续的活动，这样的粉丝就不能算高质量的粉丝。

把粉丝拉进群后，企业要设法把这些在外部平台的粉丝转化为自身内部社交平台的粉丝，这样在未来发动营销活动时，才比较容易触达这些潜在的客户。因此企业需要将外部平台与内部社交平台进行整合，平台之间进行整合的方法如图14-4所示。

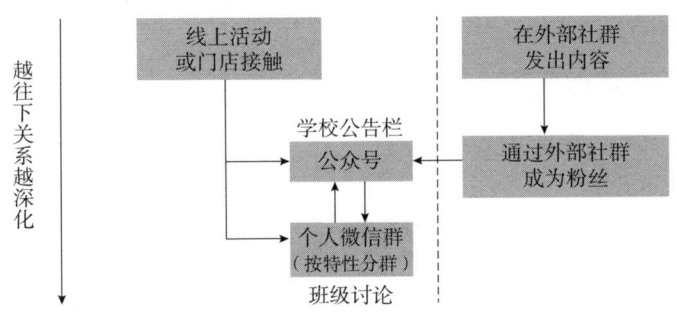

图14-4　各种社群的关系整合

（1）企业O2O流量来源

图14-4的左半边（企业自身线上线下的渠道）是企业自己比较能控制的内部流量来源。例如，企业在线上或门店通过活动与客户接触，也就是O2O环境。在这些情况下，企业可以让客户扫描二维码关注企业的公众号，成为企业的粉丝，另外也可以通过地区门店的店员在与客户接触时让客户加入企业管控的微信群，与用户保持较紧密的联系。让客户加入微信群的主要目的是方便门

店店员与客户之间的深度交互，通常个人微信群的互动和感情深度比企业公众号要深。但是需要注意店员在微信群内发出的内容，另外这些微信群的所有者（群主）必须是企业而非个人，否则企业员工离职将有可能造成客户流失。

（2）外部社群

图14-4的右半边则是外部社群，即前文列举的各种知名社区等，企业通过在外部社群发布内容，获得粉丝的关注，并想办法让这些人转为内部社群粉丝。如何让外部社群的粉丝进入企业的内部社群呢？常用的方法就是先让他们在外部社群中关注企业，然后企业再通过外部发布的内容提供进入契机，例如注册就可以免费取得优惠券、免费取得信息等，让这些人再进入企业内部社群注册。

（3）内部社群形式

无论是O2O的流量，还是外部社群拉新所产生的粉丝，这些粉丝最终都应该注入两个内部的社群平台：第一个是企业拥有的个人微信账号；第二个是企业公众号、微博或企业自建社区。

- 企业拥有的个人微信账号

设置企业拥有的个人微信账号的主要目的是进行地区门店的经营，或对客户进行虚拟的线上分群。如果把客户吸收到个人微信群中，就可以与客户保持最密切的一对一关系，个人微信账号是最简单、最普遍的沟通工具，可以成为地区门店范围内的再分群工具，让客户与企业建立个人化的接触。

规模比较大的企业不能只有一个微信个人账号，而是要细化到门店的不同层级，让每个门店都有一个或多个个人微信账号。这些企业账号的运营者应该以店长的名义接触外界，这些企业账号是每个门店进行客户关系管理最重要的平台（虽然信息发出者在名义上是店长，但实际上管理该账号的人是门店内负责微信营销的员工，并且也是员工负责与客户互动，发出内容，回答问题）。

重要的是，这个账号的所有权必须属于企业的而非员工个人。

- 企业的公众号、微博或自建社区

企业的公众号、微博或自建社区都属于内部社群，企业如果已经有比较成熟的自建社区或微博，可以继续维护。但是，依照微信目前在社交平台强势主导的态度、庞大的流量以及许多交易平台（例如，微信商城）都基于微信发展的现状，我认为企业应该以发展微信中的企业公众号为工作重点，如果企业目前没有微博或其他自建社区，就更应该优先建设企业公众号。

在国内，企业公众号已经成为企业的标准门面，但是很多企业只是用企业公众号单向发文，这使企业的流量一直无法积累、用户黏性也不高。我在帮一家大型企业做咨询时就发现了这个现象。这家企业有数百万的会员，企业公众号的粉丝数却少得可怜。这家企业找了一个自认对行业很有经验的"文学家"负责企业公众号的管理，这位员工的工作责任是每天发一篇文章，在企业做季度复盘会议时，这位员工说他的个人绩效100%达成，但是这家企业公众号的文章浏览量每篇只有1000多。于是我问这位负责发文章的员工，这些东西根本没人看，为什么还要每天发一篇呢？这位员工的回答令人啼笑皆非，他说"我负责发文，没人看，不是我的事，那是市场部的事"。这个回答听起来很荒谬，可却是许多负责运营微信公众号的人的真实想法，这种想法必须改变。企业公众号的定位必须是"营销""销售""咨询""服务"，不仅仅是发文，这四个标准都必须成为衡量公众号负责人的绩效指标。

上面说了两种企业内的社群平台形式，公众号就像学校的公告栏，门店的个人微信群就像班级讨论组，二者相辅相成。学校公告栏代表权威，告诉学生们什么时候开学、什么时候考试、学校有哪些活动可以报名。但是这些通知不一定会被每个学生看到，学生和学校也很难通过公告栏进行深度的交流。而班级的讨论群是深度个性化的，可以转载学校的公告事项，可以基于公告栏的政策增加一些班级的特色注意事项，还可以再建一个分群特别关注某些学生。

初期时，企业可以通过门店的个人微信群与客户建立连接关系，但是后续还需要让这些人都关注企业的公众号，这样企业才能更完整地实现内部社群的目标。

14.5　企业自建社群的运营

此处讨论的企业自建社群的运营包括对论坛、社区、公众号、微博等社交平台的运营。

1. 每天该做的工作

（1）发布短内容

企业作为自建社群的拥有者，必须保持社群的活跃度，所以每天发一篇短文是有必要的。发布的文章内最好配有一些图片或小视频，这样可以令粉丝印象深刻。

（2）引发讨论

这项工作可以由社群的负责人组织，由社群金字塔结构中的顶端组织层（2～10人的核心小组）成员提出问题、展开讨论。如果参与讨论的成员不多，可以安排一些组织层或其他活跃用户来回答问题，活跃气氛，以此吸引其他粉丝加入。讨论的内容应该与企业相关，或者以外部新闻事件为引线，引导社群内的成员加入讨论。例如，假设你是一个游戏公司社群的负责人，你可以在群里首先谈到一款国外最近上市的游戏，让社群成员围绕着新产品表达意见。你提出的问题最好不要有直接的答案，尽量选择开放式题目。

（3）回答问题

如果群内有一般用户提出问题，运营者最好能在当天给出回答，而且要鼓励粉丝主动提出问题，在社群中营造一个自由讨论的氛围。

2. 每周该做的工作

每周至少发布一篇比较有深度的文章，当然如果有时间，发2～3篇也可以。发布时间最好是在一周的周中，例如周二、周四，通常不要在周一、周五发布长篇大论，大部分人在这两天的心情都有较大波动，阅读长篇内容的积极性不高。

3. 每月该做的工作

对自己在当月发出的内容进行整理与总结，以方便粉丝回看，也可以挑选一些比较好的内容在外部媒体发布。

4. 每季度该做的工作

举办线下活动，可以找相关领域的大咖进行经验分享，与积极参与活动的粉丝进行线下互动。

14.6 门店个人微信群的运营

个人微信群近年来渐渐受到了许多企业的关注，个人微信群结合微商城的模式也让很多用户通过微信平台被企业进一步深化。有些人提出了一人一店的做法，这种做法通常针对没有门店的企业，即由总部发起、聚集粉丝并实现裂变的行为。具体来说，通过微信群分级管理粉丝，最上层由企业负责创建微信群，招募第一层的粉丝，再由第一层的粉丝作为分会的代理人，在不同地区负责运营当地的微信群。对于有地区门店的企业来说，建立微信群的模式最好还是遵循地区门店体系，以O2O的形式拉粉建群。

微信群的经营比一般社群的经营更要投入精力，在运营微信群方面经验不足

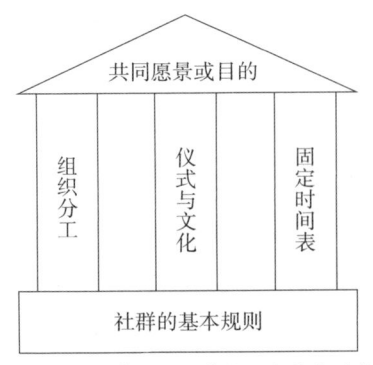

图 14-5 微信社群运营的五大基本要素

的企业可以向专人求助。他们被称为"社群运营师",即在微信社群运营方面有良好的经验,并具备一定的微信社群运营技巧的一群人。

目前为止,学术界对于微信社群的研究还比较有限,我们通过研究一些全球知名的、维系数十年的成功社群的运营模式,总结出了这些组织共同的一些特性,希望对于运营微信社群起到一定的指导作用。这些社群一般都由 5 大基本要素组成(如图 14-5 所示)。

1. 共同愿景或目的

如前文所述,对于社群来说,吸引一群人聚集并达成共同的需求或目的是很重要的。因为社群是非正式组织,社群主对群成员并没有直接的命令权,所以不能用管理正式组织的任务、命令来管理社群。只能用共同的理想、共同的目标或愿景把群体凝聚在一起。例如,即使你是哈雷摩托车公司的 CEO,也不可能对哈雷车主会中的骑士下达命令,要求他们来开会或参与活动,只能用共同的爱好、热情来组织群众加入活动。慈善机构以爱心传播为共同愿景。

2. 社群的基本规则

社群的群主虽然没有直接的命令权,可是仍然有一定的权力移除不守规矩的成员,在建立社群的初期,群主就应该明确参加社群应遵守的基本规则。例如,我们成立的竞象商学院微信社群就要求社群里的言论不得违背公序良俗、不得违背国家法律法规、不能发表色情内容或与社群内其他成员无关的个人广告,违者予以警告或清除出群。必须严格执行制定的社群基本规则,否则一个人在群里发表不当言论，就会给其他很多成员带来困扰，甚至有可能导致社群被查封。

3.组织分工

本章一开始的部分就介绍了社群成员的金字塔结构，一个微信社群也应该由类似的结构组成。因为每个微信群都有人数限制（不多于500人），所以微信群的粉丝数量会比较少，但是以1~2个核心成员、5~7个组织层的人员是活动的策划与推动小组，在每个群内都是有必要的。因为这种社群往往不是正式组织，所以在开展社群活动时有如下建议。

- 由组织层的几个人轮流担任微信群的主持人，这样可以减轻个人负担，同时让每个人都有机会奉献、学习。这些人以后也会更愿意积极配合其他的轮值主持人。这些人如果是企业的深度粉丝，那么活动效果就会更好。

- 每一位主持人，在任期间必须组织一些聚会活动，这样可以保证社群的活跃度。

- 每次开展群内讨论之前，都需要对群内的组织层人员进行分工，包括首先发言者、积极配合参与讨论者等角色，通过配合不同角色来激发社群的活跃度。每次的首先发言者是提出议题的人，他们通常就是社群的主要管理成员，即社群金字塔结构中顶层的那2~10个主要成员或发起人，他们轮流在不同时间发起议题展开讨论。在讨论初期，当广大群体保持静默时，就需要积极配合参与讨论者进行"火力支援"，回答或呼应群中提出的议题。

- 有一些社群还可以执行"老人帮扶新人"的制度，每加入一个新人，都安排一位有经验的社群成员带领，让新成员熟悉社群的文化、规则、活动时间以及参加活动时该注意的事项，并确保新人每次都会参加活动。

- 一旦发现新人的状态出现异常，例如某个新人有流失的倾向，有经验的社员就需要积极地与新人聊天，解答疑惑，表示关怀，帮助新人解决问题。

4. 仪式与文化

仪式与文化是一个社群的精神所在，是非常重要的事项，尤其是对于非营利社团组织来说，这两点更为重要。例如，有一些社群会组织每周一次的社员聚会，聚会有固定的议程，比如活动总结、计划活动说明、财务状况说明等。会上首先由会长发言，之后再由几位干事发言，这些流程都表现了社群的仪式。而社群的文化主要就表现在成员之间的称呼上，例如，很多社群的成员之间以同学、师兄弟为彼此的称呼，而不是直呼其名或称其为某总、某董，这样可以快速拉近成员之间的距离。

5. 固定时间表

通过观察发现，那些能维系很久的社群都有固定时间表，例如每周聚会，每月聚会等。固定时间表有助于成员提前规划时间参加社群活动。

14.7 本章小结

本章主要讨论社群的建立与运营，首先讨论了社群的结构、强关系与弱关系的概念，以及如何测量强弱关系，接着提出了一个稳定的社群结构金字塔，必须要有顶层、组织层、粉丝层以及底座的一般会员。人们加入社群主要有四种动机，分别是寻找自我、社交需要、接近偶像、学习与成长。

另外，本章还讨论了社群的分类以及企业内外的社群平台如何整合和联系。最后介绍了与运营企业内部的社群平台以及微信群相关的内容。在运营微信群方面，相关人员需要不断反复操作练习，才会逐步熟悉掌握技巧，微信群的效果才会逐渐彰显。

营销
5.0

第5部分

交易平台整合

本书的第 1 部分作为整本书观念的框架介绍，第 2~4 部分分别深入讨论了个别营销方法论，第 5 部分则又回到整合，将先从如何选择交易平台谈起，再论述营销与交易流程的整合。

第 15 章
从微店、微商城到微分销与城市合伙人

在移动电商逐渐取代传统电商成为电商平台的主流后，移动电商本身也开始在不同的平台裂变发展。在国内，移动电商的发展主要基于两大平台：第一种是第三方的 App；第二种是基于微信平台的微信商城。这两种平台的发展一直壁垒分明。而以阿里系为核心的一些第三方 App，则从 PC 交易平台出发，逐步走向移动平台，阿里系的相关企业或平台将微信隔绝在外，并以更开放的 App 作为基础，完成交易。微信依靠自身巨大的用户群体以及流量，企图从社交领域不断向商业领域迈进。这个说法并不是毫无根据的，观察短视频平台就会发现很多"证据"，比如抖音大多与淘宝对接，不接受其他交易平台的对接。

两个互联网巨兽的争霸与相互隔绝，使企业在平台选择时需要更全面地考虑，如何使营销与交易过程无缝对接，让用户体验感达到最佳，从而防止这个过程中出现无谓的用户流失。

本章抛开整合，先来看看移动交易平台的发展。由于独立 App 交易平台的发展需要企业大量的投资，用户下载又很耗时间，所以除非企业有一定实力，否则使用独立 App 交易平台并不是企业的最佳选择。目前市场上的中小企业更青睐基于"微"原则发展出来的交易平台，"微"平台主要包含了早期的微商以及后来通过迭代产生的微店以及微商城。

15.1 微商：基于社交纽带的无店铺销售

目前对微商的定义并不统一，一些学者提出：从广义上来说，基于移动互联网，以社交软件为工具，以人为中心，以社交为纽带的商业模式都可以被称为微商。这个定义实际上包含了微店、微商城等各种模式。其关键在于"移动"以及"社交纽带"这两个前提。至于使用哪种移动社交软件，该定义并没有给出限制，在其他国家可能有人用 What's app 或 Line，中国则普遍使用微信。很多人认为微商是基于微信朋友圈才得以存在的交易模式，这个说法不完全正确。此外还有很多人谈起微商就觉得那是传销，其实这种想法是对微商的误解。

微商以个人在朋友圈中发出商品内容为基础，当朋友圈里的人对商品有兴趣时，就会向这位卖家朋友咨询，双方谈拢后，买家汇款给卖家，卖家安排发货，这就是原始的微商模型。

有人把微商的定义扩大，认为微商就是微小的个体经营模式，不只限于在朋友圈发布商品信息，也包含了通过 QQ、微博等平台进行商品宣传的经营模式。也有人把微商的定义再放大，认为只要通过移动互联网技术做生意就是微商。

不管外界对微商的定义有怎样的争议，我们认为微商具有如下三个特点：

- 以移动互联网为基础；
- 小规模或个人的生意；
- 以社交平台为主要宣传渠道。

所以，通过微信、QQ 或微博进行的商业活动，都可以被称为微商。

从属性上来说，微商的经营者不一定是个人，也有可能是小企业、个体户，所以微商的商业模式也可以被区分为类似电商的两大类，一类是 B2C，另一类是C2C。B2C的微商一般由厂家、品牌商通过公众号进行宣传、推广，而C2C的微商则出于个人行为，所以更多的是通过个人朋友圈进行宣传。

不管是B2C还是C2C的微商商业模式，都在全球范围内发展迅速，在国内的发展更不必多说，十分迅猛。2019年1月1日，《中华人民共和国电子商务法》正式实施，微商也被纳入电商经营者之列，自此微商的买卖双方开始有了法律上的约束。根据《2016～2020年中国微商行业全景调研与发展战略研究报告》，截至2016年年底，微商从业者已经达到3000万人，微商的销售额已经达到5000亿元，2017年微商的销售额持续增长，已达到8600亿元，在2018年已经突破万亿。调查显示，微商的销售品类以美妆、针织、母婴、大健康、农特产品为主。

可以说，微商是"电商个人化"的代名词，强调朋友圈的推广力量。微商的优势就是无开设成本，在微商的定义中，并不一定要有"网店"存在，更不需要库存、物流等厚重的大后方。理论上只要有朋友圈，每个人都可以成为微商。

15.2 微店：基于朋友圈推广的有店铺电商

随着移动技术及其应用的发展，移动电商不仅仅便利了消费者，满足了消费者通过手机购物的需求，同时也便利了商家，让商家能够在手机端进行商品管理。更重要的是，因为移动电商的"微"化，企业可以通过电商平台发动个人的积极性，让个人用户成为企业的分销商。因此，移动电商非常重视客户生态链的搭建，其搭建的客户生态包括包含供应商、分销商、消费者、物流服务商。随着移动环境的不断发展，微店与微商城两大不同的商业平台也被发展出来。

1. 什么是微店

目前缺乏对微店的统一定义，有些人认为微店就是微商的开店模式。个人移动电商平台的概念最早开始于2013年年末。2014年1月，电商导购App"口袋购物"推出微店，这是里程碑式的开端。"口袋购物"推出的微店基于App的电商平台，让小商家与个人都能轻易地在移动平台开店。

2014年5月，腾讯微信公众平台推出"微信小店"，因为微信具有十分强大的影响力，所以很多人误以为微店是微信的专属名词（严格来说，微信小店应该归类于微商城）。事实上，现有的微店平台不止微信一家。2014年10月，京东拍拍微店被推出，该微店与京东系统相联通。淘宝微店也几乎同时启动，这使淘宝商家可以将淘宝店开放到微信公众号上。2015年以后，大量微店软件平台陆续推出，例如微盟的萌店、商派、易米、金元宝微店等。

从商业模式角度看，微店可以被分为以商家为主的B2C模式（例如，京东拍拍微店）和以个体商家为主的C2C模式。从功能角度看，微店也可以分为两种：一种是平台型微店，例如京东拍拍微店、淘宝微店、口袋购物微店等；另一种是以服务为主的微店，例如微盟、京东拍档以及各大电商平台推出的微店，这些电商希望借助微信的力量，推动电商板块向移动平台与社交发展。

微店最大的优势就是创业成本低，人人可以开店，人人可以创业。基于这些App平台，卖家可以自主上传、下架商品，对商品进行分类管理，并利用系统提供的促销工具展开多种手段的促销；买家则可以任意浏览所有的商品信息并进行购买、支付等。

2. 微店的分类

（1）企业专属的微店平台

这类平台大多由拥有产品研发、生产、销售、售后能力的较大型企业经营，他们开设微店的目的就是协助自己的商品销售。有的平台也对外开放，但明确限制了经营范围，店主必须经营平台所提供的配套产品或服务，如海尔顺逛微店，此外，国美、苏宁的微店也属于这种类型。

海尔顺逛微店就是海尔为经销商以及想经营海尔产品的广大个人用户所建立的，目前已有数万商家在该平台经营自己的生意。他们卖的商品都由海尔准备。过去经销商或个人卖家在淘宝开店时需要品牌商授权，还要自行准备商品的介绍文案，海尔顺逛微店为了鼓励经销商利用这个平台开店，设置了非常简便的开店操作。卖家只要通过简单的操作，就可以开设属于自己的店，实现"一键开店"。同时，店铺的商品也直接从海尔准备好的商品库中选择，卖家不需要准备库存，也不需要找物流商打包、发货，所有的事情全部由海尔在后台包办，卖家做的主要工作就是推广，把商品链接发送给朋友。消费者付费购买商品后，海尔作为平台安排发货，再和卖方结算。

这种微店平台虽然操作方便，但是只能销售平台提供的品牌的产品，不允许上传其他商品，所以卖方即使有货源也不能在这种平台上销售。鉴于这种情况，第二种微店——第三方开放式的微店平台出现了。

（2）第三方开放式的微店平台

这类平台以提供店铺经营、推广服务为主，由于平台没有完成产品前后端工作的能力，店主经营范围较广，所以只要不是违反国家规定或平台明令禁止的产品都可以在平台上销售，店主完全可以根据自己的资源决定卖什么产品。微信小店、京东微店、口袋购物微店等都属于该类型。

这种第三方平台允许有商品资源的卖家编写商品介绍文案，并在平台店内发布，其他有兴趣的人可以直接用这些商品来开店，由原来的商家处理物流的工作。如果你不打算利用平台卖家提供的商品，就需要自行处理商品编辑、上架、库存管理、发货等工作。

3. 微店的营销方式

微店的营销方式相对比较单一，以分享和直接推送为主，卖家将商品、促销信息、软文等内容直接分享至社交平台，推送给微信好友、QQ好友等。卖家也可以在平台上自行设置一些促销活动，如优惠券、打折券等，并以推送的方式发布。

商品内容分享是微店营销的主要方式，现在大部分微店都拥有全渠道的分享功能。店铺可与微信、微博、邮箱、QQ等社交平台进行连接，卖家只要在商品清单中给出选择，就可以实现一键分享。朋友圈是应用得最多的分享平台，很多商家都喜欢在朋友圈发布商品图片，以达到引流的目的。为了让卖家看起来更专业，许多微店平台都会提供精美的海报图案制作功能来为微店引流。例如，一些微店平台提供了一种新的工具——商品二维码海报，只要在商品管理的分栏中找到想要分享的商品，选择二维码海报，就可以生成二维码海报，帮助卖家推广、宣传商品。

15.3 微商城：基于公众号进行推广的电商

1. 什么是微商城

如前文所述，微店是一个第三方的App，商家的店都开在这个App上，商家需要App才能运营店铺，消费者也需要下载App才能购物。微商城则是基于微信公众号服务平台开发的店，主要流量入口是微信公众号，商家与消费者都不需要通过其他App登录。

微店的推广方式主要是通过朋友圈宣传推广，因此开发新客户比较难，维系客户黏性也比较难。因为店主需要在朋友圈内发出推广内容，这种行为会让别人觉得这个人和自己交朋友就是为了卖东西，所以也常常受到抵触。而微商城一般是通过公众号推广聚集粉丝,回头客比较多。但是由于微商城是基于微信公众号开发的,所以当微商城中的商品在其他社交平台的推广时,就无法像在微店中那么有弹性了。

在基于社交产生的移动电商领域,微商城是基于微信公众号发展出来的社会化电子商务系统,可以帮助商家在微信中发布商品,在微信中进行自己的商城网站建设。一般来说,微商城可以分为两大类:第一大类是由第三方开发的服务软件,例如口袋通;第二大类是由微信自己开发的服务软件,例如微信小店。

2. 微商城案例

(1) 口袋通

最早的微商城通常基于微信建立,是由第三方开发的服务软件,主要功能是帮助商家在微信上搭建商城,并提供有关店铺、商品、订单、物流、消息、客户管理等服务。口袋通就是这样的服务软件,完成了从 HTML5 的首页定制模板到图文信息的素材分类、编辑甚至到微支付的闭环,而且几乎都是自助模式,还兼容了微博的运营接口。

(2) 微信小店

微信小店在微信中通过微信公众号售卖商品。严格地说,微信小店就是公众号中的一个插件,可以实现开店、添加商品、商品管理、货架管理、订单管理、客户关系维护、客户服务等功能。卖家无须进行任何技术开发,就可以实现商城的开店与运营。卖家开店需要满足以下要求:必须为企业;必须是经过微信认证的服务号;卖家需要申请微信支付权限,审核通过后还须缴纳两万元保证金。

微信小店最大的优点是简单易操作,流量入口单一,只要关注服务号即可。但是也有一些缺点,例如货架板块少、页面无法自行设计、展示过于单一，而且营销工具较为有限，比较适合个人或个体企业操作。

腾讯虽然是互联网的巨头，但是腾讯的强项毕竟在社交领域不在电商领域，更何况以腾讯单独一家企业的力量来开发电商应用，当然比不上市场上更多的有经验的软件公司一起推动的微信平台上的电商应用。所以微信小店的功能较弱是可以理解的，从战略角度来看，微信小店的意义在于抛砖引玉，在于向其他软件公司传达一种未来电商平台的发展思路。因为微信小店的出现，微信平台上陆续出现了更多的由第三方软件开发的服务软件。

（3）微盟旺铺

微盟旺铺是国内领先的微商城服务平台之一，致力于为企业提供基于微信的一站式微商城构建和优化服务。其主要功能是针对微信公众号，提供与众不同、有针对性的营销推广服务。服务范围包括实现线上线下的互通、社会化客户关系管理、移动电商等综合类业务。通过微盟旺铺平台，商家可以在平台中实现店铺装修、商品管理、订单管理、运费管理、营销管理、支付管理及微信帮购等。

（4）有赞

有赞是一家商家服务公司，主要帮助商家进行网上开店与社交营销，提高留存复购，拓展全渠道新零售业务。企业只要将有赞账号绑定到微信公众号平台，就可以在微信上经营店铺；还可以向粉丝推送活动通告、上新通知，直接与粉丝交流、沟通。粉丝也可以直接通过微信公众平台进入店铺，浏览商品并完成最终的购买。

3. 微商城与微店的差异

（1）基础平台的不同

微店是利用各种第三方 App 开设的手机店面（手机开店 App），商家想开店就需要先下载 App，只有借用这个 App 才能运作店铺，消费者在购物时也需要下载该 App；微商城是直接依托微信公众平台建立的，所以也被有些人称为"微信商城"，微商城不需要第三方 App，无须下载任何辅助软件，商家只需要绑定公众账号，并让消费者关注该公众号即可。

（2）推广模式的不同

微店的推广普遍依赖于分享、发链接等方式，但这种方式的效果比较差，客户黏性也相对较低，因为这些推送往往会让他人产生一定的"被骚扰"的感觉；而微商城则通过公众号的信息共享进行传播，不需要向别人发送各种链接，自然也不会影响别人的朋友圈。

15.4 微店与微商城的分销激励机制设计

1. 微商分销的基本思路——从车拉万马升级为万马拉车

在构建商业模式时，通常会有两种不同的推动业绩的思维模式，一种是"车拉万马"，就是企业靠一己之力吸引流量并完成商品的销售；另一种是"万马拉车"，就是企业搭建好平台，建立激励机制，吸引一大群卖家入驻平台，这些卖家都想做生意又都有流量，企业依靠这些卖家的力量拉动销售。很显然，相比"车拉万马"，"万马拉车"是更省力且高效的商业模式。

传统的电商主要依靠大量投放广告带来的流量以及低价，吸引购买并完成转化，这种靠一己之力拉动整个市场消费的模式就是典型的"车拉万马"。在这种情况下，企业的投入巨大，面临的风险也巨大。京东、淘宝等企业的商业模式都属于"车拉万马"，这些企业出现在互联网的初期，当时的竞争少、流量成本低，所以这种商业模式成就了这几个大型平台。而今天，流量成本高涨，再想依靠一己之力打造一个巨大流量，几乎不可能。近几年出现的大型平台基本都使用"万马拉车"的商业模式，其中最典型的就是拼多多。拼多多通过团购、砍价模式，让消费者动员朋友圈帮平台引流，因而拼多多近几年的发展速度和增长速度就远远超过淘宝与京东。

微店与微商城在最近几年受到企业重视的主要原因是社交媒体的力量带动了电商的另一种增长模式。个别企业虽然可以通过营销活动在公众号与社群中积累粉丝，但是效果毕竟有限，企业如果能动员广大粉丝群一起推广自身，就可以形成"万马拉车"的机制。企业在经营时是应该选择"车拉万马"还是"万马拉车"？很显然，形成了"万马拉车"的商业模式后，企业的增长才会快速、轻松。

那么，企业如何实现"万马拉车"的商业模式？很显然，企业必须使这"一万匹马"的方向一致并且愿意投入精力帮助企业"拉车"。这时企业就需要建立一个好的经销规则以及平台机制，让这些粉丝愿意在自己的朋友圈里帮企业推广。

无论是微店还微商城，目前都具备一键的开店功能，并且开店不需要支付任何费用，粉丝只要意识到开店成本低、有利可图，就会愿意投入精力为企业宣传，帮助企业一层一层地推广，加快传播速度。

我有一位朋友是生产销售本色纸起家的。一般的卫生纸呈白色，因为这些纸通常都添加了漂白剂，而本色纸就是没有加漂白剂的卫生纸，纸面颜色呈竹芯的土黄色。他从个人微信朋友圈、公众号的几百个朋友开始推广产品。几年时间下来，目前他已有数千万的会员，产品也从单一的本色纸变成了多种环保商品，该公司的年营业额超过 10 亿元，销售的竹浆纸巾超过 6.6 亿包，其中大部分的销售都是通过会员推荐的分销模式完成的。除了严格要求产品质量以外，社交媒体以及微商城模式更是助力企业成功的关键因素。

2. 实现分销模式的要件

（1）商品

首先，商品应该具有独特性或稀有性。如果是消费者在门店或淘宝就能买到的普通商品，那么分销商的渠道就失去特色了。另外，为了避免渠道冲突，普通的大众消费品会采用公开的建议零售价策略，这样微商卖家的利润空间就会很小，也就失去了推广的兴趣。其次，商品的成本利润结构要好。微商分销基本没有门店或渠道成本，营销费用基本上都被用在激励分销商方面，如果商品的毛利太低，就很难给分销商足够的激励。

（2）机制

即对每一层级分销商的激励机制，企业在进行微商分销时，需要有一个明确且完善的机制。这个机制应该既能保证分层销售体系的健康发展，又不会导致订单的扭曲（后文会对订单扭曲的产生原因以及预防方法进行说明）。

（3）平台

平台的功能必须简单好用，让用户容易进行跨平台分享，也能立即查看各层级的个人订单与奖金情况。

（4）运营

要有足够的推广支持。例如，能不断地发布各种故事题材。

3. 设计激励机制时应多方考虑

要做到万马拉车，除了商品本身质量要好之外，企业对经销商的激励机制更是重要的基础。企业分销型的会员体系与一般 B2C 的会员体系不太一样。B2C 的会员体系一般是企业对消费者购买商品给予积分奖励，这种激励只是对消费者的答谢，奖励的比例不需要太高。而企业分销型的会员体系为了达到万马拉车的效果，在设计时则需要考虑多个因素。

15.5 城市代理商

为了加强地区或城市的发展，企业通常需要在当地建立自己的团队，但是建立团队的固定成本较高，不利于区域的扩展，这时就可以考虑城市代理商，企业授权一个地区的市场，企业与城市代理商合作发展市场并进行分润。

企业引入城市代理商之后，可以利用城市代理商在当地既有的人际关系网，加快并扩大对地区覆盖能力建设。同时企业可以依照销售结果支付成本，这样投入产出较容易控制，也会降低区域市场开发的固定成本。

过去，企业将产品授权给区域代理商，这个模式行之已久，也是中国乃至全球企业都认同的渠道经销标准模式。当企业无法自行覆盖国外市场或企业的常规渠道时，就会找一个合作对象，要求它支付代理费，以此承诺保证业绩，然后把这个区域市场交给合作对象经营。企业除了在电视台做一些电视广告推广之外，其他的地面推广任务将全部交给该代理商。

在互联网环境下，城市代理商的角色也发生了转变，因为企业通常会有销售网站，所以交易通常还是会回到企业平台完成，城市代理通常会提供一些本地分销代理人的开发机会以及分销商的线下见面会。虽然互联网要做到去中心化，可是随着互联网上的流量耗尽，营销人员又开始回到线下推广，尤其是在社交媒体变得完全依靠个人朋友圈的裂变后，线下见面会也成了拉近朋友圈关系的重要途径。这时企业与城市代理商的关系，就成了企业负责提供产品、微商城以及内容，城市代理商负责通过自己的社交关系层层扩展分销渠道。

这些城市代理商并不是直接从个别订单中受惠，而是靠整个市场销售取得佣金。知识付费平台（例如樊登读书）就非常好地依靠这种网络+线下渠道的混合模式，几乎覆盖了国内绝大多数城市，而且以较低的固定成本保持各地区市场的热度，这种模式与互联网直接覆盖形成互补。

建立这种混合机制还有另外一个原因，中国互联网直接覆盖的交易其实有70%~80%集中于北上广深四个城市，所以互联网的城市覆盖并不是按照全国各地的人口比例均匀分布的。互联网渠道更多地聚焦在北上广深等城市，而互联网企业的城市代理商可以帮助互联网企业快速下沉到四级、五级市场，这也是一种中国特色的商业模式。

城市代理商一般有分润的权力，但是他们通常也需要事先打款或预购商品券来保证业绩的达成。不同企业对城市代理商的责任规定不尽相同，企业可以按照自身行业的特性来制定城市代理商的责任。例如，"樊登读书"是一个知识付费平台，其渠道商经常需要邀请潜在客户参加分享会，让他们获得上课的实际体验，而开设分享课就需要上课的场地。同一个城市中会有多个小经销商，但是他们自身没有场地，也没有那么多客户来到线下课堂。这时城市代理商就需要代表公司举办分享会，并且提供场地给同城的小代理商，邀请他们的客户来参加讲座。

15.6 本章小结

本章作为本书第 5 部分——交易平台的整合的伊始，探讨了微商、微店、微商城的迭代发展以及这三种模式的异同。这三种模式都要动员客户个人的社会关系，因此这些模式自然会触及分销体系中的激励机制。最后，我们讨论了城市代理商这个传统的渠道模式在互联网时代的新任务。

第 16 章
从营销到交易平台的整合

16.1 营销的迭代与整合

在大多数分析营销 4.0 的著作中,营销整合通常都在强调多种营销模式的整合。而本书提出的营销 5.0 从更高的商业范式层次进行思考,所以在营销整合方面也涉及更多的维度,具体而言,应该考虑以下四个要点。

1. 营销渠道的迭代与整合——客户在哪里,营销信息就应出现在哪里

上文在分享营销迭代的概念时强调过,迭代并不是用新的消灭旧的。迭代如同动物的进化,是一个去芜存菁、适者生存的过程。恐龙的身体体积庞大,不适应新的世界,所以被自然淘汰了,但是鳄鱼之类的动物却因为能适应环境而留存了下来。

同样,营销的迭代虽然从营销 1.0 时代的 4P 概念演变到营销 3.0 时代的 4R 概念,但是并不表示产品策略、定价策略、渠道策略、促销策略这些基本思维应该被完全抛弃,只是为了适应新的市场环境,必须要注入一些不同的元素,再进行重新组合或整合。新的市场环境是线上与线下的整合,尽管线上营销渠道的重要性日益突显,但是企业仍然需要关注传统的营销渠道,除非所有人都不再看电视、不再看报纸、不再坐电梯,否则在对客户进行营销推广时,就仍然需要综合使用旧的媒体与新的媒体。

CIDR 模型当中，提出了客户接触点这个概念，客户接触点包含目标客户会产生的在家、在店、在途三种场景。如果目标客户在家时选择看电视，那么企业的营销渠道就应该选择电视广告；如果目标客户在家时选择用 iPad 看电视剧，那么企业在营销时就应该考虑爱奇艺、优酷等视频媒体渠道；如果目标客户主要分布在写字楼，那么企业在宣传时就应该考虑办公楼区的电梯广告；如果目标客户正在家里使用计算机，那么企业就需要考虑在搜索引擎或网页投放广告，例如百度的搜索、门户网站的条幅广告等；如果客户不看电视也不用计算机，只看手机，就需要投放今日头条、其他目标群体使用的 App 广告或社交媒体广告。这样才能更完整地进行客户覆盖。

因篇幅限制，本书没有过多叙述传统媒体以及逐渐减少的网络广告投放，但这不代表这些渠道应该被摒弃在企业的营销计划之外。总之，客户在哪里，营销信息就应该出现在哪里。

2. 营销模式的迭代与整合——从大众传播升级为体验与口碑

在营销 1.0 时代，营销模式是先有产品，后有营销，营销人员根据产品定位，决定怎么说产品的故事。营销 2.0 时代虽然根据客户的需求决定产品功能，不过营销仍然强调品牌的信息传递，所以传统的营销其实就是通过编造许多的品牌故事，告诉消费者企业的产品有多么好、企业的产品能帮助客户解决什么问题、企业的产品多么适合这个客户。严格地说，传统的营销就是一个传播的过程。

现代营销讲究体验。体验的来源主要有以下两种。第一种是消费者自己的亲身经历。例如，家居店销售床垫，消费者只要试躺一下，就能立刻判断床垫是否舒适，这就是消费者的亲身体验。但是在很多情况下，消费者在购买前无法亲自尝试。例如，啤酒或红酒的消费者在亲自购买开瓶饮用之前，是无法说出来饮用体验的。在这种情况下，就会产生体验的第二种来源——消费者评论。

评论就是一种口碑，是现代消费者更相信的品牌推广模式。现代消费者不相信广告，但更相信口碑。现代营销人员的主要工作之一就是让产品评论能尽量展现在潜在客户面前，让他们对商品产生信心，进而购买。

3. 营销的数据迭代与整合——从无数据升级为精准数据

传统营销只有渠道的数据，没有个人的数据，过去线下媒体或电子媒体（例如电视）讲究媒体的受众分布状况，具体包括在哪些地区、大致有什么样的人口特性等。传统媒体更关注媒体的订阅人数、收视率，所以只能知道大致的覆盖情况。电视台会告诉你一个广告在什么时段播出有多少人可能看到，至于这些人是否真正看到了广告，谁也不清楚。

在互联网初期，门户网站能提供的是总体注册用户数、流量来源的分布状况，而浏览用户的属性、不同深度页面的浏览量，乃至真实内容点击数，是否是有效点击等都没有具体的证明。所以，基本上传统互联网与线下传统媒体能提供的数据差异不大，此时的广告也是以覆盖用户为主。

从谷歌开始，新一代的电商拥有了比较精确的数据，这些电商能提供的数据包括是什么样的用户在搜索企业投放的关键字、用户在哪些地区，还可以计算出一个广告被多少个用户点击过，但是这时仍然缺乏个别用户的数据。直到DSP出现。DSP广告平台可以对个别客户进行精准追踪，到了移动平台，企业可以掌握个别客户的行踪，更可以从自身的数据或运营商处获得个别用户的画像。大数据精准营销更是清楚掌握了每一个客户的画像，包括这个客户是谁，买过什么东西，是否在网上浏览，是否最近到过门店，等等。所以从数据视角来看，媒体的迭代是从没有数据向有数据迭代，再向精准迭代。

4. 营销效果评估方法的迭代与整合——从 CPM 到 CPS 再到 CLV

营销 1.0 时代因为缺乏个别客户的数据，所以传统营销的效果评估以 CPM 为营销有效性指标。互联网初期也以 CPM 为广告效果评估与媒体分配的标准。

发展到搜索营销之后，营销有效性的指标变为 CPC，从字面上来说是每一个点击的成本，这个点击是指用户在广告平台中的点击，例如在谷歌、百度搜索结果条列中的点击。另外一种指标是 CPL，是指获得某些客户信息的成本，例如让一个用户完成注册的成本是多少。还有一个指标是 CPO，是指完成每一个订单企业需要支付的价格。经过转化率的计算，通过 CPC 与 CPL 也可以计算出 CPO。而经过客单价的计算，通过 CPO 也可以得出 CPS，也就是每一元销售需要支付的广告成本。结合广告成本与毛利率，就可以得出广告投放的投资回报率。这些概念一直到营销 4.0 时代的多媒体整合营销中都是适用的。

过去不管是 CPM、CPC、CPL 还是 CPS，都是在分析获客成本，但是在营销 5.0 的环境下，企业的商业范式是"数人头"，这时营销效果评估的方法又有了重大的转变。企业不仅仅计算一次性的引流、获客成本，还计算企业的价值。企业的价值从何而来，就是从客户的价值中产生的，也就是指客户终身价值（Customer Life-Time Value，CLV），甚至是从 CLV 再延伸出来的平台价值。

通过这种从 CPS 迭代到 CLV 的概念转变，我曾成功地说服新蛋网美国总部的董事长，并把这家网站的中国区业务从销售收入停滞多年，转变为持续几年 5～7 倍的增长，大幅增加了企业的价值。新蛋网在美国是一家占有较大市场份额的数码产品销售网站（数码产品销售量超过亚马逊），但是在中国的销售收入却停滞多年，主要原因就是美国总部在中国区也执行美国新蛋网的操作经验，即按照中国区计划收入的固定比率来向中国新蛋网划拨市场费用。按照上一季度销售收入的百分比来核算下一季度的市场费用，这样做导致了一个恶性循环,那就是每当业务量上升、销售猛增时,销售数字可能在半个月就超过当月的计划,此时的市场费用也会与收入成比例增长。把市场费用设定为固定金额,市场费用就必然超过预算,而为了不超过预算,市场部门只好暂时停止市场活动,等到下个月再重新开始市场活动。中国新蛋网就因为这种预算管理模式,被不上不下地卡在那里,业绩每每都按预算数字封顶,几年来动弹不得。

当时企业的获客预算是35元,这是根据每个订单毛利40元推算得出的,这35元成了市场投放的紧箍咒。为了改变美国总部的想法,我们计算出该网站客户平均每年购买次数是3.7次,即如果我们投放了广告,单纯从CPO角度来看,就会"做一单赔一单"。因为从单笔订单的角度来看,为了取得这笔订单,企业投入的广告费超过企业在这笔订单中能赚到的钱。但是如果从CLV角度来看,就会发现在客户第二次购物以后,企业就能从这名客户身上获得利润。用这个逻辑,我们提出客户每年会贡献148元(40×3.7),这改变了美国总部对中国广告投放效果的评估模式。当时的公司董事长同意,只要维持CPO与客户购买频次以及毛利率,广告费用的使用就是无限制的,这解开了市场预算的紧箍咒,也使公司业绩大幅上升。这就是以客户终身价值来评估以及分配市场预算的例子。

按照CPO计算广告投放效果还有一个巨大的风险,就是会吸引一大堆"羊毛党"。我们也遇到过这样的案例,当时的营销人员找了返利网做广告投放,返利网要求企业给他们的用户五折甚至更低的折扣,否则就不能在返利网平台投放广告。这个广告在投放后吸引了巨大的流量,每日订单也翻了数倍,最初我们还乐观地认为首单赔钱没关系,只要在消费者复购时再赚回来即可。慎重起见,我们跟踪了这些客户的复购行为,结果发现,从这类打折网站引流来的客户复购率极低。从CPO角度来说或许这些打折网是CPO最低、完成CPO最有效的渠道，可是如果对客户未来一年的消费额进行加总计算，就会发现其实他们的贡献是最低的。所以企业千万不能再用单纯的CPO、CPS来评估广告绩效，一定要以CLV计算，也就是需要把未来半年或一年企业能从与这位客户的交易中赚的钱加总在一起，而不是把每笔订单的广告费高低作为标准，这样才能知道哪个渠道是真正有效的渠道。

基于"数人头"的商业逻辑，企业可以对CLV进行延伸，并得到另外一个最新的绩效评估方式，即"平台价值"。平台价值是以平台所聚拢的资源来计算的，这些资源主要是指买方与卖方的数量以及用户的活跃程度。例如滴滴打车等平台愿意提供很大的补贴，即使初期赔钱也愿意投放大量折扣分享券，这是因为折扣券会让乘客选择这个平台叫车，而乘客增加时，平台就能吸引更多的司机，司机数量增加后，平台容易叫到车，服务质量也会更好。客户养成在这个平台叫车的习惯后，即使没有折扣，他们还是会来的。有了这些司机与乘客的数据，平台除了大幅提升自身的业绩之外，还有机会将这些数据用于外部合作，在更多行业发挥影响力。试想如果平台拥有滴滴打车的客户群，有哪一家企业会不想和他们合作，这就创造出了平台的价值。

16.2 营销与销售过程的整合

前文的每一个章节，都对CIDR模式进行了拆解、分块说明，接下来从实践的角度来应用CIDR模型，并了解如何通过CIDR模型，为企业设计一套能将营销与销售过程无缝隙整合的流程。

CIDR模型从客户接触点设计开始，将客户接触场景分为在店、在家、在途三种，并在面对不同场景时分别以不同方式与客户沟通。该模型主张利用新的移动互联网技术进行用户辨识，这时无论是否完成交易，企业都应该记录每次与客户互动的过程，转为数据进行储存、积累并对此进行标签化处理。再通

营销5.0
后互联网时代的企业战略营销

过分析，挖掘客户的机会与风险并对客户进行分级、分群。

CIDR 是概念模型，企业可以以它为基础，发展出适合不同企业的营销与销售流程。图 16-1 是我在为一家大型服务企业做咨询时，设计的该企业的营销与销售过程的整合蓝图。图中最左边的门店、会员 App、官网、外部合作、未交易会员、社交媒体（抖音、小红书）都是 CIDR 模型中的接触点，这些接触点包含了品牌营销以及交易发生的场景。接下来再来看看，如何将这个流程框架应用到品牌营销以及 O2O 促销推广活动中。

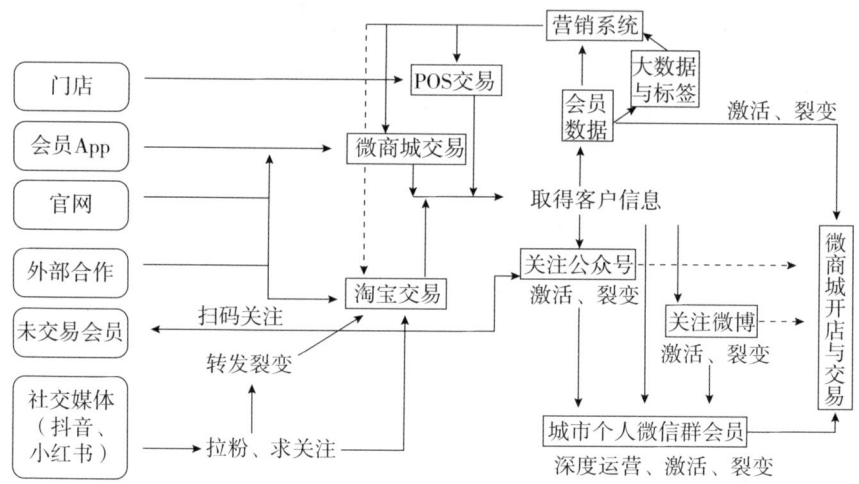

图 16-1　营销与销售过程的整合

1. 从品牌营销的视角观察 CIDR 模型的应用

新时代的品牌营销已经不能像传统品牌营销那样，只聚焦信息的覆盖与大众化的传播，其必须强调更多的体验、取得第三方信息分享以及达成最终的销售结果。所以在营销的接触点方面，应该考虑店内、App 下载、官网接触、外部合作、付费媒体（可能是电子媒体例如电视、电梯广告等，也可能是互联网媒体）以及社交媒体的综合运用。

与过去的营销方式最大的区别在于,新时代的品牌营销在交互运用这些媒体的过程中,应该考虑四个特点:数据对接、虚实融合、加强互动以及交易平台对接。

(1)数据对接

数据对接的目的是了解投放广告时面对的客户是谁,比如是老客还是新客,属于什么样的人群,是否正是企业追求的目标受众,等等。通过影像辨识与使用DSP平台,企业可以更精准地确定群体的客户属性。

(2)虚实融合

在传统电子媒体上,企业只能进行单向的广告信息播放,但是随着移动互联网的普及,现在的品牌营销广告应该更多地考虑虚实融合并且加强与用户的互动。例如在广告上加入二维码,让用户可以立即查看网站上的内容、查找门店、预约定位,使品牌广告对门店的客流产生更直接的帮助,这样做也可以让线下的流量更有效地回流到线上,从而让企业取得更完整的客户信息。

(3)加强互动

同样的道理,品牌广告也应该设法让受众能与企业进行互动,例如问卷调查、获取优惠券、立即报名活动等。

(4)交易平台对接

不难发现,目前连最传统的电视购物都变得互联网化了,现在的线上直播,其实就是电视购物的网络版。二者最大的区别在于,过去的电视购物会在主持人费尽口舌后,在屏幕下方留下电话号码,并且用尽方法让观众立即行动,打电话订购。而现在的线上直播则是直接让用户点击链接下单或先领券再下单,这种对接在淘宝、抖音直播平台上都已变得十分普遍,但是大部分传统媒体似乎还没开发这种应用。

2. 从交易流程整合的视角来看 CIDR 模型的应用

从交易角度来看，企业现在需要同时满足线下 POS、微商城、淘宝 3 个交易平台的要求。其中在线下 POS 方面主要是满足传统线下门店的要求。在微商城平台主要满足企业 App、官网还有一些外部合作平台的要求，随着分销分润的新型电商时代的到来，具备一键开店等功能的微商城平台的应用范围越发广泛。另外还有一些平台只能对接淘宝交易平台，例如抖音、小红书等社交媒体。

一旦客户完成交易，企业必须留存所有的客户信息，这是就是指图 16-1 右上角的大数据与标签部分，包含了将会员数据输入大数据库，建立客户标签以及整合多渠道的营销系统。也就是说，通过后台确定了对某个客户的促销和优惠策略后，企业在所有的客户接触点上，对这个客户的促销和优惠反应都应该是一致的。

对于这些已经存储了数据的客户来说，企业需要做两件事，一件是通过私域流量，在微商城中激活后续的交易（私域流量），另一件是让这些客户关注企业公众号，成为企业的粉丝，慢慢提供信息，深化消费者对企业或商品的认知。经过一段时间，企业通过向这些消费者不断地发送企业的信息，逐渐形成消费者对品牌的绝对支持。之后企业就可以伺机推荐商品，创造更多的交易。

16.3 本章小结

本章回顾了营销 1.0 到营销 4.0 的主要观念迭代，也提出了营销 5.0 在营销渠道、营销模式、营销的数据、营销效果评估方法这四个方面与之前营销理论的区别，同时也以品牌营销与交易促进作为例介绍了 CIDR 模型的实践。CIDR 模型不仅仅是一个理论框架，更是我在管理大型企业以及为许多企业提供咨询服务的过程中，多次总结验证后发现的有效、可行的蓝图，企业家们可以以书中内容为参考，思考怎样在自己的企业中实现该模型。

结语

营销思维的迭代还在进行中

1. 从营销 1.0 到营销 3.0 是互联网之前的迭代

本书在第 1 章描述了营销思维会随着市场环境改变而迭代。在最早的产品导向时代，企业负责生产一个产品，营销人员负责把这个产品放在市场上售卖，他们遵循的是 4P 法则，就是先根据产品的定位决定目标客户，再依照定位决定产品的价格以及在什么渠道进行销售，并且在渠道中进行促销推广，这就是营销 1.0 时代。

营销 2.0 时代进入了消费者导向时代，企业关注的焦点从产品转移到客户的身上。在 4C 概念的主导下，企业要先考虑客户能接受什么样的产品，之后再来设计产品并确定价格，考虑这些消费者出现在哪里，决定在哪里销售产品以及如何让客户最方便。

营销 3.0 时代强调的消费者概念与营销 2.0 时代的有所不同。在营销 2.0 时代，客户是一个群体；在营销 3.0 时代；客户是一个个体，具有个性化的差异，所以营销 3.0 时代讲究客户关系管理，企业营销的目的是争取客户的忠诚，因此企业也会对客户的忠诚给予回报。

2. 营销 4.0 时代是互联网与传统营销概念的总和

进入互联网时代，营销丛林的出现让营销人员开始追逐更多新方法、新工具。从互联网营销到大数据再到社交媒体营销,营销 4.0 提出了整合的概念,强调在对客户进行营销时,必须整合这些线上线下的媒体,这样才能产生最有效的覆盖与沟通。

但是,我们发现,营销 4.0 的观点虽然对新媒体与旧媒体的营销概念进行了整合,但是只是对各种渠道模式进行了加总,并没有对当今企业面临的流量成本攀升、客户流失严重这些问题给出答案,最终导致企业的销售结果反复循环。因此我们认为,营销 4.0 并没有从本质上洞察新时代的问题。

基于此,我们提出了营销 5.0 的概念,营销 5.0 不是营销 4.0 的加强版或升级版,而是再一次从基础假设开始挑战商业思维。希望本书提出的新的商业范式能为企业在互联网时代带来全新的商业思维与商业运营模型。

营销 5.0 是全新的商业思维与商业范式

1. 营销 5.0 不只是营销,更是企业经营的范式

虽然营销 5.0 讨论的主要内容依旧是营销,但是它对商业基本思维发起了挑战。在营销 5.0 时代,我们认为企业的基本思维应该是"数人头",而不是"垒砖头"。

在"垒砖头"的商业思维下,企业在营销中强调的是卖掉各种不同的商品,积累企业的总体业绩。这种逻辑导致营销工作就是不断地拉新、不断地促销,无法关注企业与客户的长久关系价值,企业做促销时客户就会来,对手做促销时客户就会走。这样反反复复的"来与走"使企业坠入难以增长业绩的轮回。

"数人头"的商业思维则强调企业是在经营客户的全生命周期,客户是需要逐步积累、留存、加强黏度与深化的。所以企业的经营核心是为客户带来价值,让客户愿意对企业奉献忠诚。"数人头"思维所引导的营销活动其实是创

造价值而不是盲目引流。在这种思维下，营销活动就截然不同了，而且这种思维改变能让企业把握真正应该关注的关键，这样的营销活动也是有效的。

2. 营销 5.0 是基于新范式的商业模式的重构

从"数人头"的商业范式中引导得出的营销概念就是打造私域流量。想打造私域流量，首先应该关注客户的留存，通过不断交互放大客户的价值。打造私域流量并不是不关注、不发展新客户，而是要采取更有效的方法吸引新客户。

除了深化客户、放大价值外，私域流量对拉新也十分重要。私域流量的拉新强调的是裂变，而不是不断通过外部渠道获客。拼多多之所以能花 3 年时间达到京东、淘宝花 7～10 年才积累出的客户数与交易额，就是因为私域流量的拉新。拼多多如果只是依赖 CPM、CPC、CPS 进行营销，还能在这么短时间达到现在的规模吗？再看看抖音、小红书这些视频网站，如果只靠电视广告、百度搜索，而不是靠社交裂变，这些网站还能在这么短的时间内成为汇聚上亿流量的媒体新宠吗？这就是私域流量与裂变的魔力所在。

3. 营销 5.0 不仅提出了多媒体整合，更涉及企业营销流程再造

整合多种媒体确实是现代营销必要的工作，可是除了叠加式的整合以外，更重要的是数据应用的整合以及不同平台工具在流程上的整合，只有这样，才能创造极致的客户体验。

我们用人的身体做比喻。平台整合是搭建身体框架，数据整合则是让血液流动，不过最重要的还是要为人注入精神，这样才能让人变得活生生。CIDR 模型就是基于"数人头"的商业模式这一"精神"，发展出来的身体框架以及血液流动系统。

我对本书期望的价值与贡献

我曾在各企业担任高层管理职务数十年,早年在外企负责 O2O 的品类管理、市场营销及互联网平台运营,也曾经是中国互联网行业最早的参与者。多年的线上与线下经验,让我在观察市场方面有一些自己的观点。

我的老师胡兴民曾任英特尔、易贝网、海尔、顶新集团等多家上市集团的总经理、CEO,近年胡老师在企业中的角色逐渐从第一线的总经理、CEO 退到第二线,开始成为许多企业的顾问。同时他在南大、北大、交大等名校教授 EMBA 或 MBA 课程 10 多年,我们也一起在各大社会化教育平台及名校共同开设 EMBA 的课程。在这一过程中,我接触了大量的企业家以及白领精英,更激荡出了很多火花与创新的想法。我也从企业的领导者转变为观察者、指导者以及教练。

本书的初稿内容已经在几个大学的 EMBA 或 MBA 课堂作为教材使用了 3 年多,通过课堂中的教学相长,书中的观点也在不断地被修正、迭代、创新。本书的内容包含了许多国内外知名学者与专家的著作中的精髓,也包含了我在学术研究中学习到的理论模式与实证经验,还包含了我过去在管理和经营大型企业时的亲身经验,以及作为企业顾问时,与企业家朋友的交流和相互学习所得,更包含了与几所知名高校中的 EMBA 或 MBA 企业家同学们的经验交流与反馈。希望本书总结的一些理论知识、经验以及商业范式的创新,能对有兴趣学习和创新的企业家以及年轻同学们提供一些帮助。

参考文献

1. Aaker, et al.. Understanding Regulatory Fit[J]. *Journal of Marketing Research*, 2006, 43 (1): 15-19.
2. Andrews M, Luo X, Fang Z, Ghose A. Mobile Ad Effectiveness: Hypercontextual Targeting with Crowdedness[J]. *Marketing Science*, 2016, 35 (2): 218-233.
3. Baker B, Fang Z, Luo X. Hour-by-Hour Sales Impact of Mobile Advertising[J]. *Social Science Research Network*, 2014.
4. Bettman J, Luce M, Payne J. Constructive Consumer Choice Processes[J]. *Journal of Consumer Research*, 1998, 25 (3): 187-217.
5. Court D, Elzinga D, Mulder S, Vetvik O. J. The Consumer Decision Journey[J]. *McKinsey Quarterly*, 2009.
6. Fong N, Fang Z, Luo X. Geo-Conquesting: Competitive Locational Targeting of Mobile Promotions[J]. *Journal of Marketing Research*, 2015, 52 (5): 726-735.
7. Ghose A, Li B, Liu S. Mobile Targeting Using Customer Trajectory Patterns[J]. *Social Science Research Network*, 2016.
8. Ghose A, Li B, Liu S. Mobile Advertising and Real-Time Social Dynamics[J]. *Ssrn Electronic Journal*, 2016.
9. Hui S, Inman J, Huang Y, Suher J. The Effect of In-Store Travel Distance on Unplanned Spending: Applications to Mobile Promotion Strategies[J]. *Journal of Marketing*, 2013, 77 (2): 1-16.

10. Inman J, McAlister L. Do Coupon Expiration Dates Affect Consumer Behavior?[J]. *Journal of Marketing Research*, 1994, 31 (3): 423–428.

11. Li C, Reinaker A, Zhang C, Luo X. Weather and Mobile Purchases: 10-Million-User Field Study[J]. *Social Science Research Network*, 2015.

12. Mills T. Some Hypotheses on Small Groups from Simmel[J]. *American Journal of Sociology*, 1958, 63 (6): 642-650.

13. Persinger M, Levesque B. Geophysical Variables and Behavior: XII. The Weather Matrix Accommodates Large Portions of Variance of Measured Daily Mood[J]. *Perceptual and Motor Skills*, 1983, 57 (3): 868-870.

14. Trope Y, Liberman N. Construal-Level Theory of Psychological Distance[J]. *Psychological Review,* 2010, 117 (2): 440-463.

15. Zhang J, Krishnamurthi L. Customizing Promotions in Online Stores[J]. *Marketing Science,* 2004, 23 (4): 561-578.

16. Zubcsek P, Katona Z, Sarvary M. Predicting Mobile Advertising Response Using Consumer Co-Location Networks[J]. *Social Science Research Network*, 2016.

17. 菲利普·科特勒，等. 营销革命4.0：从传统到数字［M］. 王赛，译. 北京：机械工业出版社，2018.

18. 艾宁德亚·高斯. 点击：揭秘移动经济的未来版图［M］. 文苑，译. 北京：中信出版集团，2018.

19. 马克·舍费尔. 热点：引爆内容营销的6个密码［M］. 曲秋晨，译. 北京：中国人民大学出版社，2017.

20. 乔纳·伯杰. 疯传：让你的产品、思想、行为像病毒一样入侵［M］. 刘生敏，廖建桥，译. 北京：电子工业出版社，2014.